国家文化产业资金支持媒体融合重大项目

中等职业教育会计专业系列教材

Kuaiji Diansuanhua

会计电算化

（金蝶KIS专业版）

第二版

石林艳 主编

邓田颖 晋伟家 副主编

东北财经大学出版社

Dongbei University of Finance & Economics Press

大连

图书在版编目（CIP）数据

会计电算化：金蝶 KIS 专业版 / 石林艳主编． —2版． —大连 ：东北财经大学出版社，2019.2（2020.11重印）

（中等职业教育会计专业系列教材）

ISBN 978-7-5654-3393-1

Ⅰ．会… Ⅱ．石… Ⅲ．会计电算化-中等专业学校-教材 Ⅳ．F232

中国版本图书馆CIP数据核字（2019）第002616号

东北财经大学出版社出版

（大连市黑石礁尖山街217号 邮政编码 116025）

网 址：http://www.dufep.cn

读者信箱：dufep@dufe.edu.cn

大连永盛印业有限公司印刷 东北财经大学出版社发行

幅面尺寸：185mm×260mm 字数：251千字 印张：11.25

2019年2月第2版 2020年11月第5次印刷

责任编辑：郭海雷 责任校对：思 齐

封面设计：冀贵收 版式设计：钟福建

定价：25.00元

第二版前言

《会计改革与发展"十三五"规划纲要》明确提出，在不断提高企业会计信息化水平的同时，积极探索推动行政事业单位会计信息化工作，推动基层单位会计信息系统与业务系统的有机融合，推动会计工作从传统核算型向现代管理型转变。《教育部关于进一步推进职业教育信息化发展的指导意见》（教职成〔2017〕4号）指出，要牢固确立职业教育在国家人才培养体系中的重要位置，以服务发展为宗旨，以促进就业为导向，适应技术进步和生产方式变革以及社会公共服务的需要，培养数以亿计的高素质劳动者和技术技能人才。在此背景下，以促进就业为导向，培养适应会计电算化技术发展的高素质劳动者和技术技能人才，成为本书编写的宗旨。

本书以金蝶KIS专业版V14.0作为教学平台，根据会计电算化工作岗位的能力要求将教学内容分为三大部分：第一部分（项目一）是理论部分，从会计电算化的发展趋势、运行环境、制度规范及数据流程来认识整个会计电算化工作；第二部分（项目二至项目九）是实务部分，以一个制造企业为资料背景，将其1个月的会计工作细化成若干个任务，引导学生从各个技能点入手进行学习，最终掌握会计电算化的整个工作流程；第三部分是综合实训，让学生在完成分项目实训模块后，自行完成企业1个月完整的经济业务。本书不仅能够满足职业院校学生会计电算化岗位技能培养的教学要求，而且能满足社会学习者自学的需要。

本书的主要特色如下：

1.校企合作，岗位对接

本书由学校与企业共同合作完成，编者由学校教师与企业人员共同组成。在编写过程中，编者深入企业，结合企业岗位需求，从培养会计人员在会计电算化方面的能力出发，以会计电算化工作流程为主线，以工作任务驱动，结合中职学生的认知能力来组织整体内容，力求从实际工作出发，注重学生实际操作能力的培养，具有较强的实用性。

2.项目教学，任务驱动

本书在编写上突出项目教学特色，将知识及技能分解落实到项目和任务两个层次。全书贯穿"项目引导，任务驱动，在任务导向下进行学习，简化理论内容，突出与实践相衔接"的教学理念。我们在每个任务下设计了【准备工作】【任务描述】【任务实施】的体例模式，并在任务中穿插了"小知识""温馨提示"等栏目，以激发学生的学习兴趣，引导学生积极主动地去探索。另外，每个项目下还设有【学习目标】【项目训练】

【项目考评】，用来训练学生的操作能力，评价学生的实训效果。

3.紧跟时代，贴近实际

本书根据最新的财税政策及会计准则编写教学案例，以主流财务软件为平台，将会计信息化在实务操作中的新应用纳入其中。

4.配套资源丰富，便于开展信息化教学

为了方便老师教学以及学生自主学习，本书在编排方式上注重图文并茂，重要知识点都归纳成图表，文字表述简洁明了，操作图示步骤清楚。本书提供了各项目涉及的账套数据资料、综合实训涉及的账套数据资料及【项目训练】的参考答案。同时，本次修订还为重要知识点附上了相应的操作微视频（通过扫描书中的二维码即可查看），突出了信息化教学的新形态。

本书由石林艳担任主编，邓田颖、晋伟家担任副主编，石林艳负责拟定编写大纲并对本书进行总纂。具体编写分工如下：贵州省财政学校石林艳负责项目一、项目二、项目三；贵州省财政学校林静负责项目四、项目五；贵州省财政学校邓田颖负责项目六、项目七、项目八、项目九；安顺戎讯成科技发展有限责任公司的晋伟家负责综合实训及教学微视频的录制。本书所附账套数据可通过发送邮件至148012506@qq.com 或 20091291@qq.com 索取，也可扫描二维码通过百度网盘下载使用。

账套下载

在本书编写过程中，编者参阅了大量会计、税收方面的书籍和案例，得到了企业、银行、税务等行业专家的大力协助，在此一并表示谢意！由于时间仓促，加上我们的经验和水平有限，书中难免有不足之处，敬请广大师生批评指正。

编　者

2019 年 1 月

目 录

项目一　认识会计电算化

学习目标

知识目标

了解会计电算化的工作环境，掌握相应的计算机基础知识。熟悉会计电算化相关法规及制度。

能力目标

1.对会计核算软件有初步认识，为后续电算化操作打下理论基础。

2.熟知会计电算化的工作环境，掌握计算机硬件、软件、网络和安全的相关知识。

3.熟知会计电算化的相关法规制度的要求。

任务一　了解会计电算化的理论知识

会计电算化这门课程，既包含了同学们较为熟悉的会计学知识，又包含了同学们比较陌生的会计核算软件操作。怎样才能学好这门课程呢？我们的第一个任务就是要对会计电算化进行初步了解，为日后学习会计软件的具体操作打下理论基础。

一、会计电算化简介

会计电算化的概念可从狭义和广义两方面来进行区分，它的发展离不开会计软件的逐步成熟和信息化的发展。我们将通过表格的形式介绍几个名词，以加深同学们对会计电算化的认识（见表1-1）。

表1-1　　　与会计电算化相关的几个名词的含义、功能及优势介绍

名词	含义	功能及优势
会计电算化	狭义：以电子计算机为主体的电子信息技术在会计工作中的应用。 广义：与实现电算化有关的所有工作。如：会计软件的开发应用及其市场的培育、人才的培训、宏观规划和管理、制度建设	

续表

名词	含义	功能及优势
会计软件	专门用于会计核算、财务管理的计算机软件。包括指挥计算机进行会计核算与管理工作的程序、存储数据以及有关资料	1.提供数据输入； 2.生成会计资料（凭证、账簿、报表）； 3.分析利用会计资料
会计信息化	利用计算机、网络通信等现代信息技术手段开展会计核算，并利用上述技术手段将会计核算与其他经营管理活动有机结合的过程	1.相对于会计电算化而言是一次质的飞跃； 2.能够运用现代信息技术手段便捷地获取并应用会计信息
会计信息化系统	利用信息技术对会计数据进行采集、存储和处理，完成会计核算任务，提供会计管理、分析和决策相关的会计信息的系统。 按信息技术的影响程度划分：手工会计信息系统、传统自动化会计信息系统、现代会计信息系统； 按功能和管理层次的高低划分：会计核算系统、会计管理系统、会计决策支持系统	将会计数据转化为会计信息的系统，是 ERP 系统的一个重要子系统
ERP 系统	Enterprise Resource Planning（ERP），即企业资源计划系统。系统整合了财务、生产、销售、人力资源、质量管理和决策支持等其他企业管理功能	1.核心是供应链管理，以提高企业配置和使用资源的效率； 2.会计信息系统是 ERP 系统一个重要的子系统
XBRL	eXtensible Business Reporting Language（XBRL），即可扩展商业报告语言。基于互联网、跨平台操作，专门用于财务报告编制、披露和使用的计算机语言，基本实现数据的集成与最大化利用	1.财务报告更具有可信度和精确性； 2.数据采集成本降低，数据交换效率提高； 3.数据使用者能更快捷地读取分析数据； 4.财务数据更具可比性； 5.资料的可读性与可维护性； 6.适应会计准则制度的变化要求

二、会计核算软件配备方式

　　会计核算软件是指专门用于会计核算工作的计算机应用软件。企业在配备会计核算软件时，可以根据本单位的实际需求进行选择，主要的方式有：购买、定制开发、购买和开发相结合。其中，定制开发又分为自行开发、委托开发和联合开发。软件配备方式及其优缺点见表 1-2。

表1-2 软件配备方式及其优缺点

配备方式	优点	缺点
购买	1.投入少，见效快； 2.质量可靠，性能稳定； 3.维护和升级有软件公司负责； 4.安全保密性强，不能访问和修改源程序； 5.通用性强	1.针对性不强； 2.特殊业务流程使用不便；简单业务流程企业又操作不便
自行开发	1.针对性好，适用性强； 2.对软件熟悉程度高，能及时纠错	1.开发要求高、周期长、成本高，试运行周期长； 2.对公司计算机专业人才要求很高，普通企业难以完成
委托开发	1.针对性强，使用难度低； 2.对自身技术力量要求不高	1.开发费用高； 2.了解业务流程和客户需求耗费时间多； 3.可能不适用于企业的业务处理流程； 4.服务与维护承诺不易做好； 5.通用性差
联合开发	1.开发的系统质量较高； 2.对软件系统结构流程熟悉，易于操作和维护	1.开发周期长，沟通成本高； 2.开发费用相对较高

任务二 了解会计电算化的运行环境

通过任务一的学习，我们知道会计电算化核算软件的使用是需要一定载体的。这个载体就是我们本节任务所要学习的会计电算化的工作环境。它要求同学们必须掌握计算机的硬件知识、软件知识、网络的基础知识和运行计算机时对会计数据保护的安全措施。

一、会计电算化硬件环境

计算机硬件系统是指组成一台计算机的各种物理装置，由各种具体的器件组成，是计算机进行工作的物质基础。具备了硬件条件，还需要依靠软件来协调工作，只有硬件而没有软件的计算机通常称为"裸机"，"裸机"是不能进行工作的。

从1946年第一台电子计算机问世以来，其硬件结构经历了几代的变化，但其基本组成几乎没变。计算机硬件系统包括：输入设备、处理设备、存储设备、输出设备和通信设备（网络电缆）。计算机硬件设备构成情况见表1-3。

表1-3　　　　　　　　　　　　　计算机硬件设备构成表

名称	分类	功能
输入设备	键盘	完成会计数据输入
	鼠标	完成会计软件中用户指令，选择软件模块和功能菜单
	扫描仪	完成原始凭证和单据扫描
处理设备	中央处理器（CPU）	计算机主机的核心。按照程序给出的指令分析并执行
存储设备	内存储器（分为RAM随机存储器和ROM只读存储器）	存储容量小，数据存取速度较快。断电后，RAM数据会消失
	外存储器	存储容量较大，数据存取速度较慢。外存储器如硬盘、U盘、光盘等。会计软件中各种数据一般存储在外存储器
输出设备	显示器	显示用户输入的命令和信息，及系统生成的会计数据和文件
	打印机	打印各类会计资料，如凭证、账簿、财务报表等
通信设备	网络电缆	网络连接线，是从一个网络设备（如计算机）连接到另外一个网络设备传递信息的介质

小知识1-1 **储存容量及其基本换算**

储存容量：储存容量是指计算机存储器所能储存的二进制信息的总量。为了度量信息存储容量，将8位二进制码（8bits）称为一个字节（Byte，简称B）。字节是计算机中数据处理和储存容量的基本单位。

1KB（Kilobyte 千字节）=1 024B

1MB（Megabyte 兆字节，简称"兆"）=1 024KB

1GB（Gigabyte 吉字节，又称"千兆"）=1 024MB

1TB（Trillionbyte 万亿字节，太字节）=1 024GB

硬件结构是指硬件设备的不同组合方式。电算化会计信息系统中常见的硬件结构通常有单机结构、多机松散结构、多用户结构和微机局域网络四种形式。硬件结构的含义及其优缺点、适用范围见表1-4。

表1-4　　　　　　　　　**硬件结构的含义及其优缺点、适用范围**

名称	含义	优点	缺点	适用范围
单机结构	一台计算机同一时刻只能一人使用	使用简单、配置成本低、数据共享度高、一致性好	集中输入速度低、不能分布式处理	数据输入量小的企业
多机松散结构	有多台计算机，但各台计算机不发生直接的数据联系（通过磁盘、光盘、U盘、移动硬盘等传送数据）	输入输出集中程度高、速度快	数据共享性能差、系统整体效率低	输入量较大的企业

续表

名称	含义	优点	缺点	适用范围
多用户结构	整个系统配备一台计算机主机和多个终端，各终端可同时输入数据	可以通过各终端分散输入，并集中存储和处理	费用较高，应用软件较少，主机负载过大，容易形成拥塞	输入量大的企业
微机局域网络	客户机/服务器（C/S）结构：服务器配备大容量存储器并安装数据库管理系统，负责会计数据的定义、存取、备份和恢复。客户端安装专用的会计软件，负责会计数据的输入、运算和输出	技术成熟、响应速度快、适合处理大量数据	系统客户端软件安装维护的工作量大，仅限于局域网的范围内	大中型企业
	浏览器/服务器（B/S）结构：服务器是实现会计软件功能的核心部分，客户机上只需安装一个浏览器，用户通过浏览器向分布在网络上的服务器发出请求，服务器对浏览器的请求进行处理，将用户所需信息返回到浏览器	维护和升级方式简单，运行成本低	应用服务器运行数据负荷较重	

二、会计电算化软件环境

技术支持人员在安装会计软件前，要确保计算机的操作系统符合会计软件的运行要求。第一步，对操作系统进行配置，以确保会计软件能够正常运行。第二步，安装数据库管理系统。第三步，安装计算机缺少的支撑软件。第四步，开始安装会计软件，同时应考虑会计软件与数据库系统的兼容性。

软件的类型分为系统软件和应用软件。系统软件是用来控制计算机运行，管理计算机的各种资源，并为应用软件提供支持和服务的一类软件，包括操作系统、数据库管理系统、支撑系统和语言处理程序。应用软件是为解决各类实际问题而专门设计的软件。会计软件属于应用软件。系统软件的含义和常见软件见表1-5。

表1-5　　　　　　　　系统软件的含义和常见软件

名称	含义	常见软件
操作系统	负责管理计算机系统的全部软件资源和硬件资源，合理地组织计算机各部分协调工作，为用户提供操作界面和编程接口。 用户通过操作系统使用计算机，其他软件则在操作系统提供的平台上运行	微软公司研发的Windows系列操作系统；Unix类操作系统；Linux类操作系统；由苹果公司研发的Mac操作系统

续表

名称	含义	常见软件
数据库管理系统	操作和管理数据库的大型软件	Sybase、SQL Server、DB2、Oracle、Visual FoxPro、Access、informix
支撑系统	又称为工具软件，为配合应用软件有效运行而使用的工具软件，是软件系统的一个重要组成部分	诊断程序、调试程序、编辑程序、病毒查杀程序等
语言处理程序	将用汇编语言或高级语言编写的程序，翻译成计算机硬件能够直接识别和执行的机器指令代码	汇编程序、解释程序和编译程序等

三、会计电算化网络环境

计算机网络是现代计算机技术与通信技术相结合的产物，它是以硬件资源、软件资源和信息资源共享和信息传递为目的，在统一的网络协议控制下，将地理位置分散的许多独立的计算机系统连接在一起所形成的网络。世界上第一个计算机网络产生于1969年，是 Internet 的起源。在信息技术高速发展的今天，可以说没有计算机网络技术就没有会计电算化系统。计算机网络的功能主要体现在三个方面——资源共享、数据通信和分布处理。其中，分布处理是指当计算机中的某个计算机系统负荷过重时，可以将其处理的任务传送到网络中较空闲的其他计算机系统中，以提高整个系统的利用率。

计算机网络按照地理范围进行分类，可分为局域网、城域网和广域网（见表1-6）。

表1-6　　　　　　　　　　　　　　　**计算机网络分类表**

名称	含义	特点
局域网	小区域内使用的，由多台计算机组成的网络，属于一个单位或部门组建的小范围网	覆盖范围通常局限在10千米范围之内
城域网	网络覆盖范围通常可以延伸到整个城市，借助通信光纤将多个局域网并入公用城市网络形成大型网络	作用范围在广域网与局域网之间的网络
广域网	是一种远程网，涉及长距离的通信，覆盖范围可以是一个国家或多个国家，甚至整个世界	信息衰减非常严重，这种网络一般要租用专线，通过接口信息处理协议和线路连接起来，构成网状结构，解决寻径问题

小知识1-2　会计信息系统的网络组成部分

1.服务器。服务器的性能必须适应会计软件的运行要求，其硬件配置一般高于普通客户机。服务器是网络环境中的高性能计算机，它侦听网络上的其他计算机（客户机）提交的服务请求，并提供相应的服务，控制客户端计算机对网络资源的访问，并能存储、处理网络上大部分的会计数据和信息。

2.客户机。客户机是连接到服务器的计算机，能够享受服务器提供的各种资源和服务。会计人员通过客户机使用会计软件，因此客户机的性能也必须适应会计软件的运行要求。

3.网络连接设备。网络连接设备是把网络中的通信线路连接起来的各种设备的总称，这些设备包括中继器、交换机和路由器等。

四、会计电算化软件安全

为了让会计工作正常开展，做好会计电算化软件的安全管理尤为重要，在保护会计电算化的软件安全方面，主要是防范病毒和黑客入侵。

计算机病毒是指编制者在计算机程序中插入的破坏计算机功能或数据，影响计算机使用并且能够自我复制的一组计算机指令或程序代码。不规范的网络操作可能导致计算机感染病毒。计算机病毒主要传播途径包括浏览不安全网页、下载被病毒感染的文件或软件、接收被病毒感染的电子邮件、使用即时通信工具等。使用来历不明的硬盘和U盘，容易使计算机感染病毒。计算机病毒的特点包括：寄生性、传染性、潜伏性、隐蔽性、破坏性、可触发性。计算机病毒的分类见表1-7。

表1-7　　　　　　　　　　　　　　　计算机病毒的分类

分类	名称	特点
按病毒的破坏能力	良性病毒	只占用系统CPU资源，但不破坏系统数据，不会使系统瘫痪
	恶性病毒	破坏力更大，包括删除文件、破坏盗取数据、格式化硬盘、使系统瘫痪
按病毒存在的方式	引导型病毒	在系统开机时进入内存后控制系统，进行传播和破坏活动的病毒
	文件病毒	感染计算机存储设备中的可执行文件，当执行该文件时，再进入内存，控制系统进行病毒传播和破坏活动
	网络病毒	通过计算机网络传播、感染网络中的可执行文件的病毒

防范计算机病毒的措施主要有：

1.规范使用U盘的操作。在使用外来U盘时应该首先用杀毒软件检查是否有病毒，确认无病毒后再使用。

2.使用正版软件，拒绝使用盗版软件。

3.谨慎下载与接收网络上的文件和电子邮件。

4.经常升级杀毒软件。

5.在计算机上安装防火墙。

6.经常检查系统内存。

7.计算机系统要专机专用，避免使用其他软件。

小知识1-3　感染计算机病毒的主要表现

1.系统启动时间比平时长，运行速度变慢。

2.系统经常无故发生死机现象。

3.系统异常重新启动。

4.计算机存储系统的存储容量异常减少，磁盘访问时间比平时长。

5.系统不识别硬盘。

6.文件的日期、时间、属性、大小等发生变化。

7.打印机等一些外部设备工作异常。

8.程序或数据丢失或文件损坏。

9.主机的蜂鸣器出现异常响声。

计算机黑客是指通过计算机网络非法进入他人系统的计算机入侵者。他们对计算机技术和网络技术非常精通，能够了解系统的漏洞及其原因所在，通过非法进入计算机网络来窃取机密信息，毁坏某个信息系统。黑客常用手段和防范黑客的措施分别见表 1-8、表 1-9。

表 1-8   黑客常用手段

黑客手段	攻击方式
密码破解	攻击方式有字典攻击、假登录程序、密码探测程序等，目的是获取系统或用户的口令文件
IP 嗅探与欺骗	IP 嗅探又叫网络监听。通过改变网卡的操作模式来接收流经计算机的所有信息包，以便截取其他计算机的数据报文或口令。欺骗是一种主动式攻击，它将网络上的某台计算机伪装成另一台不同的主机，目的是使网络中的其他计算机误将冒名顶替者当成原始的计算机而向其发送数据
攻击系统漏洞	系统漏洞是指程序在设计、实现和操作上存在的错误。黑客利用这些漏洞攻击网络中的目标计算机
端口扫描	由于计算机与外界通信必须通过某个端口才能进行。黑客可以利用一些端口扫描软件对被攻击的目标计算机进行端口扫描，搜索到计算机的开放端口并进行攻击

表 1-9   防范黑客的措施

防范措施	内容
法律法规约束	网络信息安全的法律法规诞生，规范和约束与网络信息传递相关的各种行为
数据加密	保护系统内的数据、文件、口令和控制信息，同时也可以提高网上传输数据的可靠性
身份认证	系统可以通过密码或特征信息等来确认用户身份的真实性，只对确认了身份的用户给予相应的访问权限，从而降低黑客攻击的可能性
完善访问控制策略	系统应该设置进入网络的访问权限、目录安全等级控制、网络端口和节点的安全控制、防火墙的安全控制等。通过各种安全控制机制的相互配合，才能最大限度地保护计算机系统免受黑客的攻击

任务三　了解会计电算化的制度规范

一、会计软件和服务的规范

1.会计软件应当保障企业按照国家统一会计准则制度开展会计核算，不得有违背国家统一会计准则制度的功能设计。

2.会计软件的界面应当使用中文并且提供对中文处理的支持，可以同时提供外国或者少数民族文字界面对照和处理支持。

3.会计软件应当提供符合国家统一会计准则制度的会计科目分类和编码功能。

4.会计软件应当提供符合国家统一会计准则制度的会计凭证、账簿和报表的显示和打印功能。

5.会计软件应当提供不可逆的记账功能，确保对同类已记账凭证的连续编号，不得提供对已记账凭证的删除和插入功能，不得提供对已记账凭证日期、金额、科目和操作人的修改功能。

6.鼓励软件供应商在会计软件中集成可扩展商业报告语言（XBRL）功能，便于企业生成符合国家统一标准的XBRL财务报告。

7.会计软件应当具有符合国家统一标准的数据接口，满足外部会计监督需要。

8.会计软件应当具有会计资料归档功能，提供导出会计档案的接口，在会计档案存储格式、元数据采集、真实性与完整性保障方面，符合国家有关电子文件归档与电子档案管理的要求。

9.会计软件应当记录生成用户操作日志，确保日志的安全、完整。

10.以远程访问、云计算等方式提供会计软件的供应商，应当在技术上保证客户会计资料的安全、完整。

11.客户以远程访问、云计算等方式使用会计软件生成的电子会计资料归客户所有。

12.以远程访问、云计算等方式提供会计软件的供应商，应当做好本厂商不能维持服务情况下，保障企业电子会计资料安全以及企业会计工作持续进行的预案。

13.软件供应商应当努力提高会计软件相关服务质量，按照合同约定及时解决用户使用中的故障问题。

14.鼓励软件供应商采用呼叫中心、在线客服等方式为用户提供实时技术支持。

15.软件供应商应当就如何通过会计软件开展会计监督工作，提供专门教程和相关资料。

二、企业会计信息化的建设

1.企业应当充分重视会计信息化工作，加强组织领导和人才培养，不断推进会计信息化在本企业的应用。

2.企业开展会计信息化工作，应当根据发展目标和实际需要，合理确定建设内容，避免投资浪费。

3.企业开展会计信息化工作，应当注重信息系统与经营环境的契合。

4.大型企业、企业集团开展会计信息化工作，应当注重整体规划，统一技术标准、编码规则和系统参数，实现各系统的有机整合，消除信息孤岛。

5.企业配备会计软件，应当根据自身技术力量以及业务需求，考虑软件功能、安全性、稳定性、响应速度、可扩展性等要求，合理选择购买、定制开发、购买与开发相结合等会计软件配备方式。

6.企业通过委托外部单位开发、购买等方式配备会计软件，应当在有关合同中约定操作培训、软件升级、故障解决等服务事项，以及软件供应商对企业信息安全的责任。

7.企业应当促进会计信息系统与业务信息系统的一体化，通过业务的处理直接驱动会计记账，减少人工操作，提高业务数据与会计数据的一致性，实现企业内部信息资源共享。

8.企业应当根据实际情况，开展本企业信息系统与银行、供应商、客户等外部单位信息系统的互联，实现外部交易信息的集中自动处理。

9.企业进行会计信息系统前端系统的建设和改造，应当安排负责会计信息化工作的专门机构或者岗位参与，充分考虑会计信息系统的数据需求。

10.企业应当遵循企业内部控制规范体系要求，加强对会计信息系统规划、设计、开发、运行、维护全过程的控制。

11.处于会计核算信息化阶段的企业，应当结合自身情况，逐步实现资金管理、资产管理、预算控制、成本管理等财务管理信息化；处于财务管理信息化阶段的企业，应当结合自身情况，逐步实现财务分析、全面预算管理、风险控制、绩效考核等决策支持信息化。

三、信息化条件下的会计资料管理

1.对于信息系统自动生成、且具有明晰审核规则的会计凭证，可以将审核规则嵌入会计软件，由计算机自动审核。未经自动审核的会计凭证，应当先经人工审核再进行后续处理。

2.分公司、子公司数量多、分布广的大型企业、企业集团应当探索利用信息技术促进会计工作的集中，逐步建立财务共享服务中心。

3.外商投资企业使用的境外投资者指定的会计软件或者跨国企业集团统一部署的会计软件，应当符合会计软件和服务的规范的要求。

4.企业会计信息系统数据服务器的部署应当符合国家有关规定。

5.企业会计资料中对经济业务事项的描述应当使用中文，可以同时使用外国或者少数民族文字对照。

6.企业应当建立电子会计资料备份管理制度，确保会计资料的安全、完整和会计信息系统的持续、稳定运行。

7.企业不得在非涉密信息系统中存储、处理和传输涉及国家秘密、关系国家经济信息安全的电子会计资料；未经有关主管部门批准，不得将其携带、寄运或者传输至境外。

8.企业内部生成的会计凭证、账簿和辅助性会计资料，如果同时满足所记载的事项属于本企业重复发生的日常业务、由企业信息系统自动生成且可查询和输出、企业对相关数据建立了电子备份制度及完善的索引体系等这些条件，可以不输出纸面资料。

9.企业获得的需要外部单位或者个人证明的原始凭证和其他会计资料，如果同时满足会计资料附有可靠的电子签名且电子签名经符合《中华人民共和国电子签名法》的第三方认证、所记载的事项属于本企业重复发生的日常业务，可及时在企业信息系统中查询和输出、企业对相关数据建立了电子备份制度及完善的索引体系等这些条件，可以不输出纸面资料。

10.企业会计资料的归档管理，遵循国家有关会计档案管理的规定。

11.实施企业会计准则通用分类标准的企业，应当按照有关要求向财政部报送XBRL财务报告。

四、会计信息化的监督管理

1.企业使用会计软件不符合《企业会计信息化工作规范》（以下简称《规范》）要求的，由财政部门责令限期改正。限期不改的，财政部门应当予以公示，并将有关情况通报同级相关部门或其派出机构。

2.财政部采取组织同行评议、向用户企业征求意见等方式对软件供应商提供的会计软件遵循《规范》的情况进行检查。省、自治区、直辖市人民政府财政部门发现会计软件不符合《规范》的，应当将有关情况报财政部。

3.软件供应商提供的会计软件不符合《规范》的，财政部可以约谈该供应商主要负责人，责令限期改正。限期内未改正的，由财政部予以公示，并将有关情况通报相关部门。

五、安全使用会计软件的基本要求

1.严格管理账套使用权限。在使用会计软件时，用户应该对账套使用权限进行严格管理，防止数据外泄；用户不能随便让他人使用电脑；在离开电脑时，必须立即退出会计软件，以防止他人偷窥系统数据。

2.定期打印备份重要的账簿和报表数据。为防止硬盘上的会计数据遭到意外或被人为破坏，用户需要定期将硬盘数据备份到其他磁性介质上（如U盘、光盘等）。在月末结账后，对本月重要的账簿和报表数据还应该打印备份。

3.严格管理软件版本升级。对会计软件进行升级的原因主要有：因改错而升级版本；因功能改进和扩充而升级版本；因运行平台升级而升级版本。经过对比审核，如果新版软件更能满足实际需要，企业应该对其进行升级。

任务四　云计算背景下会计电算化的发展趋势

一、云计算的时代背景

近几年来，国家出台了一系列促进云计算的政策文件与实施指南。2015年1月，国务院发布了《国务院关于促进云计算创新发展　培育信息产业新业态的意见》；2017年4月，工业和信息化部编制印发了《云计算发展三年行动计划（2017—2019年）》；2017年11月，国务院发布了《关于深化"互联网+先进制造业"发展工业互联网的指导意见》；2018年7月23日，工业和信息化部印发了《推动企业上云实施指南（2018—2020年）》的通知，以推动企业利用云计算加快数字化、网络化、智能化转型，推进互联网、大数据、人工智能与实体经济深度融合。

根据最新的推动企业上云实施指南的具体要求，到2020年，力争实现企业上云环境进一步优化，行业企业上云意识和积极性明显提高，上云比例和应用深度显著提升，云计算在企业生产、经营、管理中的应用广泛普及，全国新增上云企业100万家，形成典型标杆应用案例100个以上，形成一批有影响力、带动力的云平台和企业上云体验中心。企业上云已经是大势所趋。

作为国内两家最著名的财务软件公司，用友公司和金蝶公司都在发展自己的云会计平台。其中，金蝶公司于2017年5月正式将金蝶云ERP升级为金蝶云。金蝶已经成为一家云服务公司，并逐步向大数据公司迈进。目前，金蝶公司已推出两款云平台的财务软件——云星空和云苍穹，助力使用财务软件的公司向云端转型。

二、云计算时代对会计工作模式的影响

云计算技术改变的不仅是计算机的基础架构，而且影响了企业会计的工作模式。在传统会计电算化系统中，一般是客户机/服务器（C/S）的结构，在C/S的结构中，企业需要购买系统服务器，服务器要配备大容量的存储器并且安装数据库管理系统。在客户端上安装所需要的会计软件进行会计数据的输入、运算和输出。在C/S的结构中，为了

保护公司财务数据的安全，通常采用内部局域网的模式，不会接到外网。会计人员只能在公司固定场所范围内办公。

随着云计算的应用和互联网的兴起，客户机/服务器（C/S）的结构逐步向浏览器/服务器结构模式（B/S）转变。采用B/S结构的客户机上只需安装一个浏览器，用户用浏览器向分布在网络上的服务器发出请求，服务器对浏览器的请求进行处理，将用户所需的信息返回到浏览器中。B/S结构下系统的服务器和软件都存储在云端，通过网络的连接，会计人员就能实现移动办公，不受时间和地点的限制，形成全新的工作模式。

三、采用云平台会计软件的优势

与传统会计工作相比较，企业上云的优势具体表现在以下几个方面：

1.协同办公。所有的财务工作都可以实现云端的操作，不受时间和地点的限制，随时随地办公。同时，原始凭证扫描录入、自动生成凭证等功能提升了会计工作效率。

2.节约成本。以一个标准财务软件来衡量，传统使用会计软件的企业需要购买软件平台和每年缴纳服务费，购买软件支付的价格和租入云端平台的价格相比，价格一般要高出5~10倍。同时，购买财务软件的企业还需要相对较高的硬件配置。租入云端平台的情况下，硬件配置要求相对较低。尤其是中小型的企业上云后，可以用较少的资金使用专业性更强、技术更先进的技术和服务。

3.功能更新。云计算环境下的服务器和财务软件都存储在云端，所有软件的更新与维护都是通过专业的财务软件公司在云平台上完成的。从目前财务软件的版本寿命来看，一般为3~5年，并需要后期的升级和维护，当财务软件版本不能再使用时，会需要二次投入的成本。

4.专业性更强。在企业使用云平台后，数据库的维护、软件的维护、网络的维护和数据的安全都将交给专业的财务软件公司打理，其专业化程度更高。

5.资源利用。企业可以按需使用由专业技术服务公司提供的配套服务，按需购买，用多少支付多少，达到资源的有效利用。

四、培养复合型的会计人才

云计算时代下的会计信息处理系统基于互联网的协同处理功能，需要会计人员具备更专业的网络信息系统的综合处理能力。会计人员除了要具备过硬的会计理论知识和财务软件的基础操作能力外，还要具备信息资源的整合能力，才能较好地实现网络资源的协同处理，提高企业信息数据的综合应用效率。

因此，在复合型会计人才的培养上，除了运用财务软件记账、报账和基础会计数据分析的能力，还要关注其有效整合资源的能力，分析问题、解决问题的能力，会计信息处理的综合能力。

项目训练

一、单项选择题

1.下列关于计算机病毒分类的表述中，正确的是（　　　）。

A. 计算机病毒通常可分为系统引导型病毒、文件型病毒、复合型病毒和宏病毒

B. 计算机病毒分为外壳型和入侵型

C. 计算机病毒分为十二类

D. 计算机文件型病毒又称为引导区病毒

2.下列各项中，不属于会计电算化档案的是（　　　）。

A.会计移交清册 B.会计凭证

C.会计软件需求分析书 D.信贷计划

3.下列各项中，属于会计核算系统核心子系统的是（　　　）。

A.账务处理模块 B.成本核算系统

C.工资核算模块 D.报表处理模块

4.下列关于计算机高级语言的表述中，不正确的是（　　　）。

A.比机器语言和汇编语言更易检查

B.需经过编译或解释

C.比机器语言和汇编语言执行速度更快

D.比机器语言和汇编语言更易理解

5.下列各项中，与审核记账、电算维护、电算审查岗位不相容的岗位是（　　　）。

A.软件操作 B.稽核 C.数据分析 D.会计档案保管

6.下列有关计算机病毒特点的表述中，错误的是（　　　）。

A.如果不经过代码分析，病毒程序与正常程序是不容易区别开来的

B.有些病毒侵入系统后，不会对系统和应用程序产生任何影响

C.大部分病毒感染系统中之后一般不会马上发作

D.病毒程序能使自身的代码强行传染到一切符合其传染条件的未受感染的程序上

7.下列各项中，度量计算机中数据存储容量的基本单位是（　　　）。

A.字节 B.M C.G D.地址

8.下列计算机部件中，负责从储存器中获取数据并将数据返回储存器的是（　　　）。

A.运算器 B.控制器 C.外存储器 D.主机

9.下列各项中，标志着我国企业内部控制规范建设取得重大突破和阶段性成果的是（　　　）。

A.《企业内部控制审计指引》 B.《企业内部控制评价指引》

C.《企业内部控制应用指引》 D.《企业内部控制基本规范》

10.下列关于账套数据库路径的表述中，不正确的是（　　　）。

A.U盘等移动储存介质根目录及其所有子目录不宜作为数据库路径

B.为便于查找，也可以将磁盘根目录作为数据库路径

C.数据库路径就是账套在计算机磁盘系统中的存放位置

D.一般在硬盘上建立专门目录作为数据库路径

二、多项选择题

1.下列各项中，属于会计核算软件设计、应用和维护应当符合的基本要求的有（　　　）。

A.会计核算软件应当按照国家统一会计制度的规定划分会计期间、分期结算账目和编制报表

B.会计核算软件应当具有在机内会计数据被破坏的情况下，利用现有数据恢复到最近状态的功能

C.会计核算软件应当符合 GB/T 19581-2004《信息技术会计核算软件数据接口》的要求

D.会计核算软件必须提供人员岗位及操作权限设置的功能

2.为加强对会计电算化工作的指导和规范，财政部根据《中华人民共和国会计法》制定的法规有（　　　）。

A.《会计电算化管理办法》

B.《会计基础工作规范》

C.《信息技术会计核算软件数据接口》

D.《会计档案管理办法》

3.下列各项中，属于会计电算化岗位责任制基本要求的有（　　　）。

A.办事有要求　　　　　　　　　　　B.事事有人管

C.人人有专责　　　　　　　　　　　D.工作有检查

4.下列各项中，属于外存所存放数据的是（　　　）。

A.暂时不用的程序、数据和中间的结果　B.正在执行的程序

C.一系列控制信号　　　　　　　　　D.正在处理的数据

5.下列关于运算器功能的描述中，不正确的有（　　　）。

A.作出逻辑判断

B.从存储器中取出指令

C.完成加减乘除运算

D.根据功能指令，向计算机有关部件发出控制命令

6.下列软件中，属于数据库管理系统的有（　　　）。

A.SQL Server　　　　B.MS Access　　　　C.Visual FoxPro　　　　D.MS Excel

7.在会计电算化条件下，下列各项中，属于会计数据输出功能的有（　　　）。

A.打印　　　　　　　　　　　　　　B.保存到存储介质

C.屏幕查询　　　　　　　　　　　　D.通过数据接口传输到其他业务系统

8.下列各项中，属于联合发布《企业内部控制基本规范》的部门有（　　　）。

A.工业和信息化部　　　　　　　　　B.原保监会

C.原银监会　　　　　　　　　　　　D.财政部

9.根据电子计算机中的信息表示形式和处理方式划分，下列分类中正确的有（　　　）。

A.数字模拟混合式计算机　　　　　　B.模拟电子计算机

C.通用数字计算机　　　　　　　　　D.数字电子计算机

10.下列功能中，系统软件不具备的有（　　　）。

A.将高级语言编写程序解释或编译成计算机硬件能够直接识别和执行的机器指令代码

B.根据不同需求自动生成各种表格

C.管理计算机系统的全部软件资源和硬件资源

D.以统计方法处理数值数据

三、判断题

1.会计核算软件允许输入未结账月份的记账凭证,包括未来月份的凭证。 （   ）

2.不同类型的计算机系统一般有不同的汇编语言。 （   ）

3.负责电算审查的会计电算化岗位可由会计稽核人员兼任。 （   ）

4.在会计电算化环境下,不可能出现凭证编号不连续的情况。 （   ）

5.在会计信息化渗透融合阶段,企业开始自觉围绕内部控制关系理顺会计信息系统。 （   ）

6.控制器按照程序计数器发出的指令地址从内存中取出该指令并进行译码。 （   ）

7.在我国会计信息化的模拟手工记账阶段,会计核算软件的应用已经能够最大限度地实现数据共享。 （   ）

8.对实时运行要求高的计算机系统要建立设备的应急恢复计划。 （   ）

9.会计核算软件的功能模块,一般是按照会计核算软件所实现的会计工作内容和工作流程进行划分。 （   ）

10.视同会计档案保管的会计电算化系统开发过程中的资料,保管期截止到该系统停止使用或有重大更改后3年。 （   ）

项目考评

本项目教学内容完成后,任课教师根据学生对知识点的掌握及【项目训练】的完成情况,对其职业能力、通用能力的具体评价项目进行考核并打分,结合学生对迁移能力的自我评价状况给出综合评价意见,填写项目考核记录表(见表1-10)。

表1-10　　　　　　　　　　　项目考核记录表

考核时间:

评价类型	评价内容	评价项目	评价分数
教师评价	职业能力（70%）	1.了解会计电算化相关概念（5分） 2.了解会计电算化的特征（5分） 3.熟知会计软件配备方式（10分） 4.熟知会计信息化工作规范（10分） 5.熟知会计软件运行的硬件环境（10分） 6.熟知会计软件运行的软件环境（10分） 7.熟知会计软件运行的网络环境（10分） 8.熟知会计软件的安全（10分）	
	通用能力（20%）	1.组织纪律（5分） 2.职业态度（5分） 3.沟通能力（5分） 4.解决问题的能力（5分）	
自我评价	迁移能力（10%）	1.举一反三的能力（5分） 2.自我水平的提高（5分）	
综合评价			

项目二　　　　　　　　　　　**建　账**

学习目标

知识目标

理解账套的概念，了解会计电算化的岗位分工与权限控制方式，掌握建账的流程。

能力目标

1.熟练运用会计核算软件进行账套管理。

2.熟练运用会计核算软件进行操作员的管理。

3.能按照会计电算化的要求对企业的基础信息进行整理，并运用会计核算软件录入企业基础资料。

4.熟练运用会计核算软件录入期初余额，并进行试算平衡。

　　企业在第一次使用财务软件进行会计工作时，首要工作就是建立一个适合企业会计核算的账套，这个过程也称作系统初始化，主要包括新建账套，根据企业的实际情况进行参数设置、用户设置，录入企业基础档案及账务的初始数据。这个过程是会计软件运行的基础，通用的会计软件经过系统初始化后转变为满足特定企业需要的系统，使手工环境下的会计核算和数据处理工作得以在计算机环境下延续和正常运行，对系统的后续运行产生重要影响，因此系统初始化工作必须完整且尽量满足企业的需求。

【工作流程】

建账的工作流程如图2-1所示。

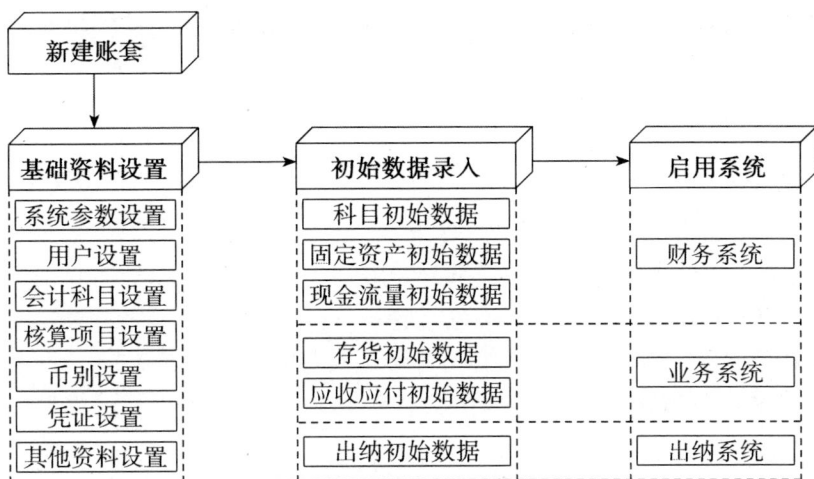

图 2-1　建账工作流程

任务一　账套管理

【准备工作】

一、认识账套

所谓账套，是指核算单位的一套独立完整的账簿体系，它是一个数据库文件，企业的各种财务数据、业务数据和一些辅助信息等都存放在账套中。账套管理就是对账套进行相应的管理，主要是建立账套，对账套进行修改、删除、备份、恢复等操作。每个独立核算的单位如果要用财务软件进行会计核算，首先要做的就是新建账套，形成一个数据库文件，以后的会计信息才能有机地存放在这个文件中，以便形成一套独立完整的账簿体系。

二、认识 Admin 和 manager 两个用户

系统预设了两个用户，第一个用户名叫 Admin，初始密码为空，称作系统管理员，负责整个系统的总体管理和数据维护工作，可以管理系统中的所有账套，即对账套进行建立、备份、删除、恢复等管理操作。第二个用户叫 manager，初始密码为空，是系统管理员的内设账号，可以进入指定的账套，进行基础设置、初始化以及具体会计核算的操作。

三、账套数据的保存

账套数据是非常重要的会计档案，要注意保存。为了保证账套数据的安全性，需要定期对账套数据进行备份，一旦原有的账套数据被毁坏，则可以通过账套恢复功能将以前备份的账套数据恢复。账套数据的备份有两种方式，即手动备份与自动备份，手动备份是在每次需要备份时手工进行操作，而自动备份则是先设置好一个备份方案，每当时间条件满足备份方案时，计算机会自动对设置了备份方案的账套进行备份。

【任务描述】

华洁家具有限责任公司 2019 年 1 月准备开始使用金蝶 KIS 专业版 V14.0 平台来完成

会计核算工作，Admin 开始建账并进行账套管理，要求完成以下任务：

1.新建账套：根据以下资料为华洁家具有限责任公司新建一个账套。

（1）账套号：HJ2019。

（2）账套名称：华洁公司。

（3）数据库路径：D：\。

（4）公司名称：华洁家具有限责任公司。

2.修改账套：将华洁家具有限责任公司的账套名称修改为"华洁公司2019年年度账"。

3.备份账套：根据以下要求进行账套备份。

（1）在 D 盘上建一个名为"华洁公司备份数据"的文件夹。

（2）将华洁家具有限责任公司的账套备份到 D：\华洁公司备份数据的文件夹中，文件名为"华洁公司_建账"。

（3）设置自动备份方案，备份文件放在 D：\华洁公司备份数据的文件夹中，"每3天"备份一次，备份时间为"16：00"，并删除"早于3天"的备份文件。

4.删除账套：将华洁家具有限责任公司的账套删除。

5.恢复账套：从文件夹 D：\华洁公司备份数据中恢复华洁家具有限责任公司的账套，账套号"HJ2019"，账套名为"华洁公司2019年年度账"。

【任务实施】

任务实施1：新建账套

跟我做　**第一步**：启动账套管理，单击【开始】→【程序】→【金蝶 KIS 专业版】→【工具】→【账套管理】，然后以 Admin 的身份登录，初始密码为空，单击【确定】（如图 2-2 所示）。

图 2-2　启动账套管理

跟我做　**第二步**：在"账套管理"界面，单击【新建】，进入"新建账套"界面，录入必要的账套信息，即账套号、账套名称以及公司名称，并选择账套文件存放的地点即数据库路径。所有信息都录入正确之后，单击【确定】，系统就会开始自动进行账套的创建了（如图 2-3 所示）。

微视频 1

新建账套

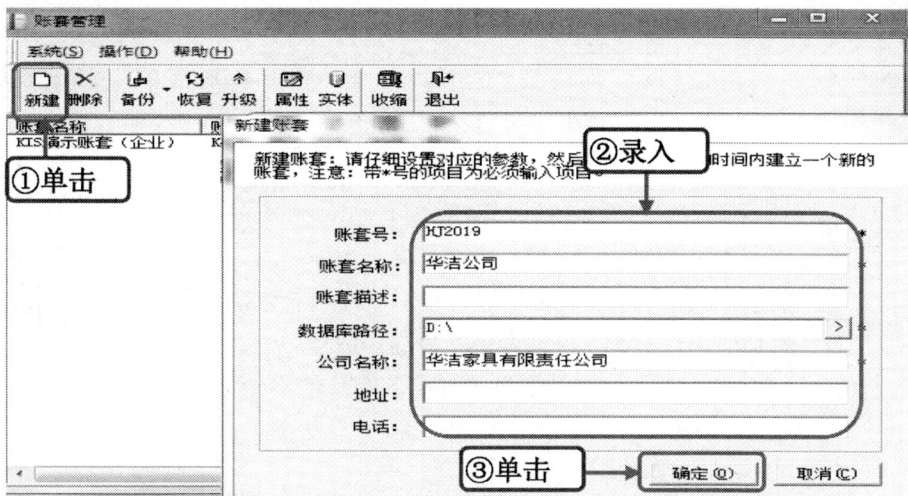

图 2-3　新建账套

温馨提示

账套号和数据库路径可以选择默认值，也可以修改，但账套号必须以英文字母开头。后面带"*"标记的项目为必录项，不能空缺。

任务实施 2：修改账套

跟我做 第一步：单击【开始】→【程序】→【金蝶 KIS 专业版】→【工具】→【账套管理】，进入"账套管理"界面。

跟我做 第二步：在"账套管理"界面中，选中要修改的账套，单击【属性】，进入"账套属性"界面进行修改（如图 2-4 所示）。

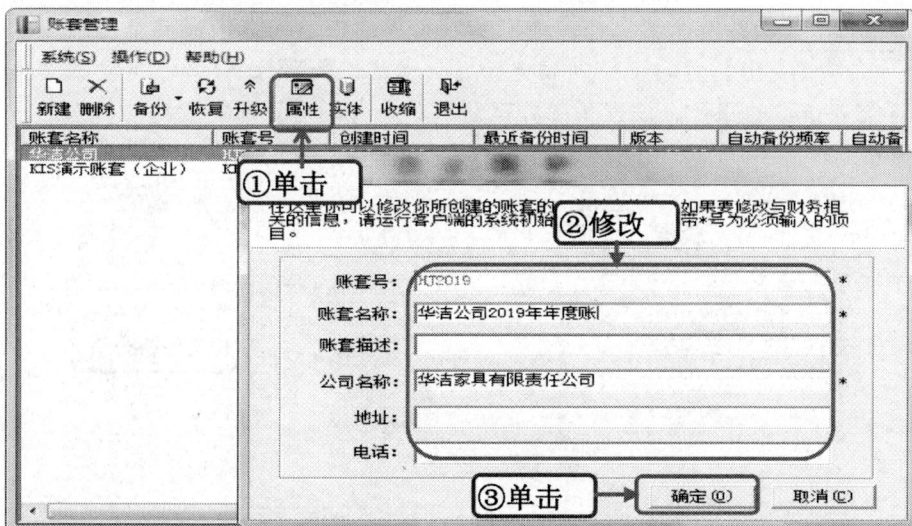

图 2-4　修改账套

温馨提示

账套号不能修改，在这里只能修改账套的一些基本信息，如果要修改与账务相关的信息，要在系统初始化中进行。

任务实施3：备份账套

跟我做　**第一步**：单击【开始】→【程序】→【金蝶KIS专业版】→【工具】→【账套管理】，进入"账套管理"界面。

微视频2

备份账套

跟我做　**第二步**：在"账套管理"界面中，先选中需要备份的账套，单击【备份】，打开"账套备份"界面，选择需要备份的路径，输入备份账套的文件名称后，单击【确定】即可开始备份账套（如图2-5所示）。

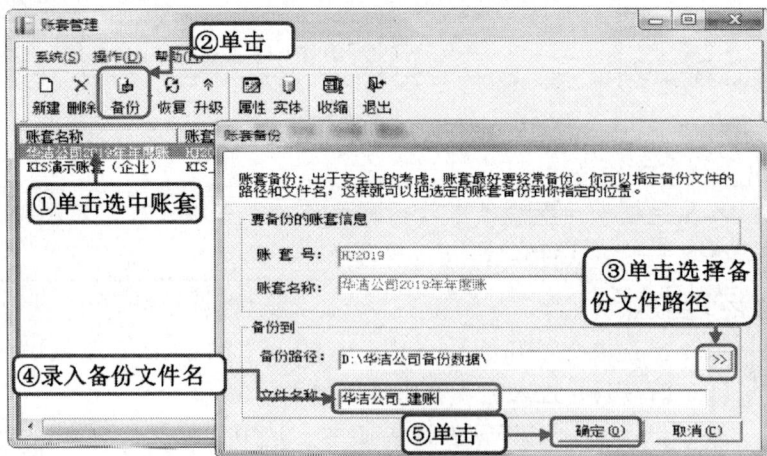

图2-5　手动备份账套

跟我做　**自动备份账套**：在"账套管理"界面中，先选中需要备份的账套，单击【备份】旁的下拉列表选择【自动备份账套】，打开"自动账套备份"界面，选择需要备份的路径，设置备份方案后，单击【确定】即完成自动备份的设置（如图2-6所示）。

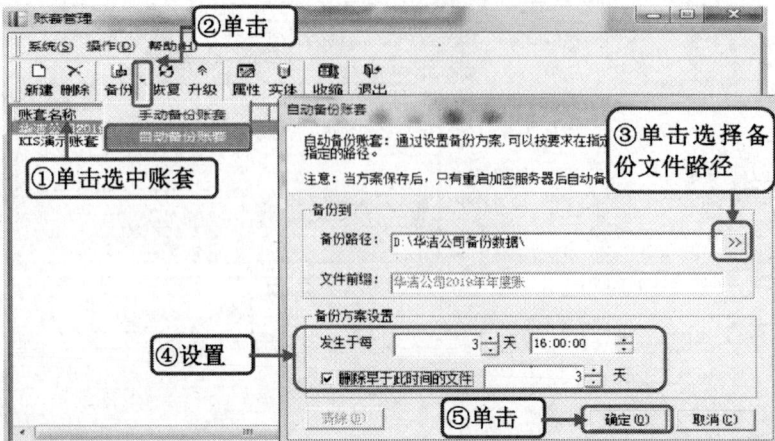

图2-6　自动备份账套

温馨提示

备份方案的时间参数采用的是24小时制。备份方案保存后，只有重启加密服务器自动备份设置才能生效。

任务实施4：删除账套

跟我做　**第一步**：单击【开始】→【程序】→【金蝶 KIS 专业版】→【工具】→【账套管理】，进入"账套管理"界面。

跟我做　**第二步**：在"账套管理"界面中，选中要删除的账套，单击【删除】，系统会给出一个是否确定删除的提示，单击【是】，然后系统会给出是否要备份账套的提示，如果要备份，就选择【是】，否则就选择【否】，该账套就被删除了（如图2-7所示）。

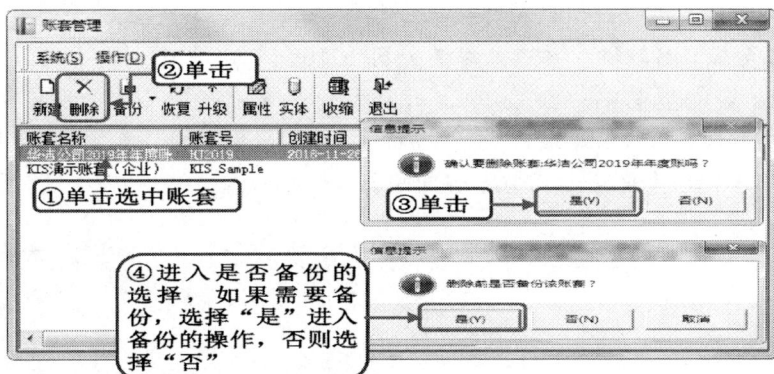

图2-7　删除账套

任务实施5：恢复账套

跟我做　**第一步**：单击【开始】→【程序】→【金蝶 KIS 专业版】→【工具】→【账套管理】，进入"账套管理"界面。

跟我做　**第二步**：在"账套管理"界面中，单击【恢复】，打开"恢复账套"界面，选择需要恢复的账套备份文件，并在"账套号"和"账套名"处录入拟新建账套的账套编号和名称，设置好后，单击【确定】即可开始恢复账套（如图2-8所示）。

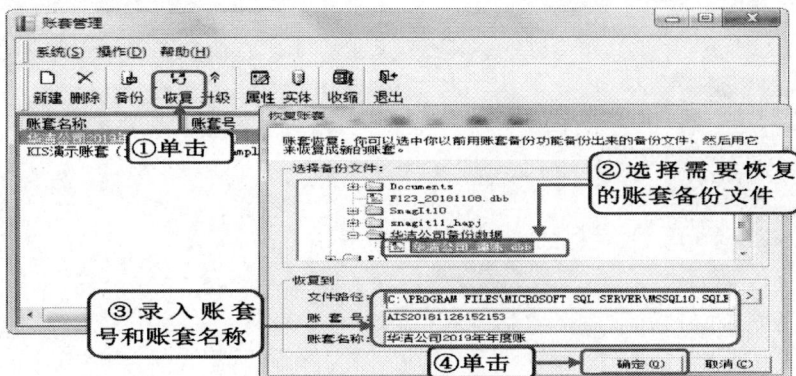

图2-8　恢复账套

温馨提示

编号和名称不允许同系统中已有账套的名称或者编号重复。

任务二　设置企业基础资料

【准备工作】

一、认识企业的基础资料

基础资料，就是在系统中使用的各种基础数据的总称，是在会计核算软件各系统操作中不可缺少的资料。它主要包括会计核算中的一些基本信息及用户在录入凭证或者录入单据时，需要录入的一些业务资料信息，例如企业信息、会计期间、记账本位币、部门信息、人员信息、供应商信息和客户信息等。

二、启动金蝶KIS软件，并进入华洁公司2019年年度账套

跟我做　启动金蝶KIS软件：单击【开始】→【程序】→【金蝶KIS专业版】→【金蝶KIS专业版】，然后以manager的身份登录，初始密码为空，选择要进入的账套后，单击【确定】（如图2-9所示）。

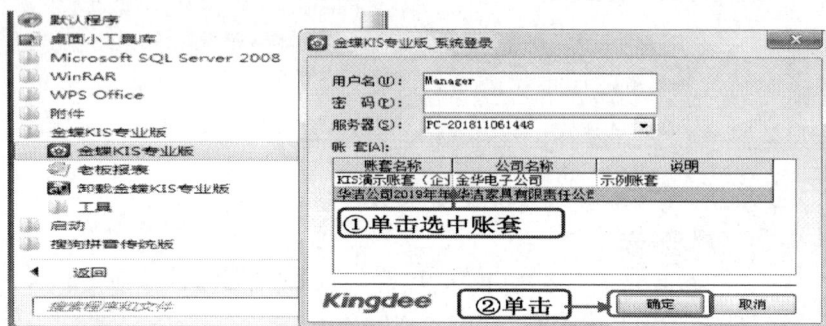

图2-9　启动金蝶KIS软件

三、熟悉金蝶KIS软件的主控台界面

金蝶KIS软件的主控台界面如图2-10所示。

图2-10　金蝶KIS软件的主控台界面

【任务描述】

1.设置系统参数：华洁家具有限责任公司是一家生产办公家具的企业，为增值税一般纳税人，增值税税率为16%。根据企业的基本信息及会计核算要求进行系统参数设置：

（1）企业基本信息：

①公司名称：华洁家具有限责任公司；

②公司统一社会信用代码：91522010780912438P；

③开户银行：建设银行瑞金支行；

④开户银行账号：1125 0001 0208 7838 78；

⑤地址：贵州省贵阳市南垭路25号；

⑥电话：0851-83325777；

⑦传真：0851-83325777。

（2）会计核算要求：

①记账本位币：人民币；

②会计期间：2019年1月1日到2019年12月31日（自然年度会计期间）；

③财务系统：启用时间为2019年1月，"启用往来业务核销""不允许修改/删除业务系统凭证"；

④出纳系统：启用时间为2019年1月，"与总账对账期末余额不等时不允许结账"；

⑤业务系统：启用时间为2019年1月，"出现负库存时提示"。

2.用户管理：华洁家具有限责任公司的财务分工情况见表2-1，请据此新增用户并授予相应的权限。

表2-1　　　　　　　　　　　　　财务分工及权限表

姓名	职位	操作员权限
王伟	财务主管	所有权限
张华	会计	基础资料、财务处理、固定资产、报表、工资、采购管理系统、仓存管理系统、存货核算管理系统、销售管理系统、应收应付管理系统
孙晴	出纳	基础资料、出纳管理、"账务处理_凭证"下查询所有凭证和出纳复核、启用数据授权

3.设置辅助资料：设置华洁家具有限责任公司的"职员类别"，公司将全部职员分成行政人员、生产管理人员、生产人员和销售人员四个类别。

4.设置核算项目：

（1）录入部门信息：华洁家具有限责任公司的部门结构见表2-2，请据此录入企业的部门信息。

表2-2　　　　　　　　　　　　　　　　部门信息表

序号	1	2	2.1	2.2	3	4
部门名称	行政部	销售部	销售一部	销售二部	采购部	生产部

（2）录入职员信息：华洁家具有限责任公司的职员信息见表2-3，请据此录入企业职员信息。

表2-3　　　　　　　　　　　　　　　职员信息表

序号	姓名	性别	职员类别	所属部门
101	王伟	男	行政人员	行政部
102	张华	女	行政人员	行政部
103	孙晴	女	行政人员	行政部
201	何刚	男	销售人员	销售一部
202	章凯旋	男	销售人员	销售二部
301	张大同	男	行政人员	采购部
401	孙华明	男	生产管理人员	生产部
402	孟浩	男	生产人员	生产部

（3）录入客户信息：华洁家具有限责任公司的客户信息见表2-4，请据此录入客户信息。

表2-4　　　　　　　　　　　　　　企业客户信息表

代码	名称	区域	联系人	电话	信用额度（元）
01	贵州德宇家具公司	西南	邓涛涛	0851-89017768	30 000.00
02	贵州飞龙家具公司	西南	李兴福	0851-87612345	50 000.00
03	重庆森华家具公司	西南	任庭果	023-452309451	500 000.00
04	广西邦达家具公司	华南	蒋松	0771-37562011	300 000.00

（4）录入供应商信息：华洁家具有限责任公司的供应商信息见表2-5，请据此录入供应商信息。

表2-5　　　　　　　　　　　　　　企业供应商信息表

代码	名称	区域	联系人	电话	结算期限（天）
01	贵州大光五金	西南	王青青	0851-87609871	30
02	贵州华阳板木厂	西南	高世仟	0851-81263401	60
03	广西宏威五金	华南	李丹	0771-35812094	90
04	广西瑞祥板材	华南	卢飞燕	0771-32750891	30

5.设置计量单位：华洁家具有限责任公司的计量单位信息见表2-6，请据此录入企业计量单位信息。

表2-6　　　　　　　　　　　　　　计量单位信息表

单位组	代码	名称	换算率	是否默认
重量组	1	吨	1	是
	2	千克	1 000	
数量组	3	张	1	是
	4	个	1	
	5	套	1	

6.设置币别：华洁家具有限责任公司有外币业务，涉及的外币有美元（USD），采用固定汇率核算，汇率为1美元=6.9457元人民币。请据此进行外币的设置。

7.设置科目：华洁家具有限责任公司执行的是新会计准则，具体会计科目信息见表2-7，请根据表2-7进行会计科目设置，新增二级会计科目，修改部分一级会计科目。

表2-7　　　　　　　　　　　　　会计科目信息表

科目代码	科目名称	方向	数量金额辅助核算	外币核算/核算项目/备注
1002.01	建设银行	借		
1002.02	中国银行	借		美元核算
1122	应收账款	借		客户/往来业务核算
1123	预付账款	借		供应商
1221.01	应收个人款	借		部门、职员
1403.01	板材	借	是（计量单位：张）	
1403.02	五金件	借	是（计量单位：套）	
1405.01	办公桌	借	是（计量单位：张）	
1405.02	文件柜	借	是（计量单位：个）	
2202	应付账款	贷		供应商/往来业务核算
2203	预收账款	贷		客户
2221.01	应交增值税	贷		
2221.01.01	进项税额	贷		
2221.01.02	销项税额	贷		
2221.01.03	已交税金	贷		
2221.01.04	进项税额转出	贷		
2221.01.05	转出未交增值税	贷		
2221.02	未交增值税	贷		
2221.03	预交增值税	贷		
2221.04	待抵扣进项税	贷		
2221.05	待认证进项税	贷		
2221.06	城市维护建设税	贷		
2221.07	教育费附加	贷		
2221.08	企业所得税	贷		
2221.09	个人所得税	贷		
5001.01	办公桌	借		
5001.02	文件柜	借		
6001.01	办公桌	贷	是（计量单位：张）	
6001.02	文件柜	贷	是（计量单位：个）	
6051.01	板材	贷	是（计量单位：张）	
6051.02	五金件	贷	是（计量单位：套）	
6302	资产处置损益	贷		
6403	税金及附加	借		
6601.01	工资及福利	借		
6601.02	折旧费	借		
6601.09	其他	借		
6602.01	工资及福利	借		部门
6602.02	折旧费	借		部门
6602.09	其他	借		部门

8.设置凭证类别：根据以下资料进行凭证类别的设置（见表2-8）。

表2-8 凭证类别设置表

序号	凭证类别	凭证字	限制条件
1	记账凭证	记	无
2	收款凭证	收	借方必有库存现金与银行存款科目
3	付款凭证	付	贷方必有库存现金与银行存款科目
4	转账凭证	转	借和贷必无库存现金与银行存款科目

9.设置结算方式：新增现金支票、转账支票、网银三种结算方式。

【任务实施】

微视频3

任务实施1：设置系统参数

系统参数是指系统的一些基础信息，主要包括系统信息、会计期间、财务参数、出纳参数、业务参数，这些信息与参数的设定将决定在会计核算中的一些控制及处理方式。

系统参数设置

跟我做 **第一步**：单击【开始】→【程序】→【金蝶KIS专业版】，然后以manager的身份登录，初始密码为空，选择要进入的账套后，单击【确定】，进入"主控台"界面。

跟我做 **第二步**：在"主控台"界面单击【基础设置】→【系统参数】，进入"系统参数"设置窗口进行相应的设置。在"系统参数"设置窗口有【系统信息】、【会计期间】、【财务参数】、【出纳参数】、【业务参数】五个标签，需要根据企业的实际情况分别进行设置。

跟我做 **【系统信息】的设置**：在"系统参数"设置窗口单击【系统信息】页签，录入企业的具体信息，根据企业具体核算要求设置记账本位币信息后，单击【确定】完成（如图2-11所示）。

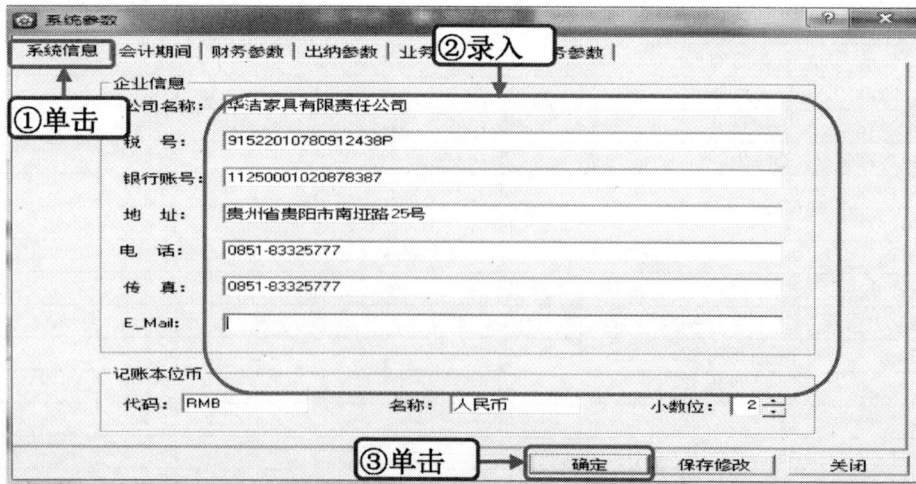

图2-11 【系统信息】的设置

跟我做 **【会计期间】的设置**：在"系统参数"设置窗口单击【会计期间】页签，单击【设置会计期间】，进行会计期间的设定后，单击【确定】完成（如图2-12所示）。

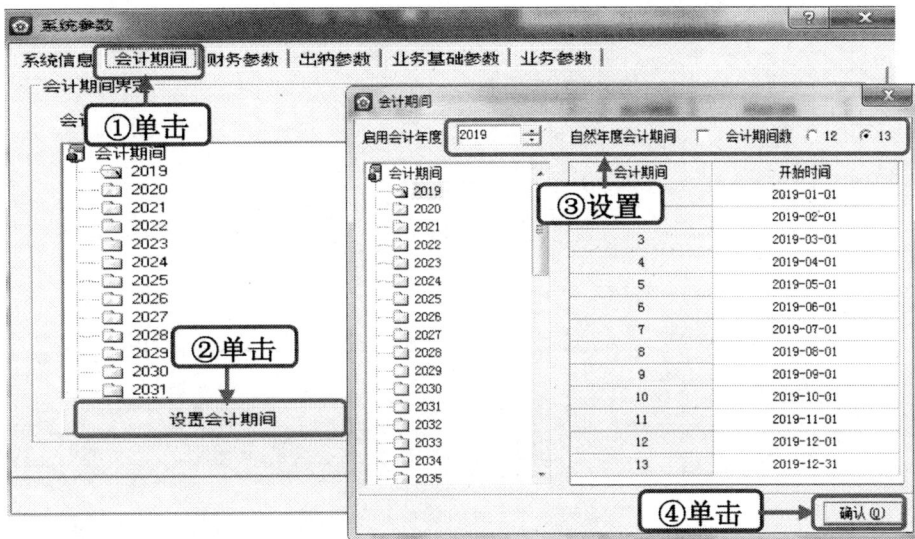

图2-12 【会计期间】的设置

温馨提示

启用年度和启用期间一经设定后，是不允许修改的，而且出纳和业务系统的启用期间不能早于财务系统启用期间。

跟我做 **【财务参数】的设置**：在"系统参数"设置窗口单击【财务参数】页签，根据核算需要进行相应设置后，单击【确定】完成（如图2-13所示）。

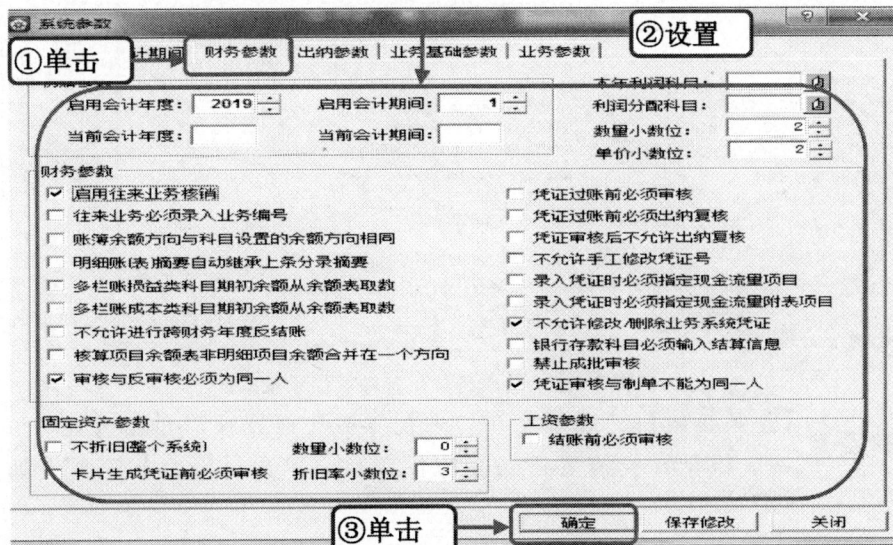

图2-13 【财务参数】的设置

跟我做 **【出纳参数】的设置**：在"系统参数"设置窗口单击【出纳参数】页签，根据核算需要进行相应设置后，单击【确定】完成（如图2-14所示）。

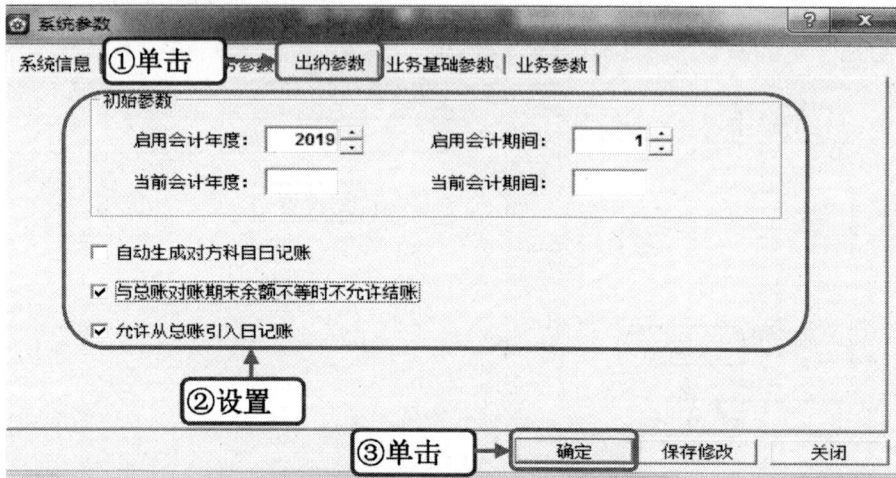

图2-14 【出纳参数】的设置

跟我做 **【业务基础参数】的设置**：在"系统参数"设置窗口单击【业务基础参数】页签，根据核算需要进行相应设置后，单击【确定】完成（如图2-15所示）。

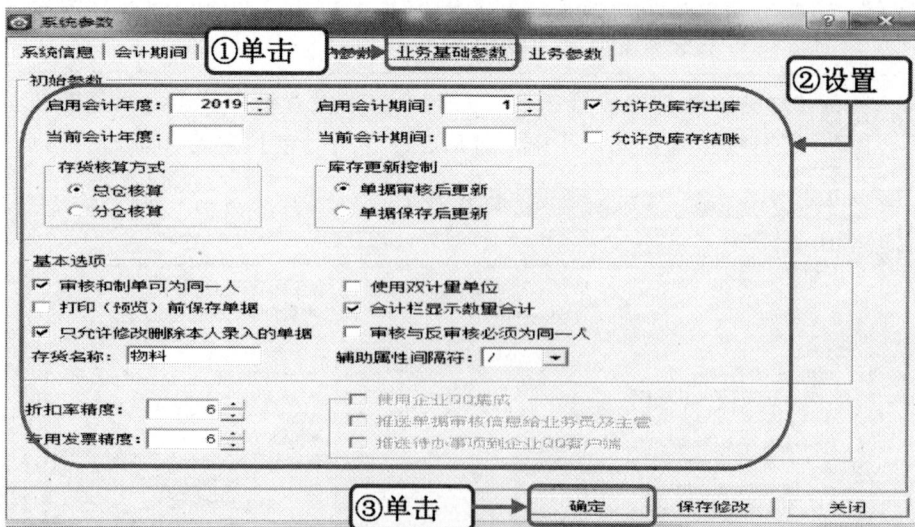

图2-15 【业务基础参数】的设置

跟我做 **【业务参数】的设置**：在"系统参数"设置窗口单击【业务参数】页签，根据核算需要进行相应设置后，单击【确定】完成（如图2-16所示）。

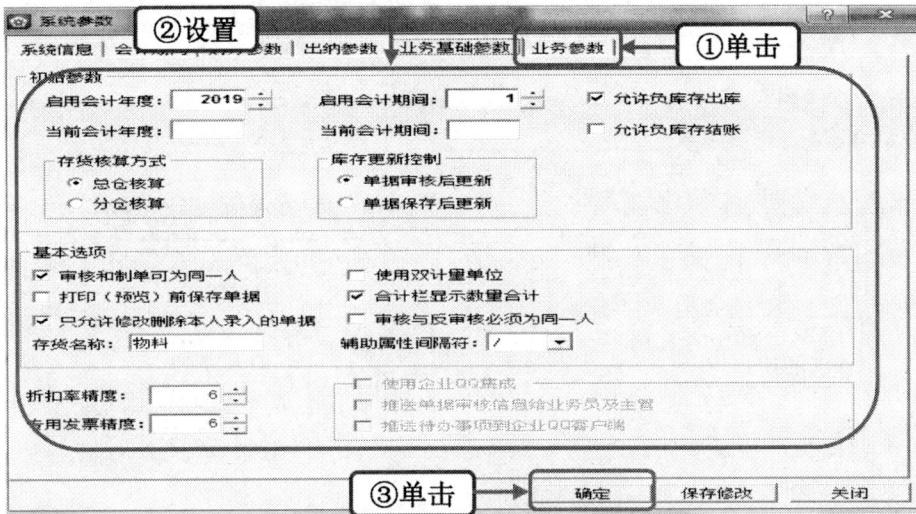

图2-16 【业务参数】的设置

温馨提示

系统参数设置关系到各业务模块的控制和流程的处理，在设置前必须慎重。

任务实施2：用户管理

微视频4

用户管理

用户管理是对账套使用者的管理，包括新增用户、删除用户和用户授权。为了明确每个使用者的责任，保证账套的安全，必须根据企业财务分工进行用户管理。

跟我做 **增加新用户：** 在"主控台"界面单击【基础设置】→【用户管理】，进入"用户管理"窗口，单击【新建用户】，在"新增用户"窗口录入新用户的信息后，单击【确定】完成（如图2-17所示）。

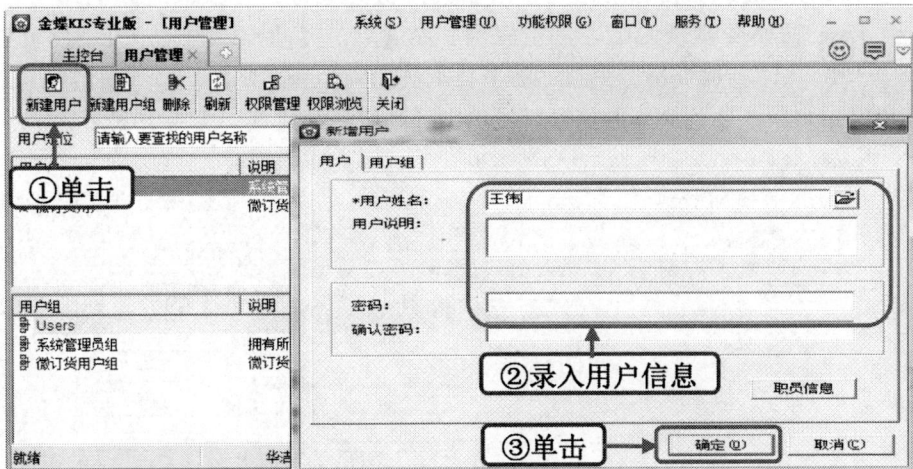

图2-17 增加新用户

跟我做 给用户授权：在"主控台"界面单击【基础设置】→【用户管理】，进入"用户管理"窗口，先选中要授权的用户，再单击【权限管理】进入"用户管理_权限管理"窗口进行勾选后，单击【授权】完成（如图2-18所示）。

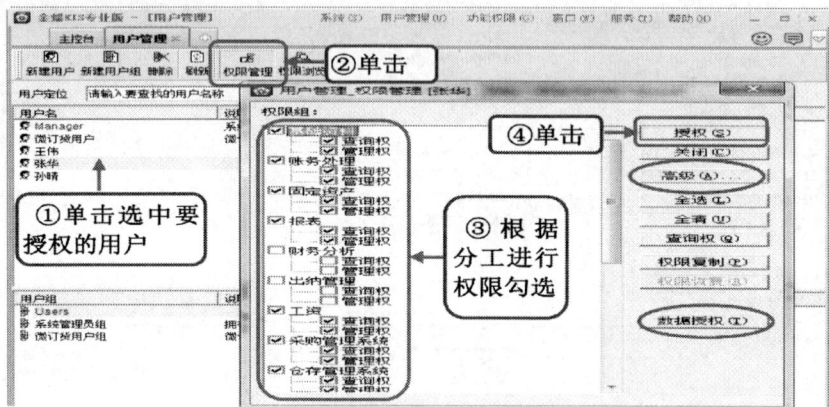

图2-18　给用户授权

温馨提示

如果想进行更明细的授权，则可单击【高级】进入"用户权限"窗口进行设置。另外，还可勾选"启用数据授权"后进行数据授权。

如果企业规模较大，财务人员较多，可以先设置用户组并给用户组授权后，再将每个用户添加到所属用户组。

任务实施3：设置辅助资料

辅助资料是一个具体的核算项目中或者单据中经常使用的一些辅助信息。行业、区域、供应商分类、职员类别等资料在系统中会经常被使用，如果事先定义好这些内容，具体使用时就可以直接进行选择，就会大大提高数据录入的速度。在系统中已经预先定义好了多种不同的辅助资料，用户也可根据具体情况进行设置。

跟我做 辅助资料录入：在"主控台"界面单击【基础设置】→【辅助资料】，进入"辅助资料"窗口，单击【职员类别】→【刷新】→【新增】，在"职员类别-新增"窗口录入职员类别的信息后，单击【确定】完成（如图2-19所示）。

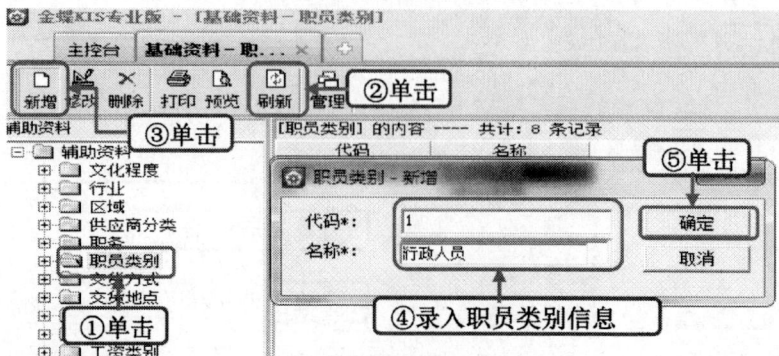

图2-19　设置辅助资料

任务实施4：设置核算项目

核算项目是指具有相同操作、作用相类似的一类基础数据的统称。在核算项目中包含了部门、职员、物料、仓库、客户、供应商等基础档案。

跟我做 录入部门信息：在"主控台"界面单击【基础设置】→【核算项目】，进入"核算项目"窗口，单击【部门】→【刷新】→【新增】，在"部门-新增"窗口中录入部门的相关信息后，单击【保存】完成（如图2-20所示）。

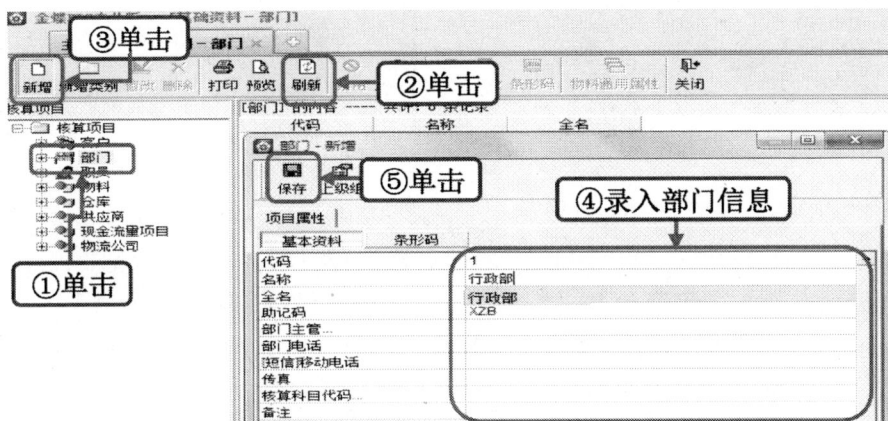

图2-20　录入部门信息

微视频5

跟我做 录入职员信息：在"主控台"界面单击【基础设置】→【项目核算】，进入"项目核算"窗口，单击【职员】→【刷新】→【新增】，在"职员-新增"窗口中录入职员的相关信息后，单击【保存】完成（如图2-21所示）。

职员设置

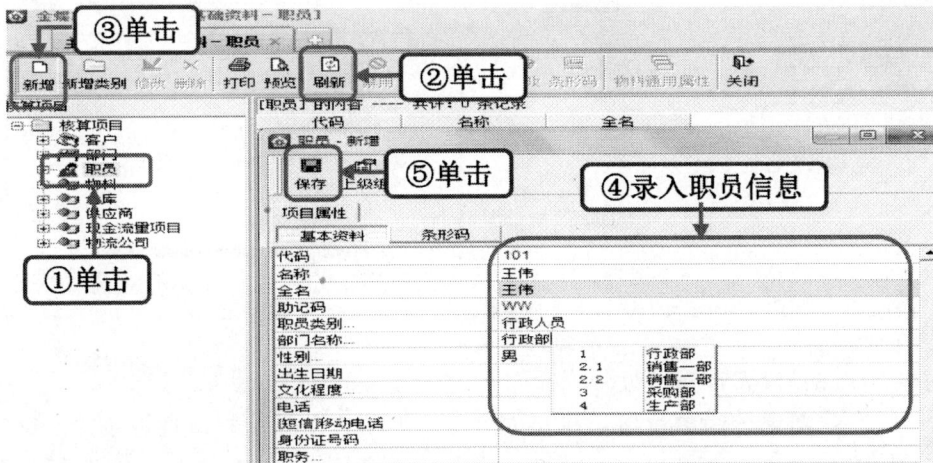

图2-21　录入职员信息

跟我做 录入客户信息：在"主控台"界面单击【基础设置】→【项目核算】，进入"项目核算"窗口，单击【客户】→【刷新】→【新增】，在"客户-新增"窗口中录入客户的相关信息后，单击【保存】完成（如图2-22所示）。

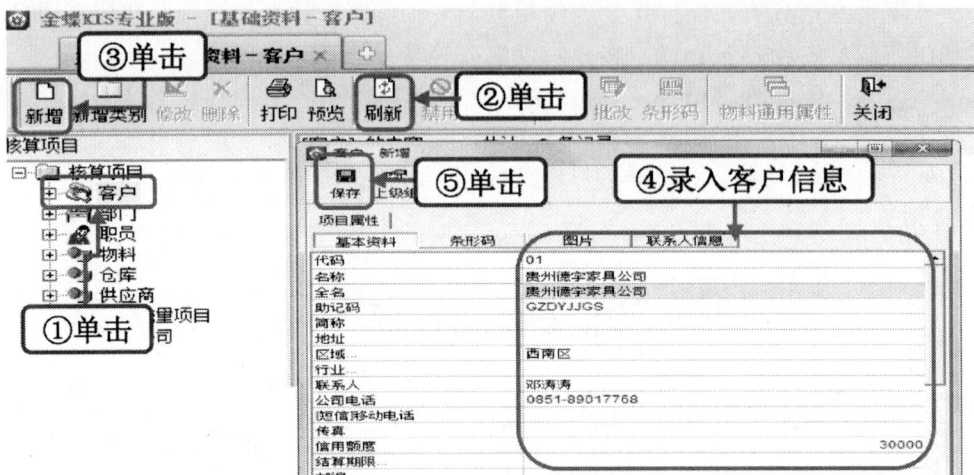

图2-22　录入客户信息

跟我做　**录入供应商信息**：在"主控台"界面单击【基础设置】→【项目核算】，进入"项目核算"窗口，单击【供应商】→【刷新】→【新增】，在"供应商-新增"窗口中录入供应商的相关信息后，单击【保存】完成（如图2-23所示）。

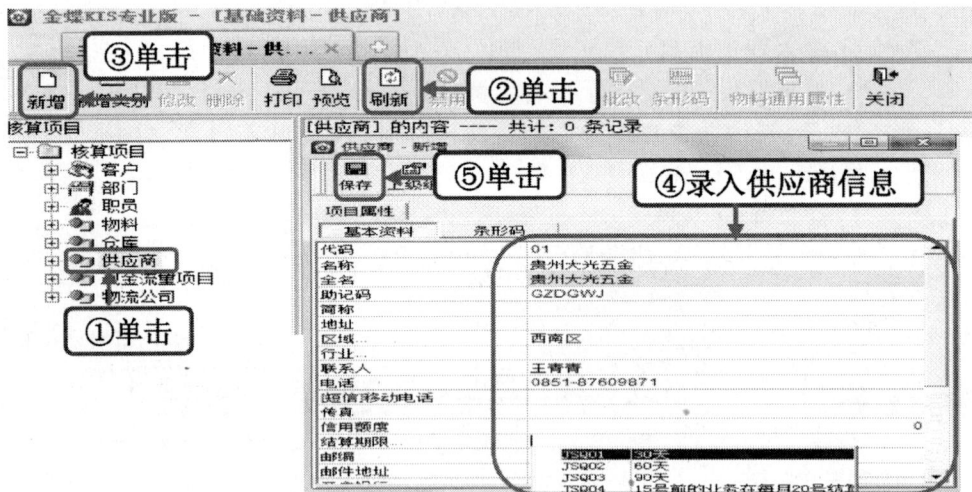

图2-23　录入供应商信息

任务实施5：设置计量单位

跟我做　**新增计量单位组**：在"主控台"界面单击【基础设置】→【计量单位】，进入"计量单位"窗口，单击【新增】，在"新增计量单位组"窗口中，录入计量单位组的相关信息后，单击【确定】完成（如图2-24所示）。

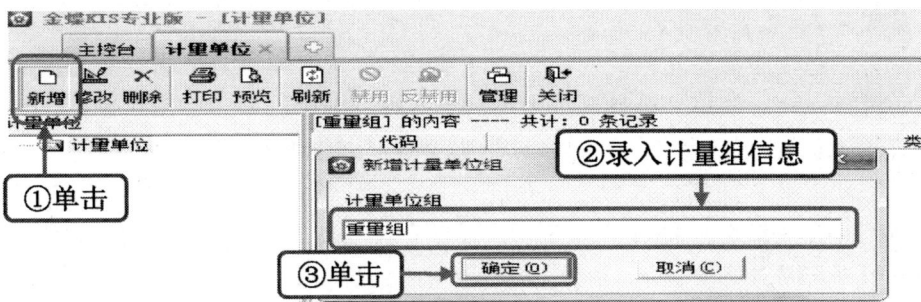

图 2-24 新增计量单位组

跟我做 录入计量单位信息：在"主控台"界面单击【基础设置】→ 【计量单位】，进入"计量单位"窗口，选中计量单位组，单击【刷新】→【新增】，在"计量单位-新增"窗口中，录入计量单位的相关信息后，单击【确定】完成（如图 2-25 所示）。

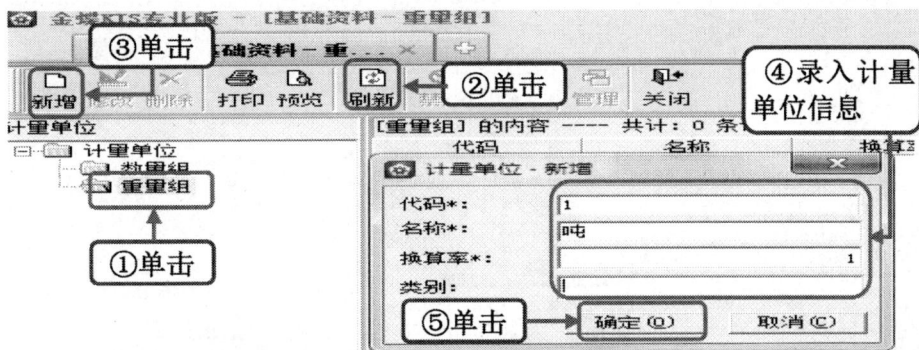

图 2-25 录入计量单位信息

任务实施 6：设置币别

跟我做 设置币别：在"主控台"界面单击【基础设置】→【币别】，进入"币别"窗口，单击【新增】，在"币别-新增"窗口中，录入外币的相关信息后，单击【确定】完成（如图 2-26 所示）。

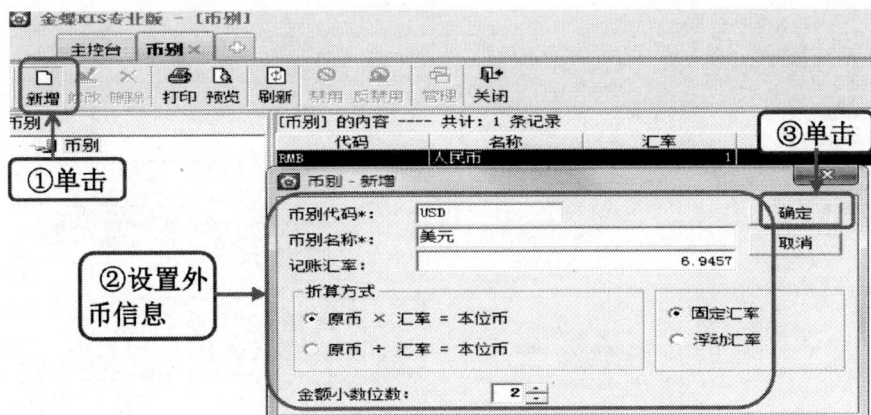

图 2-26 设置币别

任务实施7：设置会计科目

会计科目是按照经济业务的内容和经济管理的要求，对会计要素的具体内容进行分类核算的科目。现行的统一会计制度中均对企业设置的会计科目作出规定，一级会计科目的设置要遵循财政部的统一规定，以增强会计科目名称的统一性和会计信息的可比性，因此一般财务软件都会根据会计制度将一级会计科目预设好，用户只需引入即可。明细科目则是在一级会计科目的基础上，根据企业具体经济业务需要细化出来的科目，企业可以根据需要自行设置。

跟我做 **引入会计科目**：在"主控台"界面单击【基础设置】→【会计科目】，进入"基础资料-科目"窗口，单击【文件】→【从模板中引入科目】，在"科目模板"窗口中选择相应的模板类型后，单击【引入】，在"引入科目"窗口中进行勾选，一般单击【全选】，选定后单击【确定】完成（如图2-27所示）。

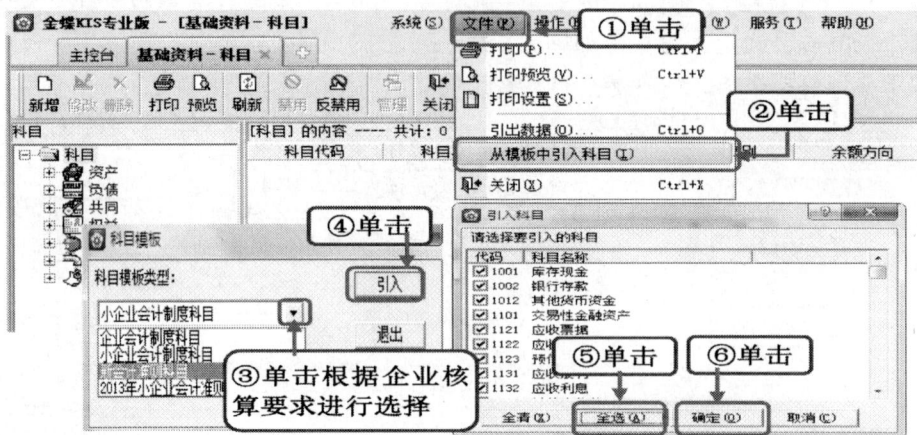

图2-27　引入会计科目

跟我做 **增加一般的明细科目**：在"主控台"界面单击【基础设置】→【会计科目】，进入"基础资料-资产"窗口，单击【新增】，在"会计科目-新增"窗口中录入科目代码、科目名称信息后，单击【保存】完成（如图2-28所示）。

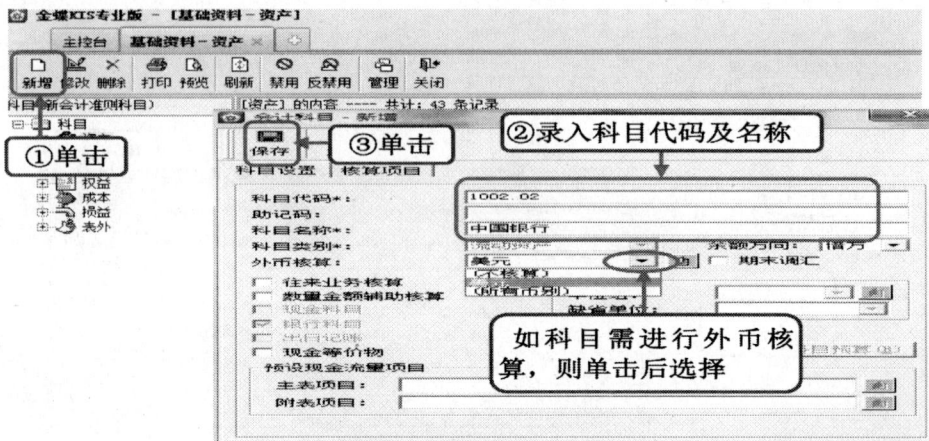

图2-28　增加一般的明细科目

跟我做 增加要进行数量金额辅助核算的明细科目：在"主控台"界面单击【基础设置】→【会计科目】，进入"基础资料-资产"窗口，单击【新增】，在"会计科目-新增"窗口中录入科目代码、科目名称信息，并勾选"数量金额辅助核算"，在计量单位栏选择相应的计量单位信息后，单击【保存】完成（如图2-29所示）。

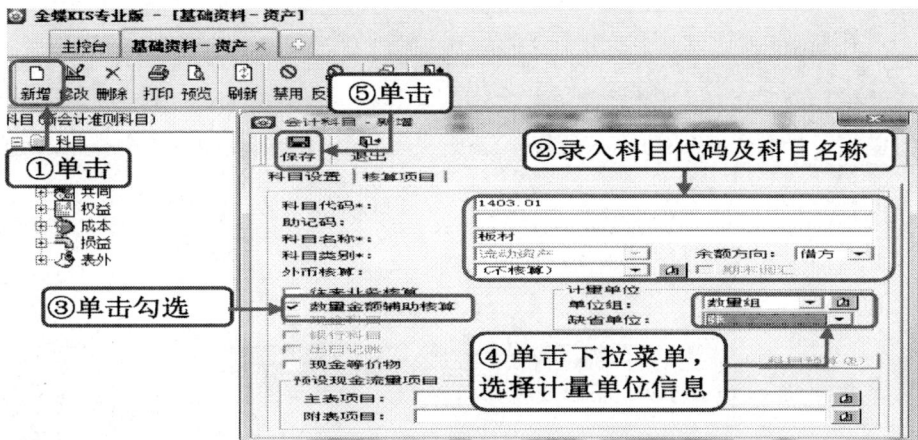

图2-29 增加要进行数量金额辅助核算的明细科目

温馨提示

有些明细科目名称可能重复，但科目编码是唯一的，在增加时，如遇重复的明细科目名称，系统会给出提示，问是否继续。

跟我做 增加带有辅助核算项目的明细科目：在"主控台"界面单击【基础设置】→【会计科目】，进入"基础资料-资产"窗口，单击【新增】，在"会计科目-新增"窗口中录入科目代码、科目名称信息后，再单击【核算项目】→【增加核算项目类别】，从"核算项目类别"中选择相应的项目，单击【确定】→【保存】完成（如图2-30所示）。

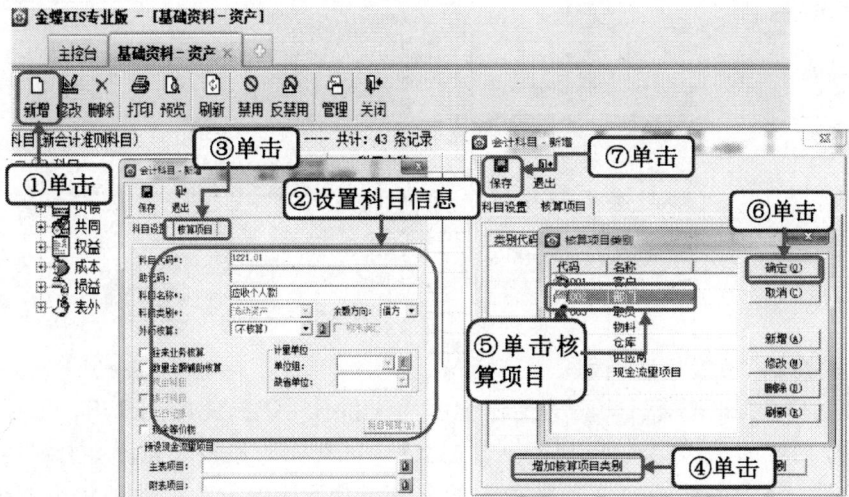

图2-30 增加带有辅助核算项目的明细科目

跟我做 **复制会计科目**：在"主控台"界面单击【基础设置】→【会计科目】，进入"会计科目"窗口，单击【刷新】→【管理】，在"会计科目"窗口中单击【复制】，在"科目复制"窗口中录入源科目代码、目的科目代码和复制最大级数后，单击【确定】完成（如图 2-31 所示）。

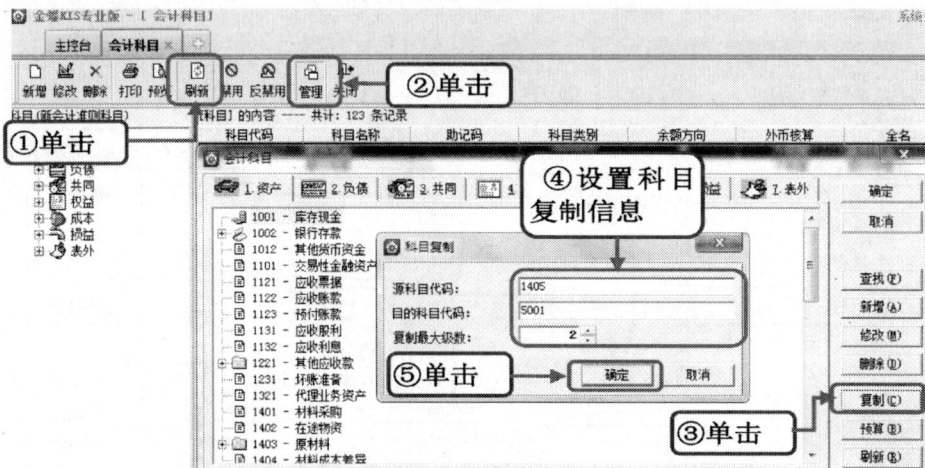

图 2-31　复制会计科目

微视频 7

跟我做 **修改会计科目**：在"主控台"界面单击【基础设置】→【会计科目】，在"基础资料-资产"窗口中，先在科目列表中选中要进行修改的会计科目，单击【修改】进入"会计科目-修改"窗口进行相应信息的修改，完成后单击【保存】（如图 2-32 所示）。

会计科目设置

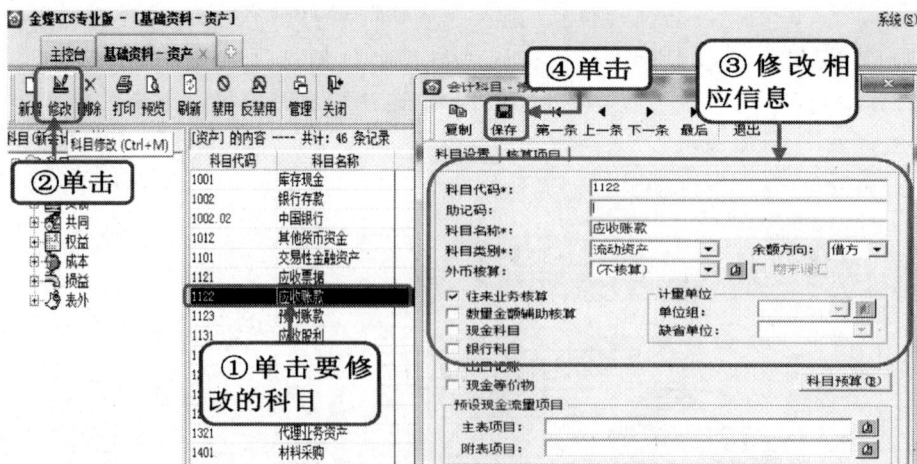

图 2-32　修改会计科目

任务实施 8：设置凭证类别

按用途不同，记账凭证可分为专用记账凭证和通用记账凭证。专用记账凭证按其反映经济业务内容的不同，又可以分为收款凭证、付款凭证和转账凭证；而通用记账凭证则可为各类经济业务共同使用，在实际工作中，业务比较单纯、业务量也较少的单位，适宜使用这类记账凭证。

跟我做 **设置凭证类别**：在"主控台"界面单击【基础设置】→【凭证字】，进入"凭证字"窗口，单击【新增】，在"凭证字-新增"窗口中，录入凭证字号的相关信息后，单击【确定】完成（如图2-33所示）。

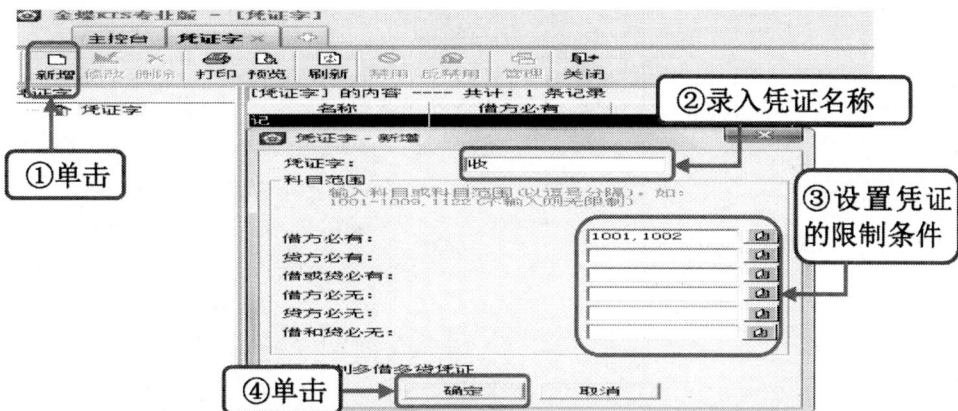

图2-33 设置凭证类别

任务实施9：设置结算方式

跟我做 **设置结算方式**：在"主控台"界面单击【基础设置】→【结算方式】，进入"结算方式"窗口，单击【新增】，在"结算方式-新增"窗口中录入结算方式的相关信息后，单击【确定】完成（如图2-34所示）。

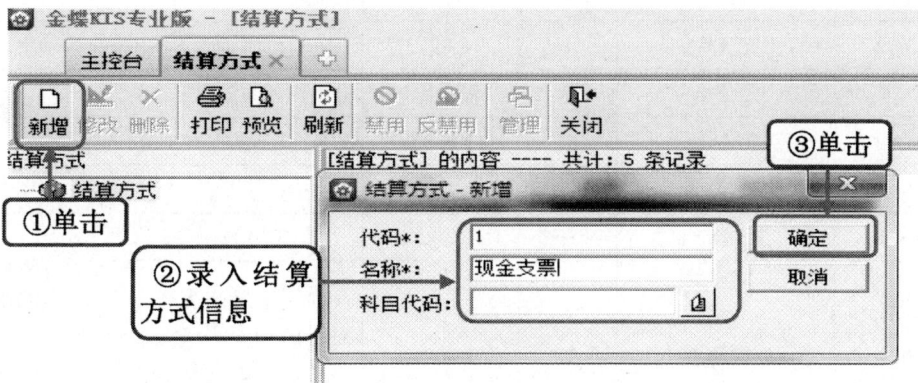

图2-34 设置结算方式

任务三 录入期初余额

【任务描述】

1.录入科目初始数据：根据华洁家具有限责任公司2018年12月31日的科目余额表（见表2-9）录入科目期初余额，并进行试算平衡检查。

2.启用财务系统。

表2-9　　　　　　华洁家具有限责任公司2018年12月31日的科目余额表

科目代码	科目名称	方向	期初余额	备注
1001	库存现金	借	20 000.00	
1002.01	建设银行	借	310 700.00	
1002.02	中国银行	借	12 000.00	美元账户（本位币12 000元）
1122	应收账款	借	202 000.00	其中：①贵州德宇家具公司27 000元，业务发生时间2018-11-25，业务编号1001；②贵州德宇家具公司15 000元，业务发生时间2018-12-23，业务编号1002；③重庆森华家具公司2018-12-01发生160 000元，业务编号1003
1123	预付账款	借	32 000.00	其中：①贵州华阳板木厂预付15 000元；②广西瑞祥板材预付17 000元
1221.01	其他应收款——应收个人款	借	10 000.00	其中：①行政部王伟出差借款6 000元；②销售一部何刚出差借款4 000元
1231	坏账准备	贷	6 000.00	
1403.01	板材	借	3 220 000.00	920张
1403.02	五金件	借	128 000.00	1 600套
1405.01	办公桌	借	247 500.00	550张
1405.02	文件柜	借	82 500.00	275个
1601	固定资产	借	5 400 000.00	
1602	累计折旧	贷	1 775 000.00	
2202	应付账款	贷	51 000.00	其中：①贵州大光五金39 000元，业务发生时间2018-11-15，业务编号6001；②广西宏威五金12 000元，业务发生时间2018-12-14，业务编号6002
2203	预收账款	贷	10 000.00	其中：①贵州飞龙家具公司预收3 000元；②广西邦达家具公司预收7 000元
2221.01.01	进项税额	贷	-1 300.00	
2221.01.02	销项税额	贷	324 000.00	
2501	长期借款	贷	1 500 000.00	
4001	实收资本	贷	6 000 000.00	

【任务实施】

任务实施1：录入科目初始数据

跟我做　一般明细科目期初余额的录入：在"主控台"界面单击【初始化】→【科目初始数据】，进入"科目初始数据"窗口，单击【币别】下拉框选中核算币种人民币，直接在期初余额原币一栏"明细科目"的对应位置录入数据（如图2-35所示）。

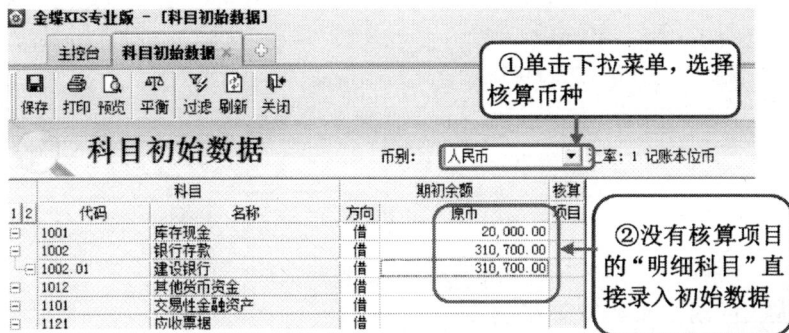

图2-35　一般明细科目期初余额的录入

温馨提示

"非明细科目"的期初余额数据不需录入，只要将其下属的明细科目期初余额数据录入，就能自动汇总生成。

跟我做　核算项目的明细科目期初余额的录入：在"主控台"界面单击【初始化】→【科目初始数据】，进入"科目初始数据"窗口，单击【币别】下拉框选中核算币种人民币，单击"明细科目"后面核算项目栏的"√"，在"核算项目初始余额录入"窗口录入数据，如果有多行数据则可单击【插入】增加行继续录入，录入完毕后，单击【保存】完成（如图2-36所示）。

微视频8

期初余额录入

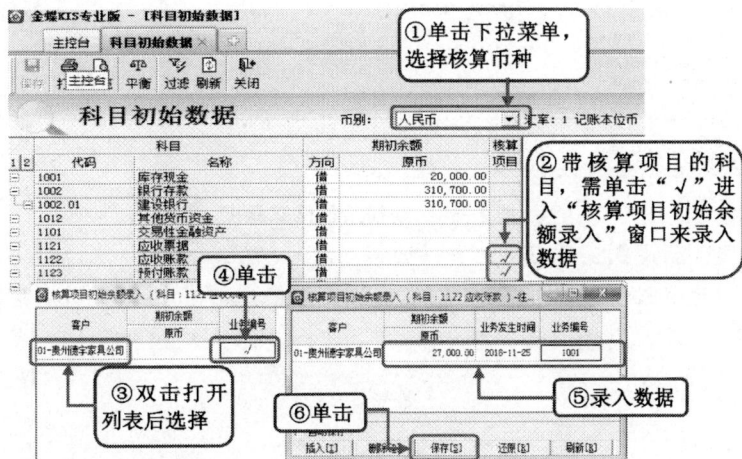

图2-36　核算项目的明细科目期初余额的录入

跟我做　**外币核算科目期初余额的录入**：在"主控台"界面单击【初始化】→【科目初始数据】，进入"科目初始数据"窗口，单击【币别】下拉框，选中核算币种美元后，直接在期初余额本位币一栏的对应位置录入数据（如图2-37所示）。

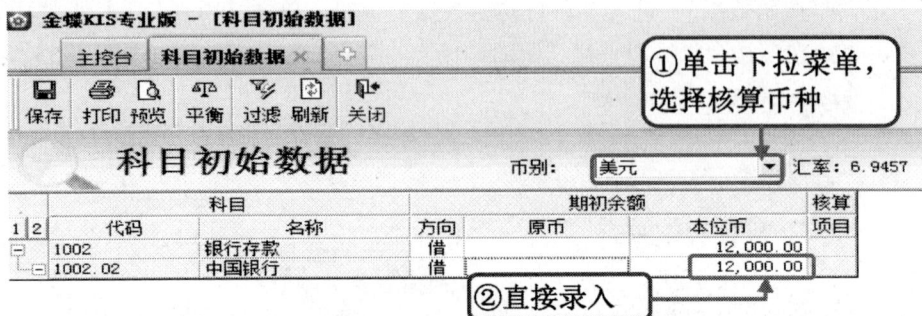

图2-37　外币核算科目期初余额的录入

任务实施2：期初余额试算平衡

跟我做　**期初余额试算平衡**：在"主控台"界面单击【初始化】→【科目初始数据】，进入"科目初始数据"窗口，先在币别中选择"综合本位币"后，单击【平衡】，系统有一个试算是否平衡的报告，如果试算平衡就可进行下一步的工作，如果不平衡，则需要检查期初数据的录入是否有误（如图2-38所示）。

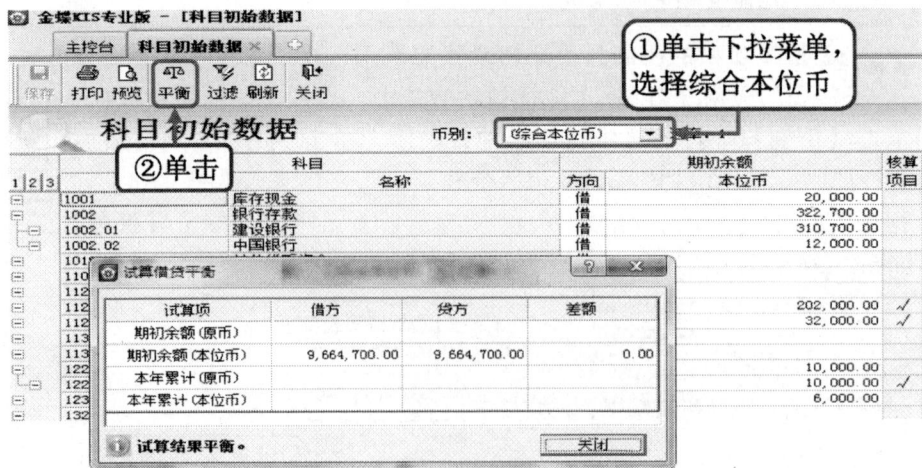

图2-38　期初余额试算平衡

任务实施3：启用财务系统

跟我做　**启用财务系统**：在"主控台"界面单击【初始化】→【启用财务系统】，进入"启用财务系统"窗口，选择"结束初始化"后，单击【开始】完成（如图2-39所示）。

图2-39 启用财务系统

温馨提示

系统一旦启用，期初数据就不能更改了。虽然系统提供了"反初始化"的功能，但如果已经做了凭证并已记账，就不允许进行反初始化了，所以在启用系统之前，应认真检查期初数据，确保正确后再启用系统。

项目训练

一、单项选择题

1.下列有关电算化会计人员操作权限的表述中，正确的是（　　）。

A.负责软件操作的会计电算化岗位有权更改他人的操作权限

B.会计电算化具体操作人员只有修改自己口令和操作权限的权限

C.只有会计电算化主管负责定义各操作人员的权限

D.会计电算化主管可以修改其他操作员的密码和权限

2.下列各项中，不属于会计科目设置内容的是（　　）。

A.明细账格式　　　B.辅助核算项目　　C.数量单位　　　　D.余额方向

3.关于会计核算软件的操作员及权限的设置，下列表述中正确的是（　　）。

A.系统管理员由技术人员担任

B.会计人员离职后，应当删除其在会计核算软件中的账户

C.系统管理员可以查看其他用户的权限及密码

D.用户可以按照分组、分级的原则进行管理

4.在会计电算化条件下，企业在设计会计科目时，要考虑与核算模块的衔接，凡是与其他核算模块有关的科目，在整理时应将各核算大类在账务处理模块中设为（　　）。

A.明细科目　　　B.上级科目　　　C.下级科目　　　　D.一级科目

5.下列关于电算化方式下会计科目设立的表述中，不正确的是（　　）。

A.建立会计账户体系要逐级设置明细科目，应从最末级开始逐层向上设置

B.凡是与其他各子系统有关的科目，在整理时应将各子系统中的核算大类在账务处理系统中设为一级科目

C.不能只有下级科目而没有上级科目

D.要保持科目的稳定性

二、多项选择题

1.下列各项中，属于会计科目设置内容的有（　　）。

A.辅助核算项目　　B.结账日期　　　　C.外币核算　　　　D.报表计算关系

2.会计核算软件在初始化时需要进行用户设置，设置内容主要包括（　　　）。

A.操作权限　　　　　B.登录密码　　　　　C.姓名　　　　　　　　D.登录名

3.下列各项中，属于账务处理模块初始化内容的有（　　　）。

A.安装加密狗　　　　　　　　　　　B.是否已审核

C.设置外币币种及汇率　　　　　　　D.设置记账本位币

4.账务处理模块初始化的主要内容有（　　　）。

A.系统总体参数设置　　　　　　　　B.设置会计科目

C.输入期初余额　　　　　　　　　　D.设置凭证类别

5.下列表述中，不正确的有（　　　）。

A.系统管理员之外的用户不能修改密码

B.设置会计核算软件操作员及权限，只能由一人进行

C.凭证输入和凭证审核的权限必须赋予不同的操作员

D.对用户可以进行分组管理

三、判断题

1.通过账套管理功能，可以实现对用户在账套中业务操作授权。　　　　　（　　　）

2.辅助核算项目的设置是其他设置（如科目设置）的基础。　　　　　　　（　　　）

3.在会计核算软件中，可以设置多种外币币种及汇率。　　　　　　　　　（　　　）

4.在会计核算软件中，只能指定一种记账本位币，其他币种以记账本位币为基础折算。　　　　　　　　　　　　　　　　　　　　　　　　　　　　　　　　　（　　　）

5.负责电算审查的会计电算化岗位可由会计稽核人员兼任。　　　　　　　（　　　）

项目考评

本项目教学内容完成后，任课教师根据学生对知识点的掌握及【项目训练】的完成情况，对其职业能力、通用能力的具体评价项目进行考核并打分，结合学生对迁移能力的自我评价状况给出综合评价意见，填写项目考核记录表（见表2-10）。

表2-10　　　　　　　　　　　　　　项目考核记录表

考核时间：

评价类型	评价内容	评价项目	评价分数
教师评价	职业能力（70%）	1.账套管理（10分）	
		2.系统参数设置（10分）	
		3.用户管理（10分）	
		4.会计科目设置（10分）	
		5.核算项目录入（10分）	
		6.币别、凭证字、计量单位、结算方式的设置（10分）	
		7.期初余额录入、试算平衡（10分）	
	通用能力（20%）	1.组织纪律（5分）	
		2.职业态度（5分）	
		3.沟通能力（5分）	
		4.解决问题的能力（5分）	
自我评价	迁移能力（10%）	1.举一反三的能力（5分）	
		2.自我水平的提高（5分）	
综合评价			

账务处理

学习目标

知识目标

了解账务处理，它是整个会计电算化的核心；理解账务处理的数据流程，掌握账务处理的主要操作流程。

能力目标

1. 熟练填制凭证。

2. 熟练对凭证进行修改、删除、审核、查询等管理操作。

3. 熟练进行凭证记账及账簿查询。

4. 熟练进行损益结转及期末结账处理。

账务处理模块以凭证为数据处理起点，通过凭证录入和处理，完成记账、银行对账、结账、账簿查询及打印输出等工作。目前许多商品化的账务处理模块还包括往来款管理、部门核算、项目核算及管理和现金银行管理等一些辅助核算的功能。

【工作流程】

账务处理工作流程如图3-1所示。

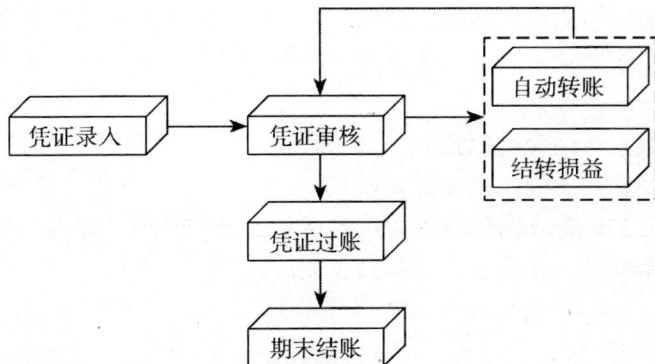

图3-1 账务处理工作流程

任务一　凭证处理

【准备工作】

一、了解会计电算化环境下凭证处理的两种模式

凭证的处理有两种模式：一种是先手工处理，然后根据手工处理凭证录入软件，其优点是准确率高，缺点是不能实时处理会计业务；另一种是直接根据原始凭证在电脑上处理录入凭证，其优点是实时高效，缺点是处理会计业务时对会计人员的业务水平要求较高，容易出错。

二、创建基础数据

导入本书所附的"账套数据\华洁公司_财务初始化.bak"备份数据，并启用财务系统。

【任务描述】

华洁家具有限公司 2019 年 1 月发生的经济业务如下：

1. 填制凭证：会计张华根据经济业务填制凭证。

（1）1 日，从建设银行提现 18 000 元备用（现金支票 6001#，附件 1 张）。

借：库存现金　　　　　　　　　　　　　　　　　　　　18 000

　　贷：银行存款——建设银行　　　　　　　　　　　　　　　　18 000

（2）2 日，行政部管理人员王伟报销差旅费 8 000 元，原借差旅费 6 000 元，不足部分以库存现金支付（附件 8 张）。

借：管理费用——差旅费（行政部）　　　　　　　　　　8 000

　　贷：其他应收款——应收个人款　　　　　　　　　　　　　　6 000

　　　　库存现金　　　　　　　　　　　　　　　　　　　　　　2 000

（3）3 日，重庆森华家具公司将欠款 80 000 元汇入建设银行账户，此款项是期初余额中业务编号为 1003 的应收账款中的一部分（附件 1 张）。

借：银行存款——建设银行　　　　　　　　　　　　　80 000

　　贷：应收账款——重庆森华家具公司　　　　　　　　　　　80 000

（4）3 日，收到采购部采购五金件 100 套、不含税单价 80 元的增值税购货发票。供货单位为贵州金龙五金公司，款项未支付，材料已验收入库（附件 3 张）。

借：原材料——五金件　　　　　　　　　　　　　　　　8 000

　　应交税费——应交增值税——进项税额　　　　　　　1 280

　　贷：应付账款——贵州金龙五金公司　　　　　　　　　　　9 280

（5）4 日，行政部报销购买的办公用品费用 1 185.50 元，提供增值税普通发票，经审核符合报销费用要求，现金支付（附件 3 张）。

借：管理费用——其他（行政部）　　　　　　　　　　1 185.50

　　贷：库存现金　　　　　　　　　　　　　　　　　　　　　1 185.50

（6）6 日，销售给重庆森华家具公司文件柜 125 个（不含税单价 400 元），办公桌 320 张（不含税单价 600 元），收到一张 150 000 元的转账支票，票号为 5786#，存入建设

银行，其余货款未收到（附件 3 张）。

　　借：银行存款——建设银行　　　　　　　　　　　　　　150 000

　　　　应收账款——重庆森华家具　　　　　　　　　　　　130 720

　　　　贷：主营业务收入——文件柜　　　　　　　　　　　　　50 000

　　　　　　　　　　　　——办公桌　　　　　　　　　　　　192 000

　　　　　　应交税费——应交增值税——销项税额　　　　　　38 720

　　（7）13 日，从建设银行电汇给广西宏威五金 12 000 元货款（电汇票号 3609#，附件 1 张）。

　　借：应付账款——广西宏威五金　　　　　　　　　　　　12 000

　　　　贷：银行存款——建设银行　　　　　　　　　　　　　12 000

　　（8）16 日，收到外商投入资本 150 000 美元，已存入中国银行（附件 1 张）。

　　借：银行存款——中国银行（150 000×6.9457）　　　　1 041 855

　　　　贷：实收资本　　　　　　　　　　　　　　　　　　1 041 855

　　（9）27 日，以建设银行转账支票支付广告费 31 800 元，取得增值税专用发票，金额为 30 000 元，税额为 1 800 元（转账支票 2001#，附件 2 张）。

　　借：销售费用——广告费　　　　　　　　　　　　　　　30 000

　　　　应交税费——应交增值税——进项税额　　　　　　　　1 800

　　　　贷：银行存款——建设银行　　　　　　　　　　　　　31 800

　　（10）27 日，现金支付招待费用 4 100 元，其中行政部 1 800 元，销售部门 2 300 元，取得增值税普通发票（附件 3 张）。

　　借：管理费用——招待费（行政部）　　　　　　　　　　1 800

　　　　销售费用——招待费　　　　　　　　　　　　　　　2 300

　　　　贷：库存现金　　　　　　　　　　　　　　　　　　4 100

　　2.查询凭证：查询 2019 年日期大于等于 1 月 3 日，数量金额核算的未记账凭证。

　　3.修改凭证：本月的 5 号记账凭证中购买办公用品的金额应为 1 785.50 元，原凭证误填为 1 185.50 元，请修改。

　　4.删除凭证：经检查本月 8 号凭证为多余的，请删除该凭证，并整理凭证断号。

　　5.复核凭证：出纳孙晴对本月的凭证进行复核，其中 3 号凭证中涉及银行存款的结算信息没填，应为电汇结算方式、票号 3607#，请在复核时修改。

　　6.审核凭证：主管王伟对本月的凭证进行审核。

　　7.凭证过账：主管王伟对本月的凭证进行过账处理。

　　8.冲销凭证：1 月 31 日凭证已全部记账，张华发现 5 号凭证错误，冲销此凭证。

　　9.设置常用摘要：华洁家具有限责任公司常用的摘要见表 3-1，请据此设置常用摘要。

　　10.设置模式凭证：根据公司经常发生的业务设置以下模式凭证，以便今后直接调用，提高工作效率。

表 3-1　　　　　　　　　　　　　　　常用摘要表

摘要类别	代码	摘要名称
工资	1	发放工资
	2	工资分摊

（1）通过模式凭证将现金入行的凭证设置为模式凭证。

借：银行存款——建设银行

　　贷：库存现金

（2）将本月填制的 1 号凭证从银行提取现金的凭证保存为总账类的模式凭证。

【任务实施】

任务实施 1：凭证录入

跟我做　　**一般凭证的录入**：在"主控台"界面单击【账务处理】→【凭证录入】，在"记账凭证 - 新增"界面，单击【新增】开始填制凭证，依次填入业务日期、凭证日期、凭证字号、附件张数、摘要、借贷方科目及金额后单击【保存】完成（如图 3-2 所示）。

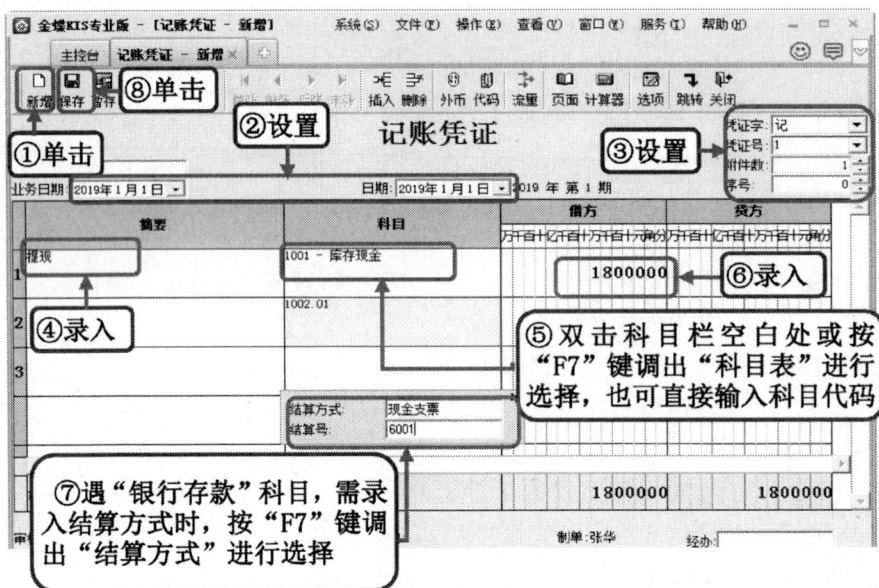

图 3-2　一般凭证的录入

录入会计科目有两种方式：一种是在科目栏的空白处双击或按"F7"键调出会计科目表，然后从会计科目表中选择；另一种是直接录入会计科目代码。如果涉及"银行存款"科目，还需要录入结算方式与结算号信息，这些信息是与银行进行对账时必不可少的。录入结算方式也有两种方式，一种是在结算方式栏的空白处双击或按"F7"键调出结算方式列表，然后从结算方式列表中进行选择；另一种是直接录入结算方式代码。

温馨提示

　　①对于同一类经济事项，摘要可以只在第一条分录处录入，但如果是不同业务的事项，则需要分别录入。

　　②"F7"这个辅助键很重要，主要发挥数据调用的作用，很多地方都会使用到。

　　③如果所要填列的会计科目是会计科目列表中没有的新科目，则需在会计科目列表中单击【新增】，进行科目新增后再填入，否则会提示科目不存在。

跟我做 涉及"新增科目"的凭证录入：其基本的操作方式与一般凭证的录入相同，只是在录入有新增的会计科目时，需要根据所需新增科目代码、科目名称和核算项目（如图3-3所示）。

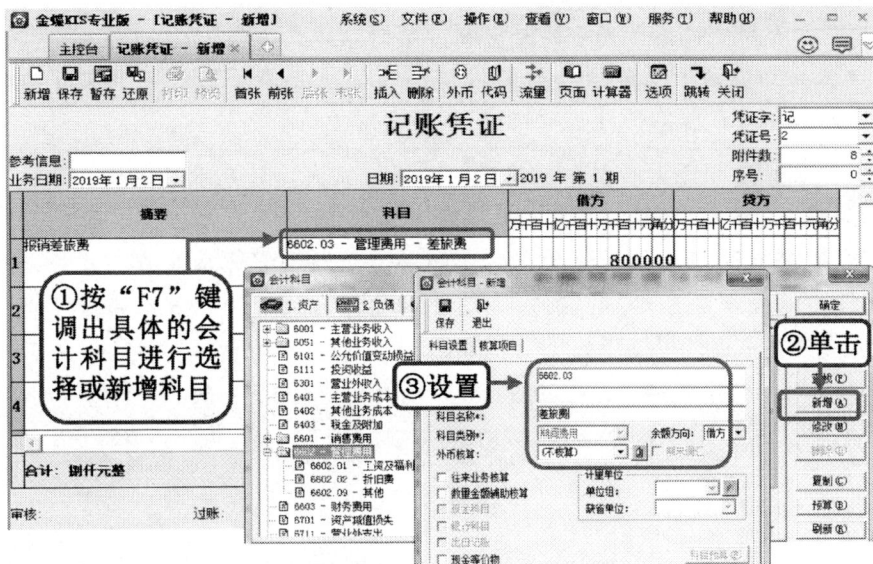

图3-3 涉及"新增科目"的凭证录入

跟我做 涉及"项目辅助核算会计科目"的凭证录入：其基本的操作方式与一般凭证的录入相同，只是在录入有核算项目的会计科目时，需要录入具体核算项目的信息。录入核算项目信息有两种方式：一种是在具体核算项目栏的空白处双击或按"F7"键调出核算项目列表，然后从核算项目列表中选择；另一种是直接在具体核算项目栏的空白处录入具体核算项目代码（如图3-4所示）。

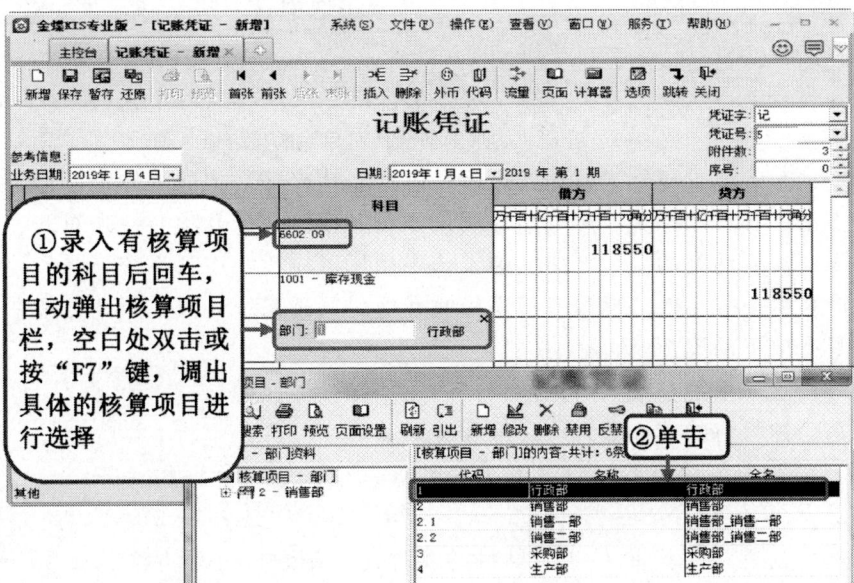

图3-4 涉及"项目辅助核算会计科目"的凭证录入

温馨提示

①辅助核算项目主要包括"职工""部门""客户""供应商"等，录入凭证时，如果涉及有项目辅助核算的会计科目，录入会计科目后，必须录入核算项目的具体信息，否则凭证不予保存，并提醒"请输入核算项目"。

②如果所要填列的核算项目的具体信息是"核算项目列表"中没有的新信息，则需在核算项目列表中单击【新增】，将新信息增加后，再填入。

跟我做　涉及"往来业务会计科目"的凭证录入：其基本的操作方式与一般凭证的录入相同，只是在涉及往来科目时，要录入"往来业务"的业务编号，以便今后进行往来业务的明细查询。如果是新发生的往来业务，业务编号直接录入，如果发生的往来业务是对以前发生的往来业务进行核销，就得通过"F7"键调出"往来对账资料"来选择以前发生的往来业务编号（如图 3-5 所示）。

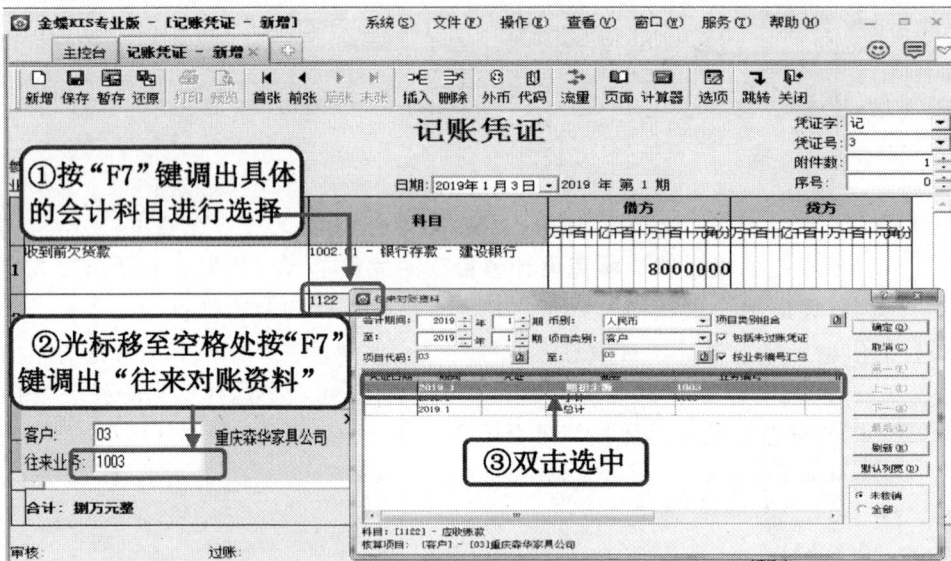

图 3-5　涉及"往来业务会计科目"的凭证录入

说明：往来业务进行往来核销实际上是软件对往来账户中的具体每一笔金额进行详细管理的方法，其目的是为以后的核对明细账目、抵销往来款项、往来对账、账龄分析等提供依据。需要注意的是，如果实际工作中使用了应收和应付系统与账务处理连接管理，那么此核销模式无效。但没有使用应收和应付管理系统，只在账务处理中进行核销的话，需具备以下前提：

①基础设置—系统参数—财务参数—启用往来业务核销；

②往来会计科目的属性包含"往来业务核算"；

③涉及往来业务核算的科目，其期初数据、往来业务凭证的业务编号必须输入。

往来核销功能实际上是对往来科目的一种比较细致的处理方法，如果不需要知道具体的业务往来情况，只为知道总体往来金额，那么也不需要

微视频 9

填制凭证

进行业务核销处理，直接填制凭证即可。

通过以上讲解，相信大家基本掌握了填制凭证的方法，请同学们自己将剩下的经济业务的凭证填制完毕。

温馨提示

在填制凭证的过程中可以使用一些快捷键："F4"新增凭证；"F12"保存当前凭证；"F7"调出相应参照；"="自动借贷平衡；"空格"数据在借贷方转换；"－"负数（红字）录入。

任务实施2：凭证查询

微视频10

查询凭证

跟我做 **凭证查询**：在"主控台"界面单击【账务处理】→【凭证管理】，进入"过滤界面"，在"过滤界面"中设置查询条件，单击【确定】后，显示所要查询的凭证（如图3-6所示）。

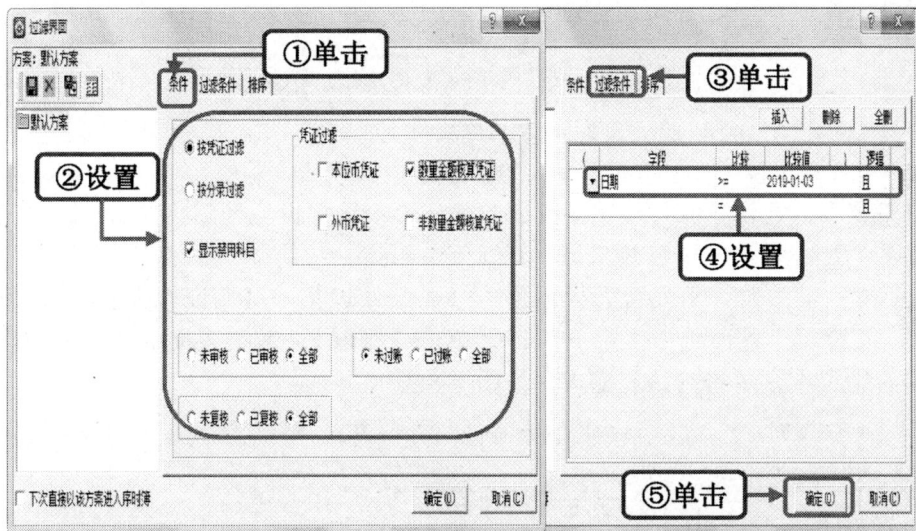

图3-6　凭证查询

任务实施3：凭证修改

如果凭证填制有误，需要进行修改，系统提供对错误凭证进行修改的功能。根据错误凭证所处的状态，采用的修改方式有所不同。当错误凭证处在未审核的状态时，可以直接进行修改；当错误凭证处于已审核未记账状态时，不能直接修改，要先取消审核后才可以修改；当错误凭证处于已记账状态时，不能直接修改，需采用红字冲销法或补充登记法进行更正。

跟我做 **凭证修改**：在"主控台"界面单击【账务处理】→【凭证管理】，在"凭证管理"界面选中有误的凭证，单击【修改】，在"记账凭证"界面进行修改，完成后单击【保存】（如图3-7所示）。

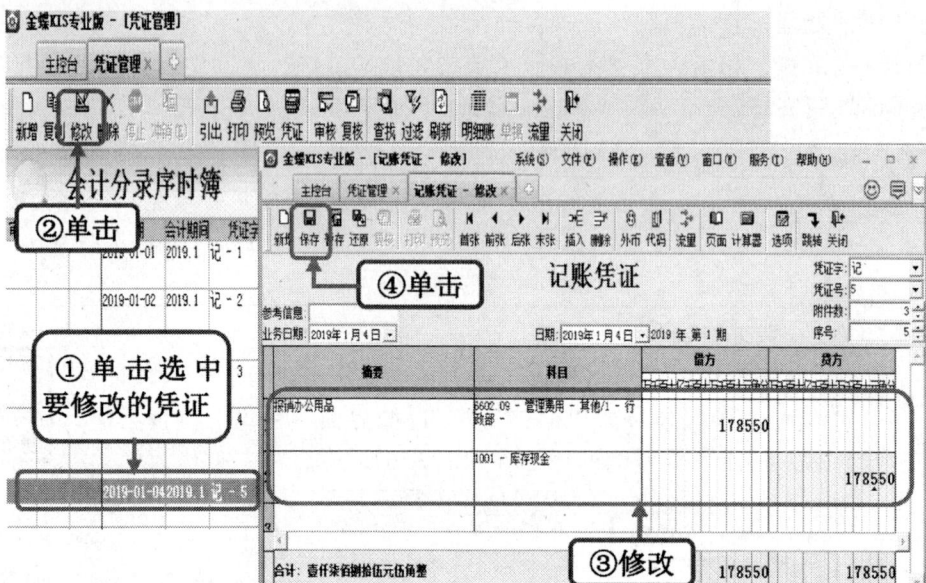

图 3-7　凭证修改

任务实施 4：凭证删除

如果凭证重复录入或由于其他情况需要删除凭证，系统提供凭证删除的功能，但其前提是所删除的凭证必须处于未审核状态，否则无法删除。

跟我做 **第一步**：在"主控台"界面单击【账务处理】→【凭证管理】，在"凭证管理"界面选中多余的凭证，单击【删除】，系统会提示"凭证删除会引起断号是否继续？"，单击【是】完成（如图 3-8 所示）。

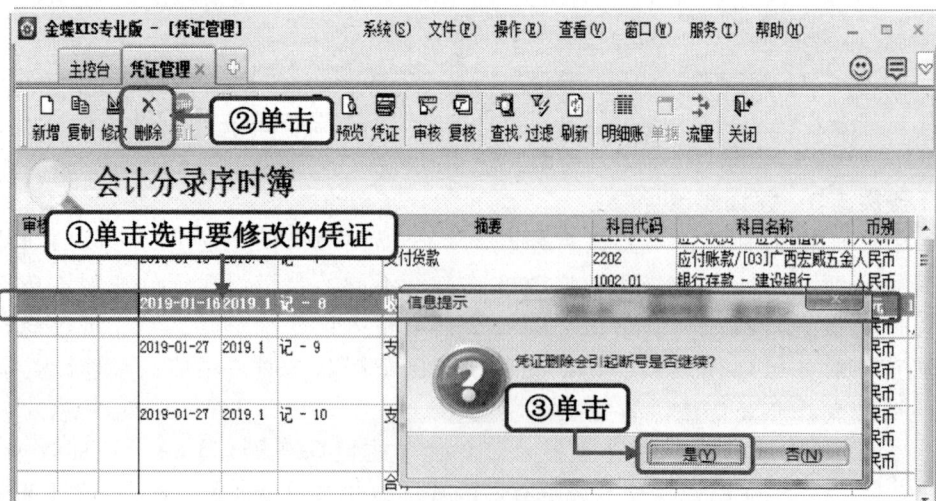

图 3-8　凭证删除（1）

跟我做 **第二步**：凭证删除后，单击【操作】中的【凭证整理】，对因删除凭证导致断号的会计分录进行整理，按凭证日期重排凭证号。凭证整理完成后，单击【刷新】，更新重排的凭证号（如图 3-9 所示）。

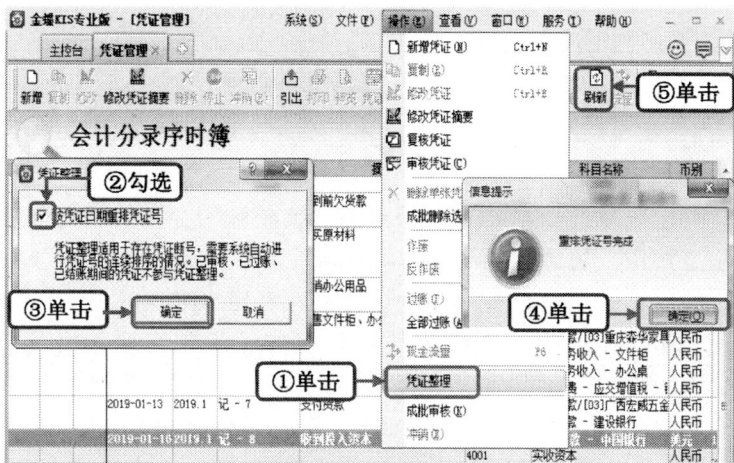

图 3-9　凭证删除（2）

温馨提示

　　凭证删除后，凭证号将出现断号而不再连续，需要在"凭证管理"窗口中单击【操作】→【凭证整理】将凭证号重新连续编号。

任务实施 5：凭证复核

　　凭证复核是指"出纳复核"，主要复核凭证的结算信息即结算方式和结算号。如果在复核过程中发现结算信息有差异，就可直接修改后单击复核。

　　跟我做　**更换操作员**：单击【系统】→【重新登录】，以孙晴的身份登录。

　　跟我做　**凭证复核**：在"主控台"界面单击【账务处理】→【凭证管理】，在"凭证管理"界面选中要复核的凭证，单击【复核】，进入"记账凭证-复核"窗口，在此窗口中检查凭证的结算信息，凭证中的结算信息正确则单击【复核】即可，如果结算信息有误可直接修改后再单击【复核】完成。操作员还可通过"下一步"按钮进入下一张凭证继续复核（如图 3-10 所示）。

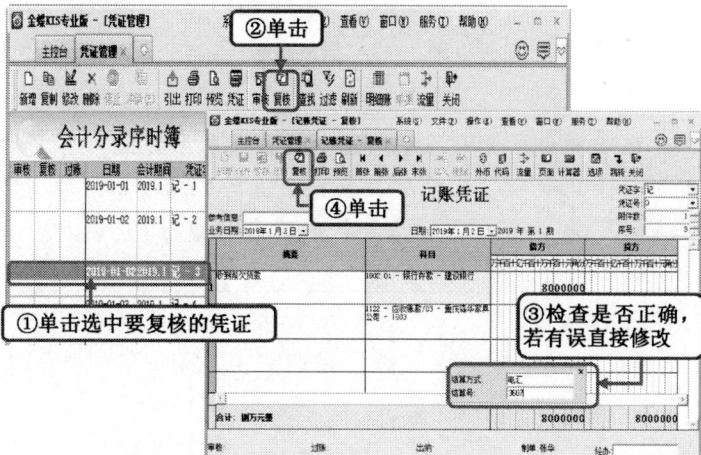

图 3-10　凭证复核

温馨提示

在"记账凭证−复核"窗口中，凭证未复核之前，有【复核】按钮，一旦单击该按钮即凭证复核后，就变成【反复核】按钮，可通过此按钮来取消复核。

任务实施 6：凭证审核

记账凭证是登记账簿的依据，它是否正确直接关系到会计信息的准确性，因此，会计电算化工作规范规定：凭证必须经过审核才能记账，并且凭证的审核人与制单人不能为同一人。凭证的审核主要是检查记账凭证是否存在错误和问题。

跟我做　　**凭证审核**：在"主控台"界面单击【账务处理】→【凭证管理】，在"凭证管理"界面选中要复核的凭证，单击【审核】，进入"记账凭证−审核"窗口。在此窗口中检查凭证是否正确，凭证正确则单击【审核】完成，如果有误，则在批注中注明，请相关人员进行凭证修改后才能再进行凭证审核（如图3−11 所示）。

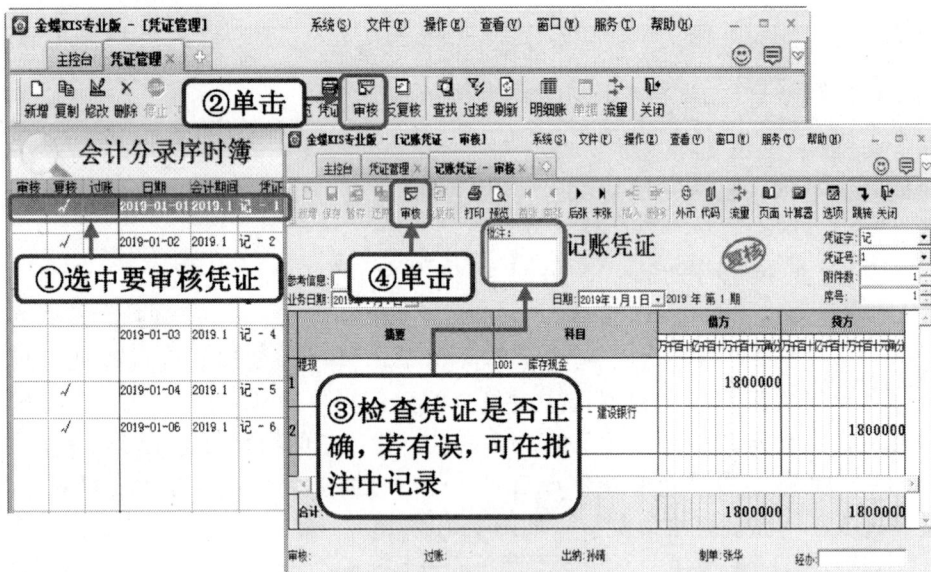

图 3−11　凭证审核

温馨提示

①在"记账凭证−审核"窗口中，凭证未复核之前，有【审核】按钮，一旦单击，凭证复核后，就变成【反审核】按钮，可通过此按钮来取消审核。

②在"凭证管理"窗口中单击【操作】→【成批审核】，能一次进行多张凭证的审核。

任务实施 7：凭证过账

凭证过账是指系统将已审核无误的凭证登记到相关账簿的过程，也可称为"记账"或"登账"。

跟我做　　**凭证过账**：在"主控台"界面单击【账务处理】→【凭证过账】，进入"凭证过账"窗口，选择"凭证范围"后，单击【开始过账】，进行记账操作（如图 3-12 所示）。

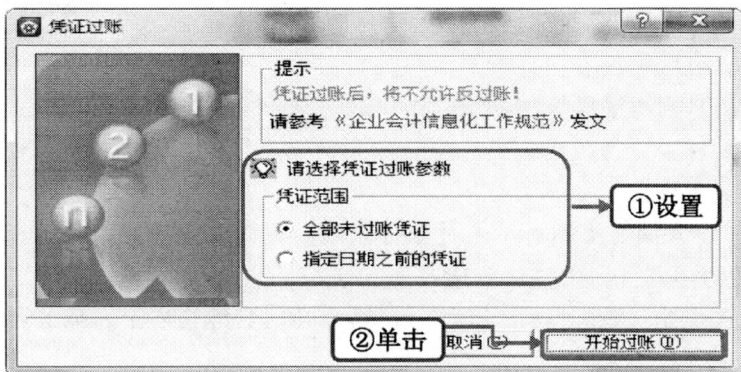

图 3-12 凭证过账

温馨提示

①已过账的凭证不允许修改与删除，发现错误只能采取补充登记和红字冲销等方法进行更正。所以，在过账前需要仔细审核凭证，以免造成错漏。

②软件提供了反过账功能。该功能在"凭证管理"窗口中单击【操作】→【反过账】。

任务实施8：冲销凭证

已记账凭证发现错误不允许直接修改，只能采用红字冲销法和补充登记法进行更正。采用红字冲销法第一步就是将错误凭证冲销，再做一张正确的凭证。

跟我做 **冲销凭证**：在"主控台"界面单击【账务处理】→【凭证管理】，进入"凭证管理"界面选中要冲销的凭证，单击【冲销】，软件自动生成一张与选中的凭证科目、金额相同的红字凭证，并自动编号，单击【保存】完成冲销凭证（如图 3-13 所示）。

微视频11

冲销凭证

图 3-13 冲销凭证

任务实施9：常用摘要的设置与调用

常用摘要是指在填制凭证时经常用到的摘要，为了减少录入摘要的工作量，提高凭证的录入速度，可以把经常用到的摘要事先设置成摘要库，录入凭证时可以直接从摘要库中调用摘要，从而提高凭证的录入速度。

常用摘要的设置分为两步：第一步是定义摘要类别；第二步是在具体的摘要类别下定义明细的摘要名称。

跟我做 **设置摘要类别：**单击【账务处理】界面右上侧的"基础资料"中的【常用摘要】。在"财务摘要库"窗口，单击【新增】及类别栏旁边的新建图标，在"摘要类别"窗口单击【新增】，摘要类别名称栏内录入摘要类别名称，单击【保存】完成（如图3-14所示）。

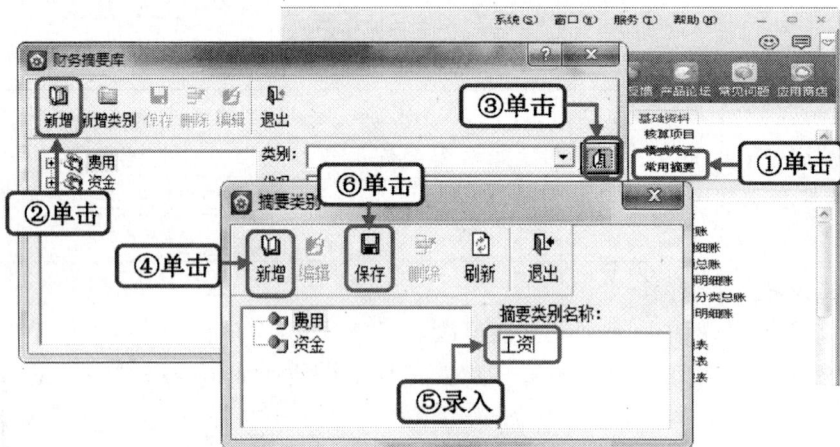

图3-14 设置摘要类别

跟我做 **设置摘要名称：**在"财务摘要库"窗口，选择摘要类别，单击【新增】，设置摘要名称的相应信息后，单击【保存】完成（如图3-15所示）。

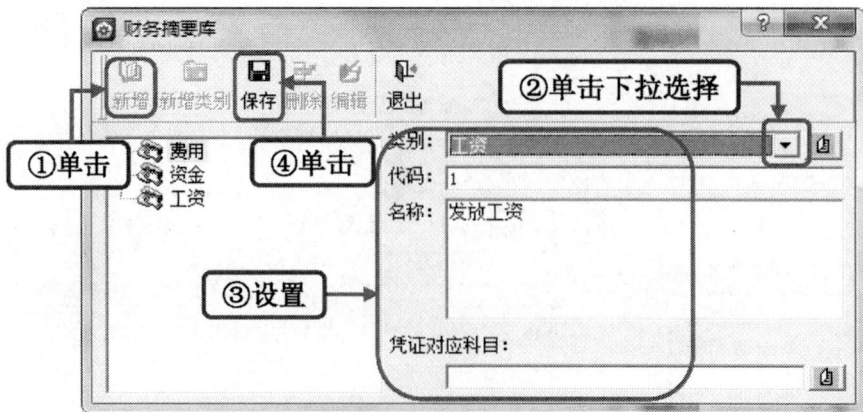

图3-15 设置摘要名称

跟我做 **常用摘要的调用：**在"记账凭证"窗口，光标移至摘要栏处，按"F7"键即可调出"财务摘要库"进行选择，也可直接录入摘要代码调用。

任务实施10：模式凭证的设置与调用

针对经常发生的经济业务，比如提取现金、销售商品、购买原材料、报销差旅费等，为了提高此类业务凭证录入的速度，系统提供了模式凭证的功能，可将这些常用的凭证通过设置或保存为模式凭证，发生此类经济业务时可直接调用。

跟我做 **设置模式凭证**：在"主控台"界面单击【账务处理】界面右上侧的"基础资料"中的【模式凭证】。进入"模式凭证"窗口，单击【新增】，在"模式凭证-新增"窗口录入名称、类别、凭证摘要、科目等信息后，单击【保存】，在"保存成功！"信息提示框中单击【确定】后完成（如图3-16所示）。

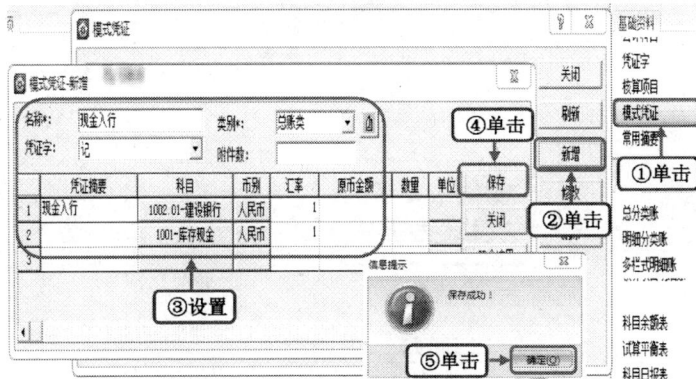

图3-16 设置模式凭证

跟我做 **保存模式凭证**：在"主控台"界面单击【账务处理】→【凭证管理】，在"会计分录序时簿"中打开已填好的经常发生的凭证，单击【文件】→【保存模式凭证】，在"保存模式凭证"窗口录入凭证名称、选择类型、勾选凭证需保留的信息后，单击【确定】后完成（如图3-17所示）。

微视频12

设置模式凭证

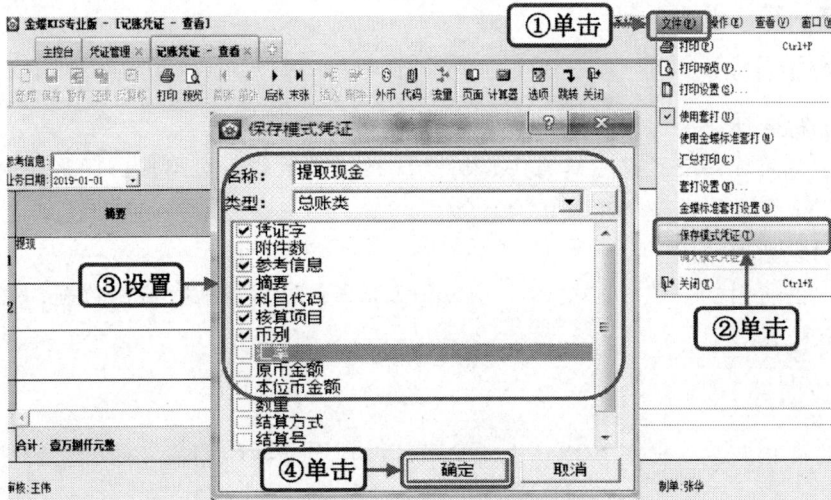

图3-17 保存模式凭证

跟我做 　**模式凭证的调用**：在"主控台"界面单击【账务处理】→【凭证录入】，进入"记账凭证-新增"窗口，单击【新增】，再单击【文件】→【调入模式凭证】，选中要调入的模式凭证，单击【确定】完成凭证的填制（如图 3-18 所示）。

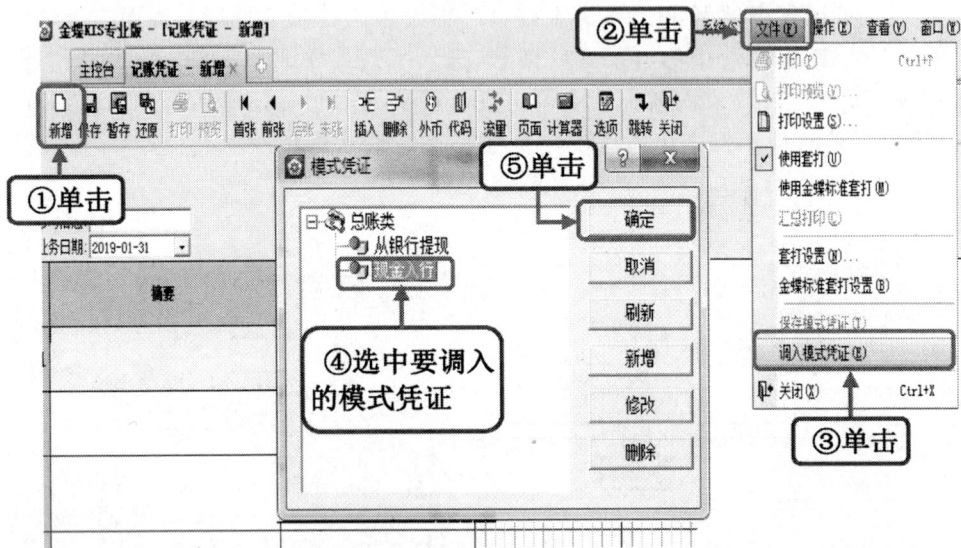

图 3-18　调用模式凭证

任务二　账簿查询

会计账簿是以会计凭证为依据，对经济业务进行全面、系统、连续、分类地记录和核算，并按照专门的格式以一定的形式连接在一起的账页所组成的簿籍。在凭证过账的处理中，系统已将记账凭证自动记入账簿，我们可以根据需要进行总分类账、明细分类账、多栏式明细账等的查询。

【准备工作】

一、了解会计账簿

会计账簿简称账簿，是由具有一定格式、相互联系的账页组成，用来序时、分类地全面记录一个企业经济业务事项的会计簿籍。

二、创建基础数据

导入本书所附的"账套数据\华洁公司_日常账务处理.bak"备份数据，并以张华的身份登录该账套。

【任务描述】

1.查询总分类账：查询 2019 年 1 月份原材料到库存商品的总分类账，包括未过账的凭证。

2.查询明细分类账：查询 2019 年 1 月份原材料的明细分类账，科目级别 2 级、余额为零且无发生额的不显示。

3.查询多栏式明细账：查询2019年1月份"管理费用"的多栏式明细账。

4.查询科目余额表：查询2019年1月份的科目余额表。

【任务实施】

任务实施1：查询总分类账

总分类账查询可以查询总账科目的本期借方发生额、本期贷方发生额、本年借方累计、本年贷方累计、期初余额、期末余额等项目的总账数据。

跟我做 查询总分类账：在"主控台"界面单击【账务处理】右侧"账簿报表"下的【总分类账】，在"过滤条件"窗口中设置查询的条件后单击【确定】即可（如图3-19所示）。

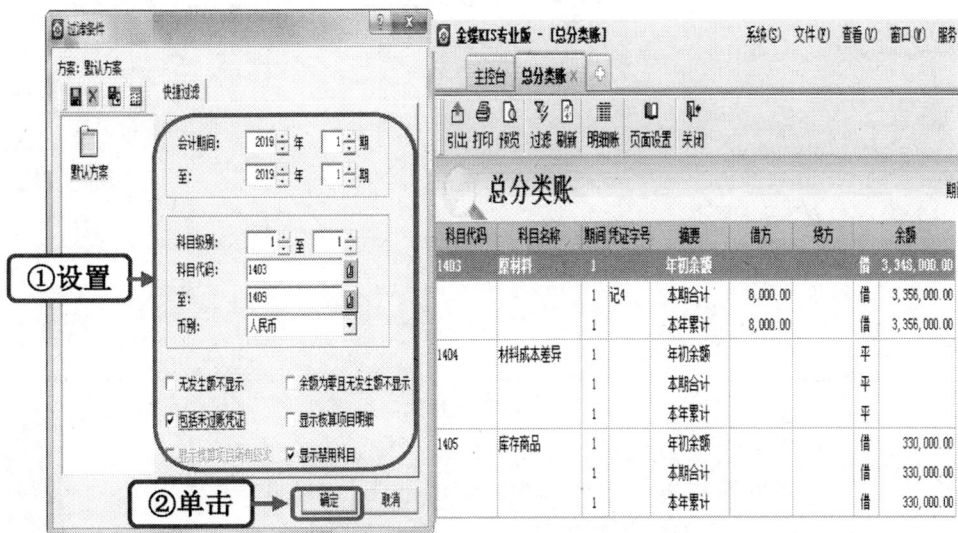

图3-19 查询总分类账

温馨提示

①在过滤条件中如果采用默认选择，则显示所有科目的总分类账。

②在"总分类账"窗口，选中某一科目的总分类账后单击菜单栏中的【明细账】可以实现明细账的联查。

任务实施2：查询明细分类账

明细分类账查询可以查询各科目的明细分类账的账务数据。明细分类账查询的方式与总分类账查询的方式基本相同，请参照总分类账查询的方式自己尝试。

任务实施3：查询多栏式明细账

多栏式明细账是企业对某一明细账按照所核算的内容，设置多个栏目进行明细统计的一种账目，一般适用于费用类账户、收入类账户和支出类账户。多栏式账户中各栏目的设置并不是统一的，企业需根据自身的管理需要进行设置，因此系统没有预设多栏式明细账的格式，而让用户根据需要自行设定。要进行多栏式明细账的查询，必须先进行多栏式明细账的定义。

跟我做 **设置多栏式明细账**：在"主控台"界面单击【账务处理】右侧"账簿报表"下的【多栏式明细账】，进入"多栏式明细账"窗口，单击【新增】，在"多栏式明细账–新增"窗口选择要定义多栏式明细账的会计科目、核算方向、核算币别后，单击【自动编排】→【保存】完成多栏式明细账的定义（如图3-20所示）。

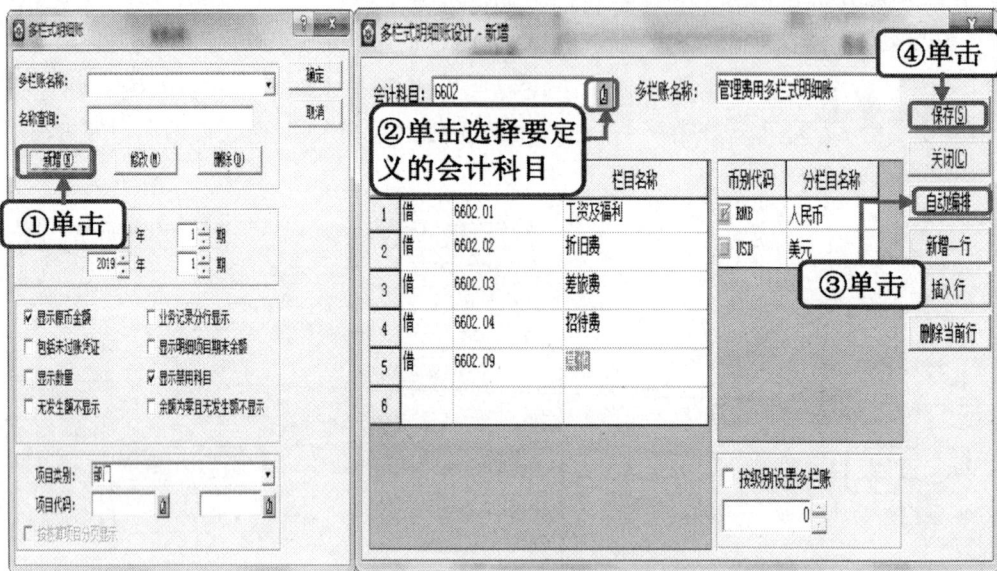

图3-20　设置多栏式明细账

微视频13

跟我做 **查询多栏式明细账**：在"主控台"界面单击【账务处理】右侧"账簿报表"下的【多栏式明细账】，进入"多栏式明细账"窗口，选择所要查询的多栏账名称后，单击【确定】完成（如图3-21所示）。

查询多栏式明细账

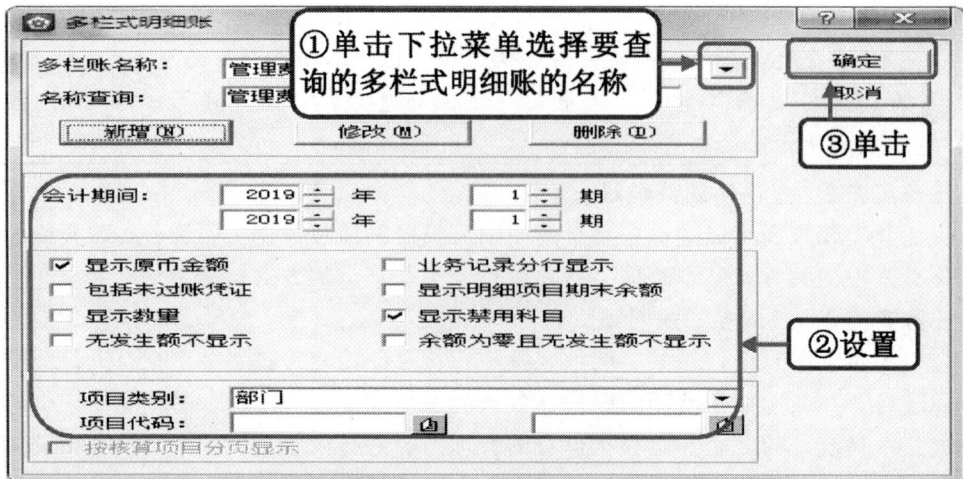

图3-21　查询多栏式明细账

任务实施 4：查询科目余额表

科目余额表是一张非常关键的账表，它反映了所有科目的期初、期末的借方、贷方余额及本期借方、贷方的发生额，可以初步检查数据的平衡关系。它的查询方式与总分类账的查询方式基本相同，请参照总分类账的查询自己尝试。

系统除了提供以上账簿的查询，还提供了数量金额总账、数量金额明细账、核算项目分类总账、核算项目明细账、试算平衡表、科目日报表、凭证汇总表等账表的查询，操作方法基本相同，此处不再赘述。

任务三 期末处理

【准备工作】

一、了解期末会计工作的内容与流程

期末时，手工账的会计人员要进行相关费用、成本的结转。在会计电算化系统中，期末工作主要包括自动转账、结转损益和结账。

自动转账：当期发生的销售业务可在月末一次结转成本。

结转损益：在月末，损益类科目的余额将全部结转到"本年利润"中，结转后的损益科目余额为零。

结账：结账就是结算各种账簿记录，将当期所发生的经济业务全部登记入账，结算出本期发生额和期末余额，开始新的账簿的会计行为。

二、创建基础数据

导入本书所附的"账套数据\华洁公司_凭证处理.bak"备份数据，并以张华的身份登录该账套。

【任务描述】

1. 自动转账：会计张华设置结转销售成本的自动转账凭证，并于1月31日进行自动转账，办公桌的单位成本为450元，文件柜的单位成本为300元。

2. 结转损益：会计张华于1月31日结转本月损益。

3. 财务期末结账：会计张华完成1月份所有账务处理后进行结账。

任务实施 1：自动转账

期末的转账凭证主要指两个或两个以上的相关科目的余额相互结转，比较常用的如将制造费用转入生产成本。当然，如果科目体系结构简单，我们可以通过查询相关科目的余额直接在凭证录入中填制，但我们也可利用软件的自动转账功能，定义好转账公式，期末使用软件自动完成，起到一劳永逸的作用。

跟我做 设置自动转账凭证：在"主控台"界面单击【账务处理】→【自动转账】，进入"自动转账凭证"窗口，单击【新增】，在"自动转账凭证-新增"窗口中，填写自动转账凭证的名称、凭证类别和转账期间后，进行科目及数量的设置，根据转账的经济业务内容填入会计科目并根据凭证的数据来源进行转账方式、转账比例及取数公式的设置，最后单击【保存】完成（如图3-22所示）。

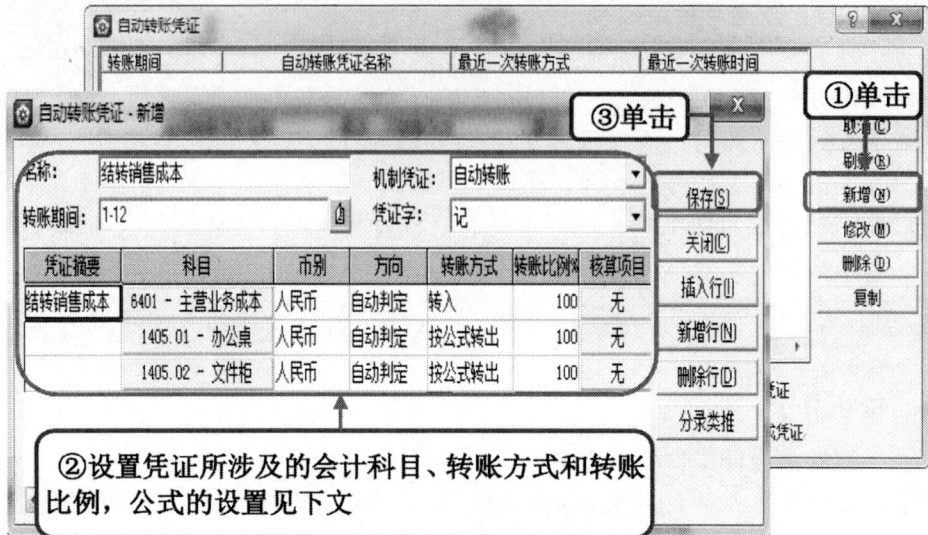

图 3-22　设置自动转账 （1）

跟我做 **自动转账凭证公式的设置**：在"自动转账凭证–新增"窗口，若转账方式是"按公式转出"的则需进行公式设置，单击"公式定义"栏的【下设】进入"公式定义"窗口，单击右侧公式定义按钮，进入公式取数窗口，根据转账内容进行设置后，单击【确定】完成。当然，如果对金蝶取数公式比较熟悉，也可在"公式定义"窗口直接录入取数公式（如图3-23所示）。

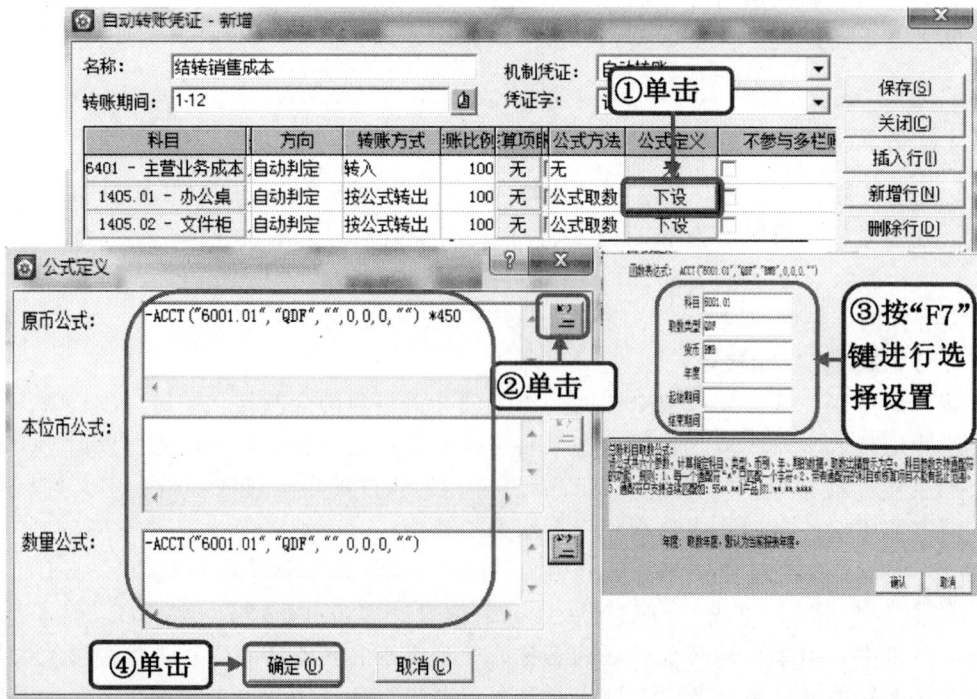

图 3-23　设置自动转账 （2）

跟我做 **自动转账：** 在"主控台"界面单击【账务处理】→【自动转账】，进入"自动转账凭证"窗口，勾选要进行自动转账的凭证，设置条件，单击【生成凭证】，系统给出自动转账结果报告（如图3-24所示）。

微视频14

自动转账

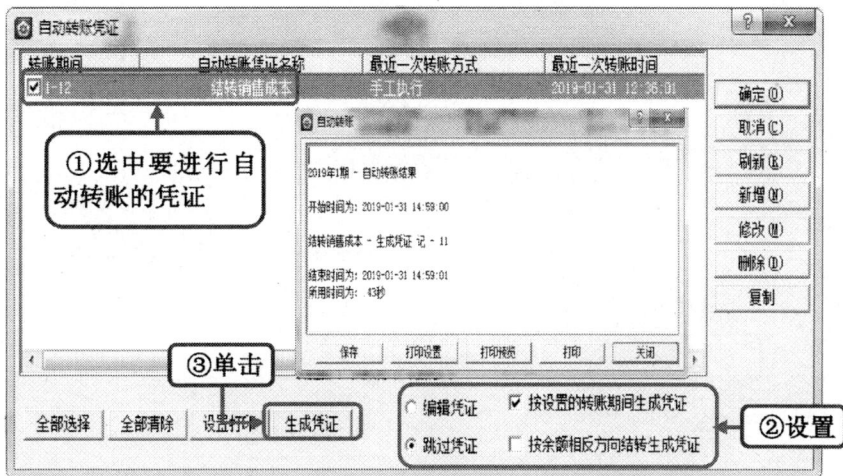

图3-24 自动转账

温馨提示

检验一下：你定义的自动转账凭证本月所生成的凭证结果如下吗？

借：主营业务成本 181 500

    贷：库存商品——文件柜 37 500

           ——办公桌 144 000

任务实施2：结转损益

结转损益是指将本会计期间的所有损益类科目余额结转到"本年利润"科目中去，系统自动生成一张结转的凭证。需要注意的是，在做结转损益前，一定要确认：①【财务参数】的"本年利润科目""利润分配科目"已经指定（如图3-25所示）；②本月涉及的损益类科目凭证都是严格按照科目的类型填制（必须确保收入类科目发生方向在"贷"方，费用类科目发生方向在"借"方）；③损益类科目凭证全部都已审核、过账完毕。

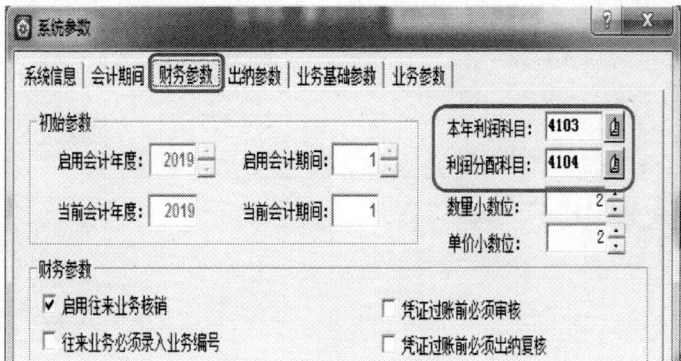

图3-25 设置财务参数

跟我做 **结转损益**：在"主控台"界面单击【账务处理】→【结转损益】，根据"结转损益的向导"单击【下一步】，最后要填写凭证的日期、字号及摘要，并勾选损益结转的方式，单击【完成】，系统提示已生成凭证（如图3-26所示）。

图3-26　结转损益

任务实施3：结账

结账又称"轧账"，是会计处理中期间的一个归属判断。结账前本期所有的凭证必须全部过账，结账后本会计期间不能再增加凭证，本期期末数据结转至下一会计期间作为期初，下一会计期间的凭证必须在本期结账后才能过账。

跟我做 **结账**：在"主控台"界面单击【账务处理】→【期末结账】，选择"结账"后，单击【开始】，系统会给出提示，请按提示完成相应操作即可（如图3-27所示）。

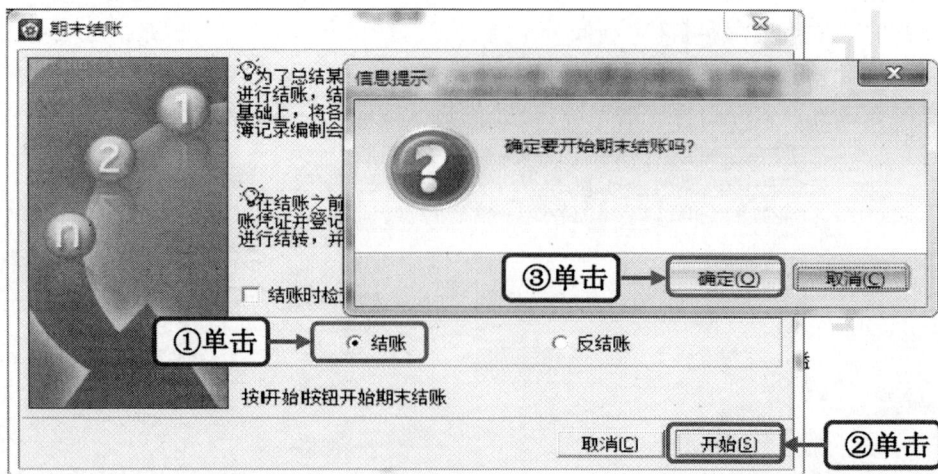

图3-27　结账

温馨提示

　　如果账务系统不是单独使用，而是与固定资产、应收应付系统等联用，那么其他系统如果没有结账，则账务系统不能单独结账。

项目训练

一、单项选择题

1.在会计电算化条件下，下列有关记账凭证编号输入的表述中，正确的是（　　）。

A.记账凭证的编号只能由软件自动生成，不能手工输入

B.记账凭证的编号可以由手工输入，也可以由软件自动生成

C.记账凭证的编号只能由手工输入，不能由软件自动生成

D.记账凭证的编号只能由以手工输入或软件自动生成，不能并存

2.在会计电算化条件下，以下表述中，正确的是（　　）。

A.在会计软件中，记账凭证可以重复编号

B.未经审核的记账凭证也能记账

C.账务处理系统中，记账功能每月只能用一次

D.实行电算化后，总账对其下属明细账的统驭关系仍然存在

3.对于凭证审核中发现的错误凭证，下列人员中有权修改的是（　　）。

A.凭证录入者　　　　B.会计主管　　　　C.系统管理员　　　　D.凭证的审核人

4.下列关于会计电算化环境下记账凭证编制方式的表述中，不正确的是（　　）。

A.可以手工编制后录入计算机　　　　B.输入计算机中的凭证不再需要打印

C.可以由计算机自动生成凭证　　　　D.可以直接在计算机中编制

5.下列关于会计核算软件账务处理模块的表述中，不正确的是（　　）。

A.提供查询、打印、数据备份功能

B.提供对外报表的编制、生成、浏览、打印、分析功能

C.自动过账到相应的明细账和总账

D.输入记账凭证或原始凭证

二、多项选择题

1.下列信息中，属于输入记账凭证必须录入的项目有（　　）。

A.会计科目　　　　B.借方科目　　　　C.凭证类型　　　　D.凭证日期

2.下列关于结账的表述中，正确的有（　　）。

A.指定月份月末结账后，不能再输入当月的记账凭证

B.上个月未结账，下个月就不能记账

C.若指定月份月末有尚未审核的凭证，则不允许结账

D.若指定月份月末有尚未记账的凭证，则不允许结账

3.电算化环境下，记账凭证的输入方式有（　　）。

A.直接在计算机上编制　　　　　　　　B.手工编制后录入计算机

C.固定资产、工资等模块自动生成　　　D.手工编制后扫描入会计核算软件

4.查询记账凭证时，可以作为查询条件的有（　　　）。

A.是否已过账　　　B.是否已审核　　　C.凭证编号范围　　　D.制单日期

5.会计电算化条件下，下列关于原始凭证输入的要求中，正确的有（　　　）。

A.在记账凭证未输入前，直接输入原始凭证，由会计软件自动生成记账凭证

B.会计软件应当提供对已经输入但未审核的原始凭证进行修改和审核的功能

C.在输入记账凭证的同时，输入相应原始凭证

D.记账凭证审核或记账后，对相应的原始凭证不能直接进行修改

三、判断题

1.发现已经审核通过或者已经记账的记账凭证有错误的，应当采用红字凭证冲销法或者补充凭证法进行更正，红字可用负号"－"表示。　　　　　　　　　　（　　　）

2.凭证审核人员在审核中发现记账凭证有错误的，可以先自行修改，再通过审核。（　　　）

3.结账后，会计凭证仍可以录入上一会计期间。　　　　　　　　　　　　（　　　）

4.会计核算软件并未保存有完整的账册数据，用户看到的账册数据是根据查询输出的需要即时计算出来的。　　　　　　　　　　　　　　　　　　　　　　（　　　）

5.计算机与手工并行工作期间，企业可采用计算机打印输出的记账凭证代替手工填制记账凭证。　　　　　　　　　　　　　　　　　　　　　　　　　　　　（　　　）

项目考评

本项目教学内容完成后，任课教师根据学生对知识点的掌握及【项目训练】的完成情况，对其职业能力、通用能力的具体评价项目进行考核并打分，结合学生对迁移能力的自我评价状况给出综合评价意见，填写项目考核记录表（见表3-2）。

表3-2　　　　　　　　　　　　　　　　项目考核记录表

考核时间：

评价类型	评价内容	评价项目	评价分数
教师评价	职业能力（70%）	1.凭证录入（10分）	
		2.凭证的修改、删除、审核、过账、冲销（10分）	
		3.常用摘要的定义与调用（10分）	
		4.模式凭证的定义与调用（10分）	
		5.账簿的查询（10分）	
		6.自动转账凭证的设置与生成（10分）	
		7.损益结转、结账（10分）	
	通用能力（20%）	1.组织纪律（5分）	
		2.职业态度（5分）	
		3.沟通能力（5分）	
		4.解决问题的能力（5分）	
自我评价	迁移能力（10%）	1.举一反三的能力（5分）	
		2.自我水平的提高（5分）	
综合评价			

项目四　出纳管理

出纳管理

学习目标

知识目标

了解出纳管理的工作内容，掌握出纳管理的主要操作流程。

能力目标

1. 熟练登记库存现金日记账和银行存款日记账。

2. 熟练填列现金盘点单。

出纳管理用于处理企业日常业务中的出纳工作，主要包括库存现金管理、银行存款管理及支票管理。出纳管理既可以单独作为一个系统使用，也可以和账务系统联合使用。要启用出纳管理模块，必须到系统参数中设置出纳的启用年度和启用期间。

【工作流程】

出纳管理工作流程如图4-1所示。

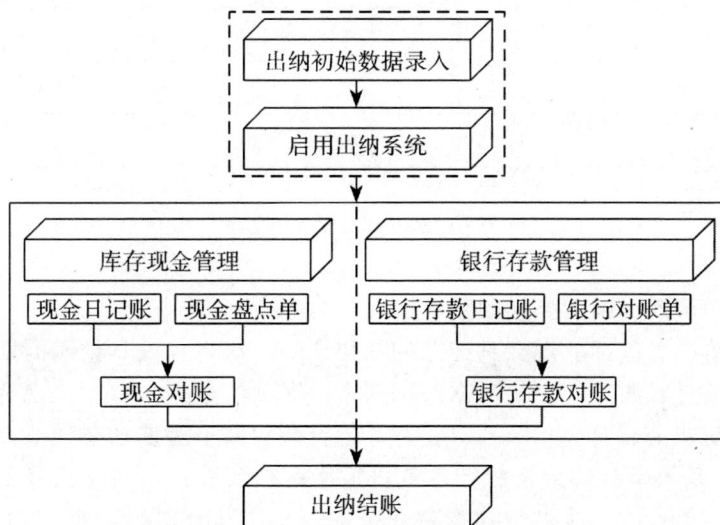

图 4-1　出纳管理工作流程

任务一　出纳业务初始数据录入

【准备工作】

一、了解出纳的工作内容

出纳主要负责现金和银行存款的管理。第一，办理现金收入支出，做到审核审批有据；办理银行结算，规范使用票据。第二，认真登记现金和银行存款流水账，保证日清月结。第三，每日盘存现金及银行存款，做到账账、账表、账物相符。第四，月终时将银行存款与银行对账单核对，有未达账应做好"银行存款余额调节表"。

二、创建基础数据

导入本书所附的"账套数据\华洁公司_账务处理.bak"备份数据，并以孙晴的身份登录该账套。

【任务描述】

1.录入出纳业务初始数据：华洁家具有限责任公司2018年12月31日出纳盘点结账数据如下，出纳孙晴根据以下资料录入出纳初始数据：①库存现金20 000元。②银行账户有：中国建设银行瑞金支行，银行账号为1125000010208783878；中国银行，账号为577864720072808777。③年初中国建设银行余额调节表见表4-1，其中4 300元为未达账，系2018年12月26日购原材料款，企业已付，银行未付。④年初中国银行日记账余额为12 000元，银行对账单余额为12 000元，期初无未达账项。

表4-1　　　　　　　　　　　　　中国建设银行银行余额调节表　　　　　　　　　　　单位：元

项目	金额	项目	金额
银行存款日记账余额	310 700.00	银行对账单余额	315 000.00
加：银行已收，企业未收	0	加：企业已收，银行未收	
减：银行已付，企业未付	0	减：企业已付，银行未付	4 300.00
调整后余额	310 700.00	调整后余额	310 700.00

2.启用出纳系统。

【任务实施】

任务实施：录入出纳业务初始数据

出纳的初始数据包括：现金日记账的期初余额、银行存款日记账的期初余额、银行余额调节表中银行对账单的期初数据及期初未达账项的数据。其中，现金日记账与银行存款日记账的期初余额要与总账核对相符，银行余额调节表期初要调节平衡。

跟我做 **录入库存现金及银行存款日记账期初余额**：在"主控台"界面单击【初始化】→【出纳初始数据】，进入"出纳初始数据"窗口，单击【引入】，系统将从总账数据中引入库存现金、银行存款账户的余额（如图4-2所示）。

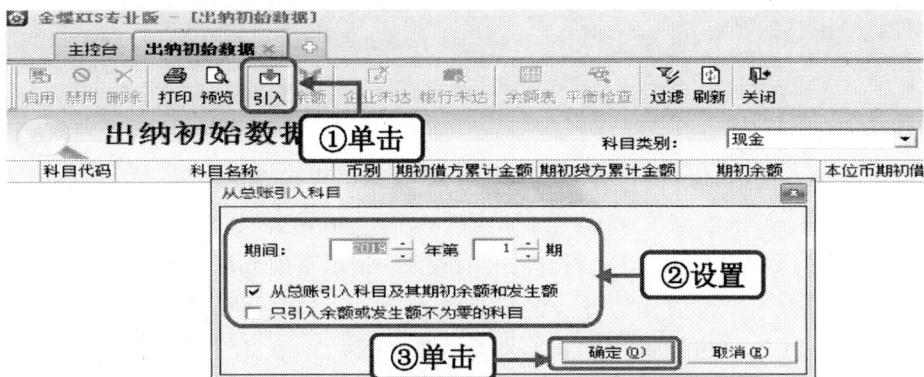

图4-2 录入库存现金及银行存款日记账期初余额

录入银行存款余额调节表期初数据：在"主控台"界面单击【初始化】→【出纳初始数据】，进入"出纳初始数据"窗口，在"科目类别"处选择"银行存款"，选中要录入余额调节表的银行，先修改对账单的期初余额，有未达账项的，要根据未达账项的类别单击【企业未达】或【银行未达】，进入"未达账"窗口单击【新增】后进行未达账项的录入，录入完毕单击【保存】完成（如图4-3所示）。

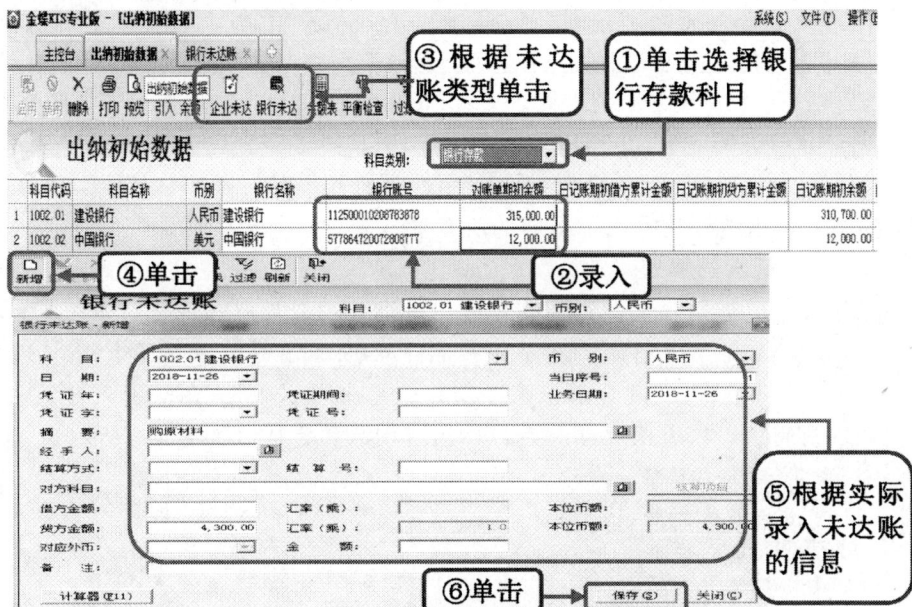

图4-3 录入银行存款余额调节表期初数据

温馨提示

　　银行存款余额调节表期初数据录入后，别忘了单击菜单下【平衡检查】校验期初数据的平衡。

　　出纳初始数据录入完成后，就可以在"主控台"界面单击【初始化】→【启用出纳系统】结束出纳的初始化工作。结束初始化后将不能再输入科目的初始数据。若发现有错，只能进行反初始化后再修改。

任务二　出纳业务的日常处理

【任务描述】

1.现金管理：出纳孙晴进行现金管理：①从总账引入现金日记账并进行查询。②1月31日出纳盘点现金情况如下：100元面值的有200张、50元面值的有80张、20元面值的有200张、10元面值的有320张、5元面值的有100张。请填写现金盘点表，并进行现金对账。

2.银行存款管理：出纳孙晴进行银行存款管理：①从总账引入银行存款日记账并进行查询；②1月31日，建设银行的银行对账单见表4-2，请将银行存款日记账与此进行核对，并出具银行余额调节表。

表4-2　　　　　　　　　　　　　　　银行对账单　　　　　　　　　　　　　　单位：元

日期	摘要	结算方式	结算号	借方金额	贷方金额	余额
2019-01-01	上年结转					315 000.00
2019-01-01	提现	现金支票	6001	18 000.00		297 000.00
2019-01-03	付款			4 300.00		292 700.00
2019-01-03	电汇收款	电汇	3607		80 000.00	372 700.00
2019-01-08	收款	转账支票	5786		150 000.00	522 700.00
2019-01-13	电汇付款	电汇	3609	12 000.00		510 700.00
2019-01-30	电汇收款	电汇	2730		58 500.00	569 200.00

3.支票管理：出纳孙晴进行支票管理：①2019年1月1日，购入建行的转账支票一本，号码为10205201-10205225；②2019年1月25日，采购部张大同外出采购，申领了一张转账支票，号码为10205211，预计金额为6 000元，预计报账时间为2019年1月28日。

4.出纳结账：出纳孙晴完成了本期的所有业务处理进行出纳结账。

任务实施1：现金的管理

现金的管理主要包括现金日记账的登记与查询、现金盘点和现金对账。

跟我做　　引入现金日记账：在"主控台"界面单击【出纳管理】→【现金日记账】，进入"现金日记账"窗口，单击【引入】，在"引入日记账"窗口勾选要引入的科目、引入方式和期间后，单击【引入】完成（如图4-4所示）。

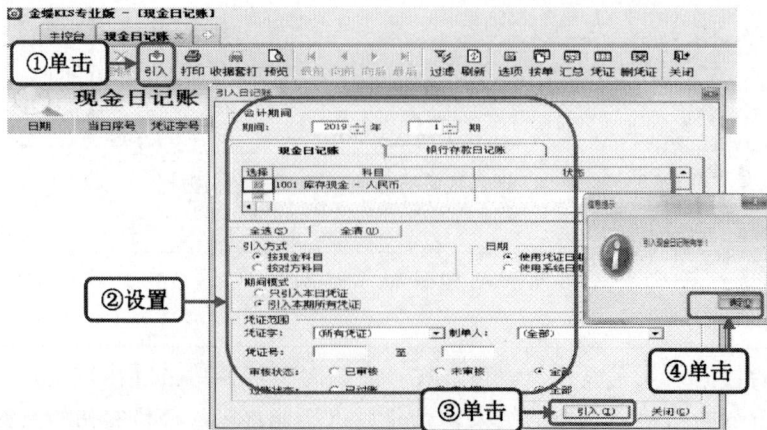

图4-4　引入现金日记账

跟我做 **录入库存现金盘点单**：在"主控台"界面单击【出纳管理】→【现金盘点单】，进入"现金盘点单"窗口，单击【新增】，在【现金盘点单-新增】中填入盘点结果后单击【保存】完成。数据保存后，返回"现金盘点单"窗口，系统将显示盘点记录并与账务系统数据核对，如有差异，会有数据显示（如图4-5所示）。

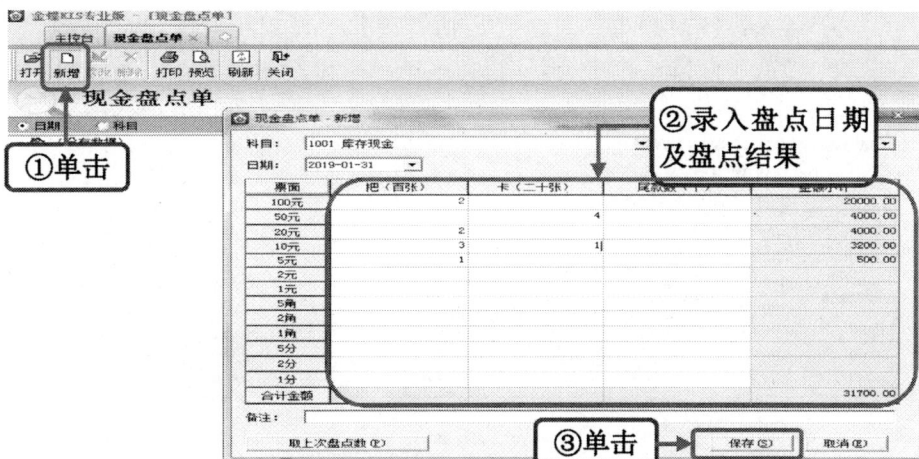

图4-5 库存现金盘点单的录入

跟我做 **库存现金对账**：在"主控台"界面单击【出纳管理】→【现金对账】，进入"现金对账"窗口，填入对账的参数，单击【确定】完成（如图4-6所示）。

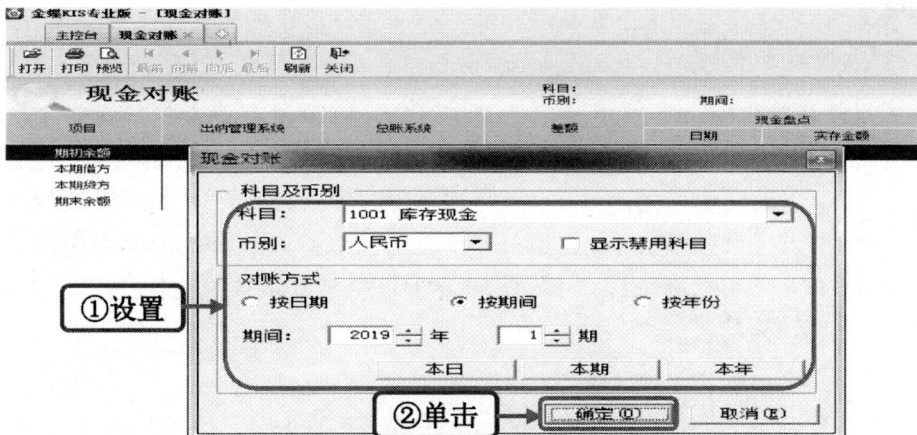

图4-6 库存现金对账

温馨提示 如果现金对账有差异，出纳人员应及时查明原因，对数据进行修正。

任务实施2：银行存款的管理

银行存款的管理主要包括银行存款日记账的登记与查询、银行对账单录入、银行存款对账。

跟我做 　**引入银行存款日记账**：在"主控台"界面单击【出纳管理】→【银行存款日记账】，进入"银行存款日记账"窗口，单击【引入】，在"引入日记账"窗口勾选要引入的科目、引入方式和期间后，单击【引入】完成。其操作与现金日记账的引入基本相同，请参见此前的"引入现金日记账"。

跟我做 　**录入银行对账单**：单击【出纳管理】→【银行对账单】，进入"银行对账单"窗口，单击【新增】，逐笔录入银行对账单后，单击【保存】（如图4-7所示）。

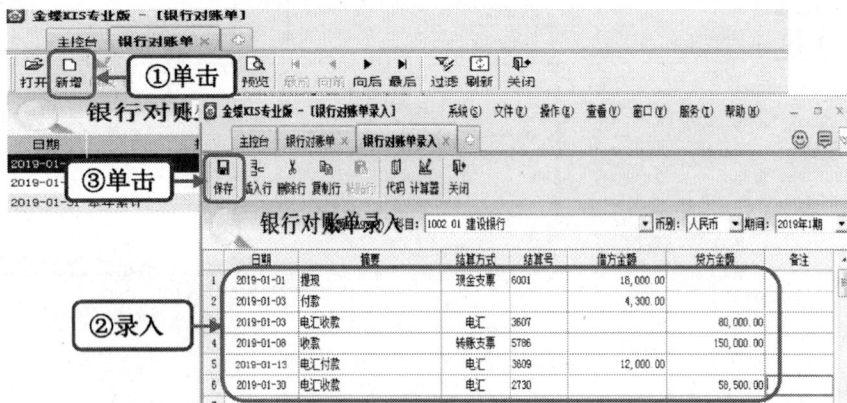

图4-7　录入银行对账单

温馨提示

如果银行提供电子数据（标准TXT格式），系统可直接使用引入功能，直接引入银行对账单数据。

银行对账单数据录入后，出纳每月需将银行对账单与企业银行存款日记账进行核对，并出具银行余额调节表。系统提供了两种对账方法——自动对账和手工对账。

跟我做 　**自动对账**：在"主控台"界面单击【出纳管理】→【银行存款对账】，进入"银行存款对账"窗口，单击【自动】，在"银行存款对账设置"窗口设置对账条件后，单击【确定】，系统自动根据对账条件开始对账（如图4-8所示）。

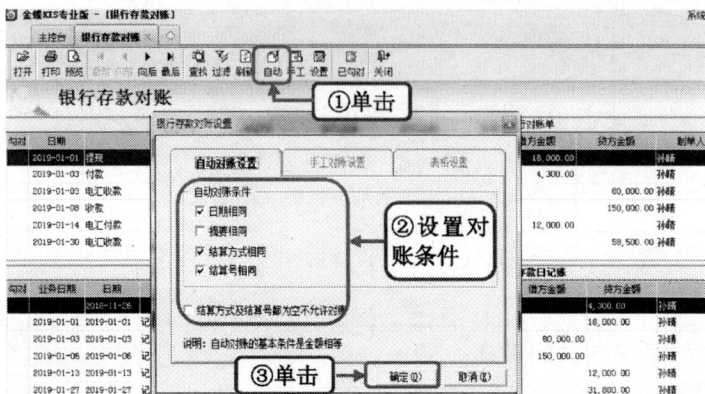

图4-8　自动对账

　　在自动对账中，系统需要根据自动对账条件，来进行银行对账单与企业银行存款日记账之间的勾对，自动对账条件设置得越细，则对账的范围就越小，企业可根据实际情况选用。有些账目由于不满足自动对账条件没能在自动对账中勾对，这时就需要用手工对账来进行勾对。

微视频15

出纳银行存款对账

　　跟我做　**手工对账：** 在"银行存款对账"窗口，分别在上栏"银行对账单"和下栏"银行存款日记账"中选定进行对账的栏目后，单击【手工】即可（如图4-9所示）。

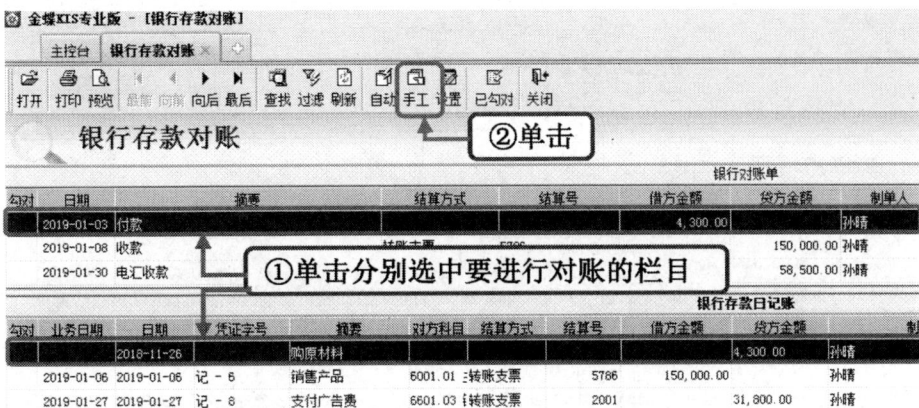

图4-9　手工对账

　　跟我做　**出具余额调节表：** 在"主控台"界面单击【出纳管理】→【余额调节表】，进入"余额调节表"窗口，选择对应银行后单击【确定】，系统自动生成余额调节表（如图4-10所示）。

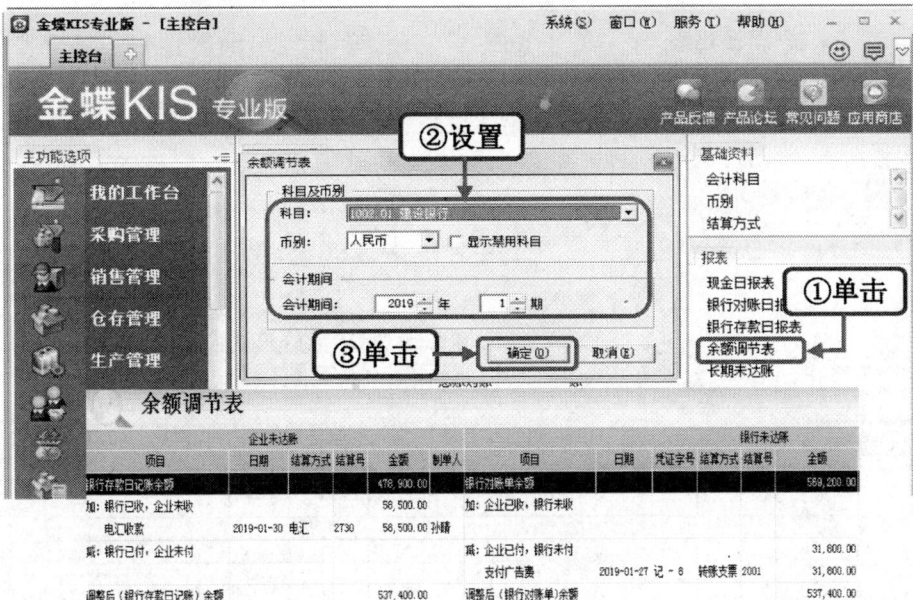

图4-10　出具余额调节表

任务实施3：支票管理

支票是由出票人签发，委托办理支票存款业务的银行或其他金融机构在见票时无条件支付确定金额给收款人或持票人的票据。

跟我做 **购置支票登记**：在"主控台"界面单击【出纳管理】→【支票管理】，进入"支票管理"窗口，单击【购置】，接着在"支票购置"窗口单击【新增】，将所购置支票的信息填写完毕后，单击【确定】完成（如图4-11所示）。

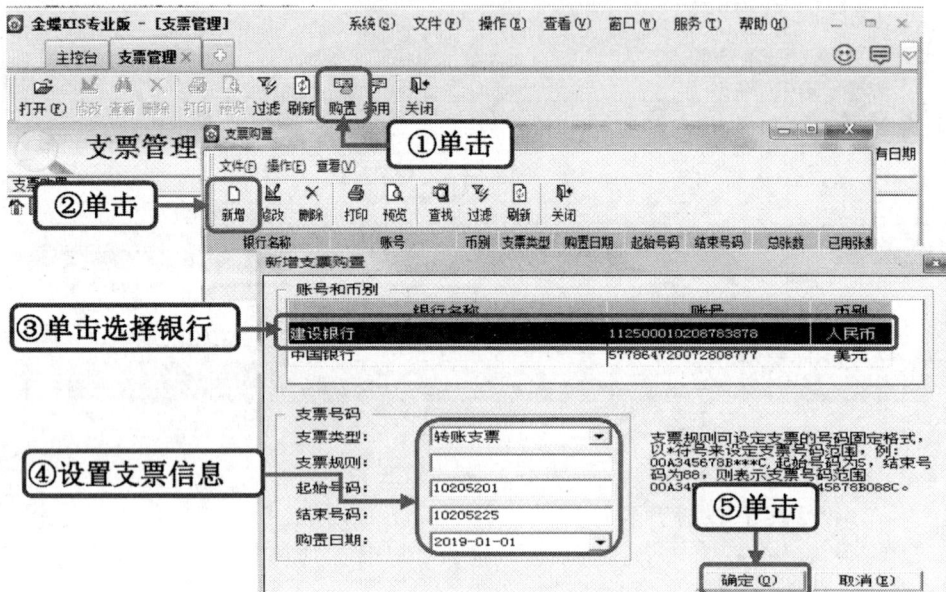

图4-11　购置支票登记

跟我做 **支票领用登记**：在"主控台"界面单击【出纳管理】→【支票管理】，进入"支票管理"窗口，选中所领支票的类别后，单击【领用】，在"支票领用"窗口录入所领用支票的相关信息，单击【确定】完成（如图4-12所示）。

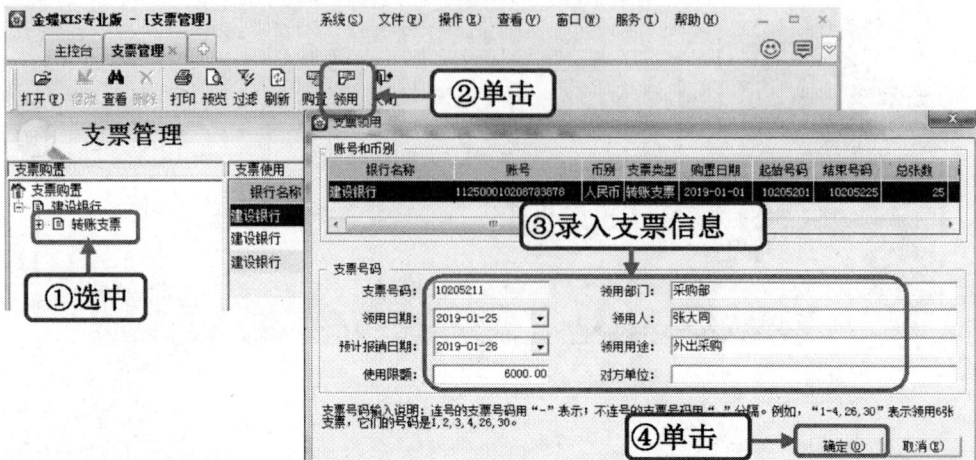

图4-12　支票领用登记

任务实施4：出纳结账

出纳结账的目的是总结当期的资金经过经营活动后的结存使用情况，与账务处理相似，系统结账后才允许进入下一会计期间处理业务。

跟我做 **出纳结账**：在"主控台"界面单击【出纳管理】→【出纳结账】，进入"期末结账"窗口后单击【开始】→【确定】完成（如图4-13所示）。

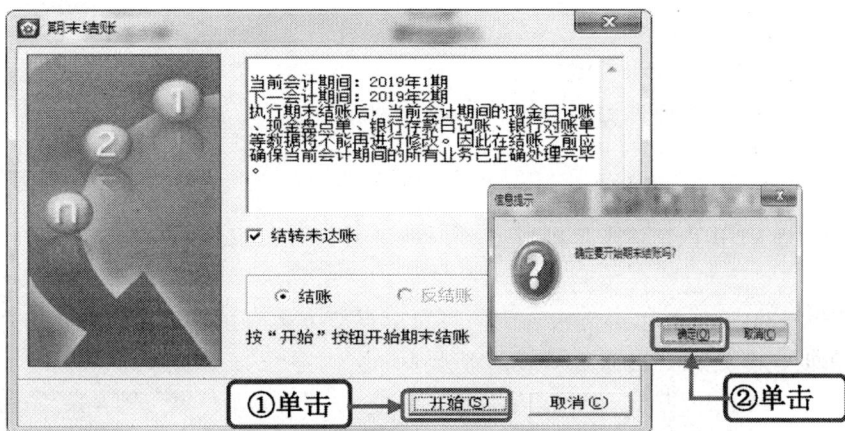

图4-13 出纳结账

温馨提示

"结转未达账"选项是指将本期（包括以前期间转到本期）未勾对的银行存款日记账和未勾对的银行对账单结转到下期。如果不打该标记，将导致下期余额调节表不平衡。

项目训练

一、单项选择题

1.出纳系统的启用期间（ ）。

A.在维护账套选项里的"银行对账及出纳启用期间"设置

B.在账务系统的启用期间设置

C.不用设置，自动和账务系统的启用期间一致

D.在初始化设置

2.企业收款1 000元，如果企业已经入账，银行未入账应当录入（ ）。

A.企业未达账借方 B.企业未达账贷方

C.银行未达账借方 D.银行未达账贷方

3.现金管理系统的内部冲销功能是在（ ）实现。

A.库存现金日记账 B.银行存款日记账

C.对账单 D.银行存款对账

二、多项选择题

1.录入现金日记账、银行存款日记账的方法有（ ）。

A.复核记账 B.新增录入

C.从凭证引入 　　　　　　　　D.编辑时自动从账务引入

2.出纳系统能提供的报表包括（　　　）。

A.资金日报表 　　　　　　　　B.长期未达账

C.银行存款余额调节表 　　　　D.现金、银行存款发生额及余额汇总表

3.登记现金日记账和银行存款日记账的方式包括（　　　）。

A.直接逐笔登记日记账

B.通过复核记账的方式登记日记账

C.从总账中引入现金日记账和银行存款日记账

D.复制录入

三、判断题

1.银行对账采用手工对账时可以一对一地进行勾对，也可以一对多地进行勾对，只要金额相等。　　　　　　　　　　　　　　　　　　　　　　　　　　　（　　　）

2.银行对账单不仅可以手工录入，而且可以设置方案直接引入银行对账单。（　　　）

3.现金盘点表只有一张，增加新的盘点表的同时系统自动删除前一张。（　　　）

项目考评

本项目教学内容完成后，任课教师根据学生对知识点的掌握及【项目训练】的完成情况，对其职业能力、通用能力的具体评价项目进行考核并打分，结合学生对迁移能力的自我评价状况给出综合评价意见，填写项目考核记录表（见表4-3）。

表4-3　　　　　　　　　　　　　　项目考核记录表

考核时间：

评价类型	评价内容	评价项目	评价分数
教师评价	职业能力（70%）	1.出纳初始数据的录入（10分）	
		2.现金日记账的引入或登记（10分）	
		3.银行存款日记账的引入或登记（10分）	
		4.现金盘点单的录入（10分）	
		5.银行对账单的录入（10分）	
		6.银行对账（10分）	
		7.支票管理（10分）	
	通用能力（20%）	1.组织纪律（5分）	
		2.职业态度（5分）	
		3.沟通能力（5分）	
		4.解决问题的能力（5分）	
自我评价	迁移能力（10%）	1.举一反三的能力（5分）	
		2.自我水平的提高（5分）	
综合评价			

项目五　　财务报表的编制

财务报表的编制

学习目标

知识目标

理解会计报表的概念与作用，了解会计报表的分类，掌握会计报表的编制流程。

能力目标

1. 熟练利用报表模板编制资产负债表、利润表。

2. 会自定义报表格式、报表公式，进行报表数据处理。

3. 会根据企业需要自定义内部报表。

4. 会进行报表的查询与分析。

报表管理模块与其他模块相关联，可以根据会计核算的数据生成各种内部报表、外部报表、汇总报表，并根据报表数据分析报表，以及生成各种分析图等。在网络环境下，很多报表管理模块同时提供了远程报表的汇总、数据传输、检索查询和分析处理等功能。

【工作流程】

财务报表的编制工作流程如图 5-1 所示。

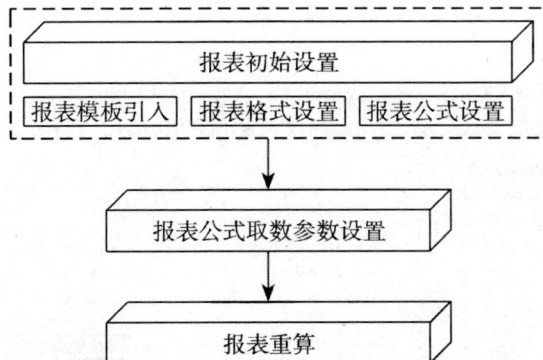

图 5-1　财务报表的编制工作流程

任务一 利用报表模板编制财务报表

【准备工作】

一、认识财务报表模板

财务报表是会计主体对外提供的反映会计主体财务状况和经营状况的会计报表，具体包括资产负债表、利润表、现金流量表、所有者权益（股东权益）变动表及附注。通常情况下，财务软件会根据会计准则要求预设报表的格式和取数公式，形成一个报表模板，用户可以通过调用预设好的报表模板来快速地编制相应的财务报表。

二、了解自定义报表

自定义报表是对会计软件自带报表的一个补充，由于各个公司对数据的需求不一样，系统自带的只是通用的表格，而自定义报表可以结合公司的需求，提供更有针对性的数据。

三、创建基础数据

导入本书所附的"账套数据\华洁公司_账务处理.bak"备份数据，并以张华的身份登录该账套。

【任务描述】

1.编制利润表：月末，会计张华利用软件预设的报表模板编制华洁家具有限责任公司2019年1月份的利润表，保存为"华洁公司2019年1月份利润表"。

2.编制资产负债表：月末，会计张华利用软件预设的报表模板编制华洁家具有限责任公司2019年1月份的资产负债表，保存为"华洁公司2019年1月份资产负债表"。

【任务实施】

任务实施1：报表模板的调用

跟我做 **引入报表模板**：在"主控台"界面单击【报表与分析】，单击【自定义报表】进入"自定义报表"窗口，单击【引入】→【引入新会计制度模板】，系统给出提示信息，单击【是】，即可引入报表模板（如图5-2所示）。

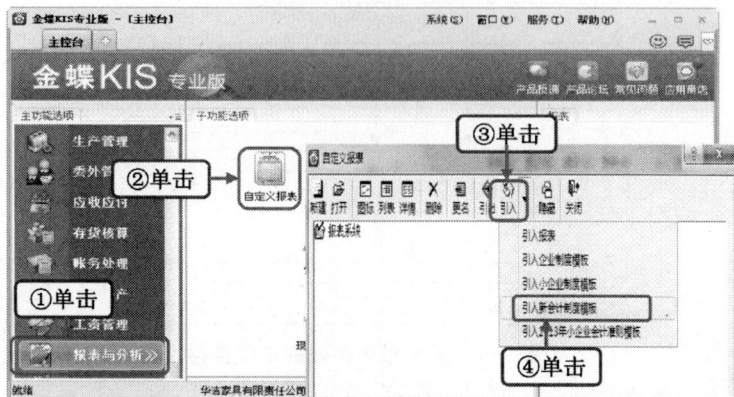

图5-2 引入报表模板

跟我做 **调用利润表模板**：在"主控台"界面单击【报表与分析】，在"自定义报表"窗口中单击"我的报表"下的"利润表"（如图5-3所示），进入"报表系统-［利润表］"界面。

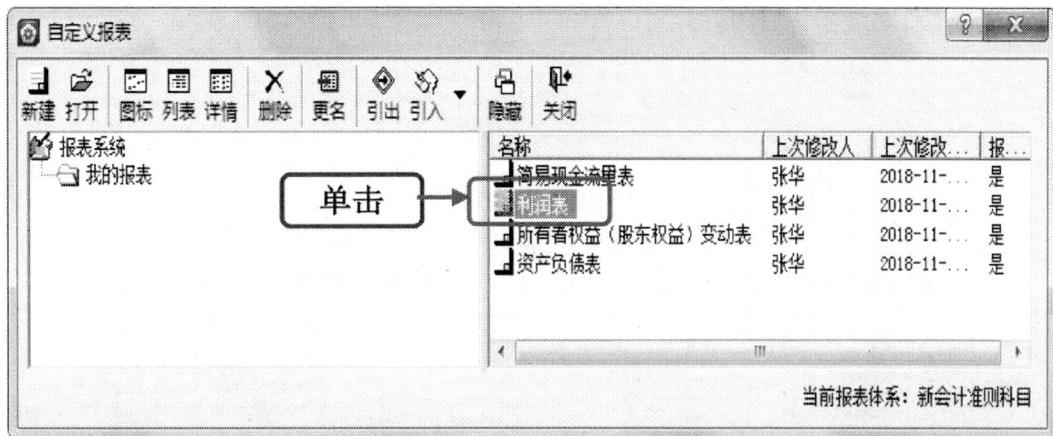

图5-3 调用利润表模板

任务实施2：报表数据的处理

跟我做 **报表数据的处理**：在"报表系统-［利润表］"界面，单击【工具】→【公式取数参数】进入"设置公式取数参数"窗口进行设置，主要是填写清楚所要编制报表所在的时期，设置完毕后单击【确定】。接下来单击【数据】→【报表重算】，报表数据就自动填列了（如图5-4所示）。

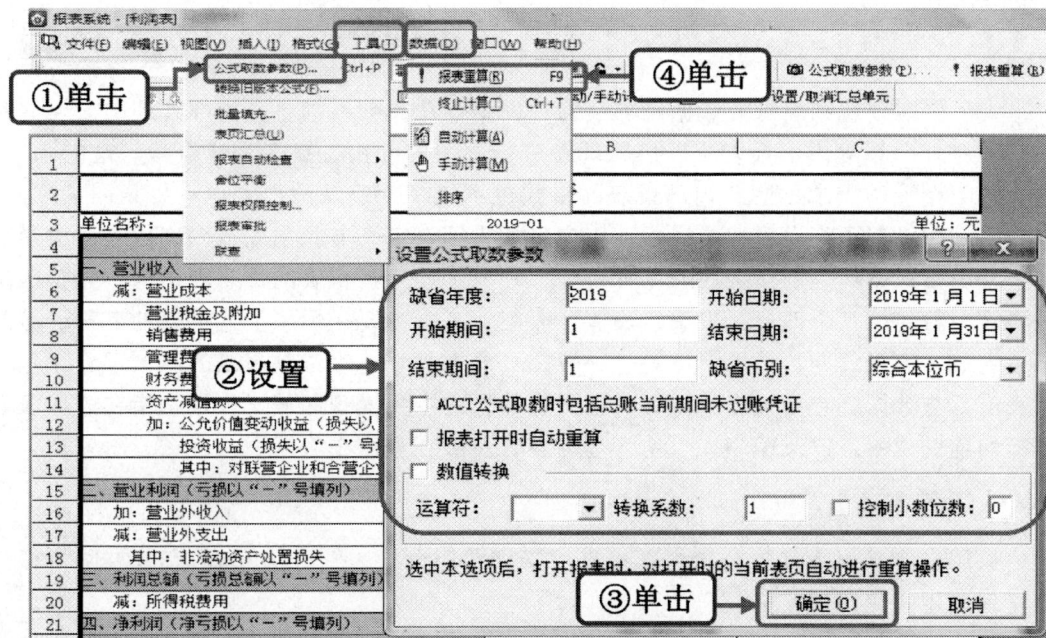

图5-4 报表数据的处理

任务实施3：报表的保存

跟我做 报表的保存：在"报表系统-［利润表］"界面，报表重算后，单击【文件】→【另存为】，在"另存为"窗口中填入拟保存的文件名后单击【保存】完成报表的保存（如图5-5所示）。

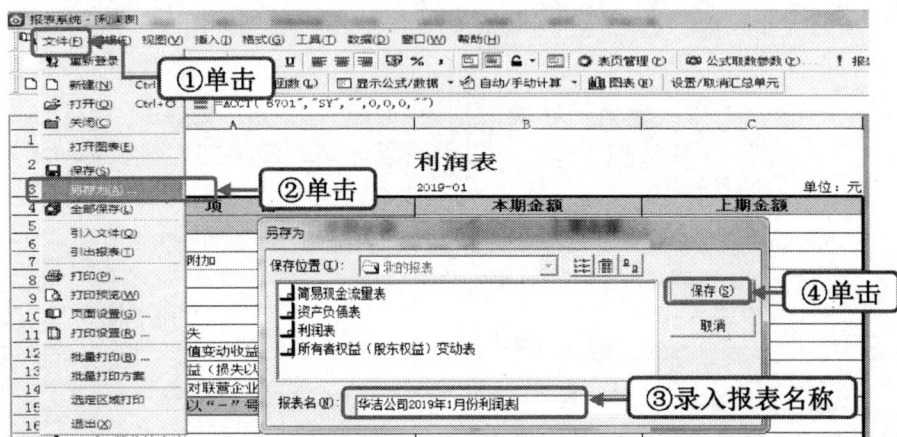

图5-5 报表的保存

温馨提示

把所需要的报表进行储存，只能保存到本系统的"我的报表"中，如要保存到其他路径或者以其他格式保存，则需选择菜单中的"引出报表"。

任务二 自定义会计报表

为了更充分地利用财务数据来加强管理，企业往往会根据自身内部管理的需要编制一些不对外公布的内部报表，以供管理者进行相关的分析，提高企业经营管理的水平。由于各个企业的需求不同，内部报表的格式也不统一，反映的内容也不尽相同，因此，财务软件中没有预先设置好的模板，用户只能采用自定义方式来完成内部报表的编制。

报表格式设计是制作报表的基本步骤，它决定了整张报表的外观和结构。完整的报表格式一般包括三个部分：表头、表体、表尾。表头主要是用来描述报表的名称、编制单位名称、编报日期、计量单位等，一般在页眉中表现。表体是报表的主体部分，包括报表项目与数据，它是报表的核心，是报表数据的主要表现区域。表尾是指在表体下面进行的辅助说明，以及编制人、主管等内容，一般在页脚中表现。

【任务描述】

运用自定义报表编制公司内部报表"管理费用分析表"，反映华洁家具有限责任公司管理费用的使用情况。

1.设计报表格式：表格为4行、6列、行高1.2厘米、列高3厘米。A1单元格用斜线进行二分。所有表格里的字体采用宋体、小四号。所有表格里的数字采用千分符，保留两位小数的数值格式。表格格式设计见表5-1。

表 5-1　　　　　　　　　　　　管理费用分析表

编制单位：华洁家具有限责任公司　　　　　年　月　日　　　　　　　　　　单位：元

部门＼项目	工资及福利费	折旧费	招待费	其他	合计
行政部					
采购部					
合计					

编制人：　　　　　　　　　　主管：　　　　　　　　　　　　　打印日期：

2.设置取数公式：在管理费用分析表中定义公式，从华洁家具有限责任公司的总账账簿中取出当期关于管理费用的相关数据。

3.保存报表：保存华洁家具有限责任公司 2019 年 1 月份的管理费用分析表。

【任务实施】

任务实施 1：报表格式的设计

跟我做　**新建报表**：在"主控台"界面单击【报表与分析】，在"报表与分析"子功能模块中单击【自定义报表】，进入"自定义报表"窗口。单击【新建】，打开"报表系统"界面（如图 5-6 所示）。

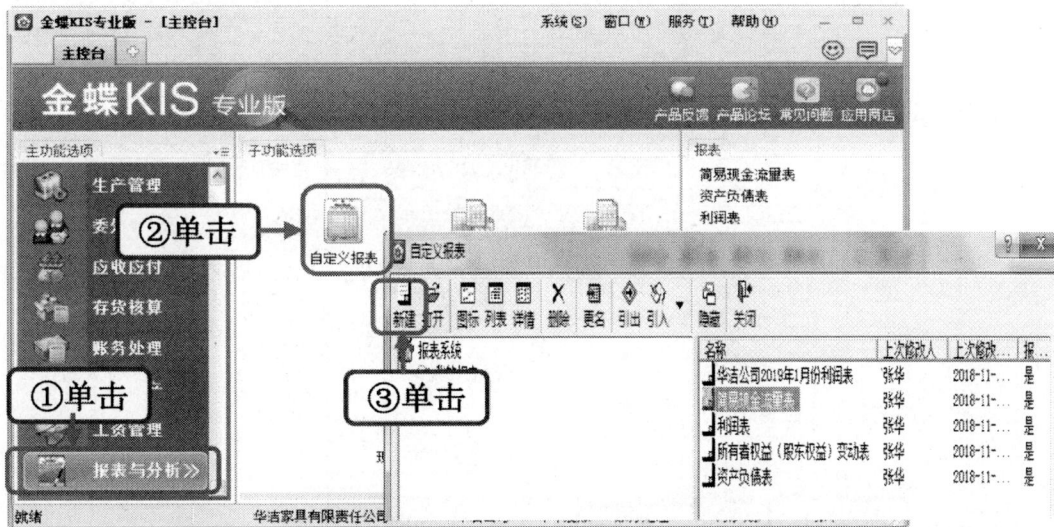

图 5-6　新建报表

报表新建完成后，下面就开始对报表的外观进行设计，先设计表体，再设计表头与表尾。

跟我做　**定义行列数**：在"报表系统-［新报表：报表_1］"界面中，单击【格式】→【表属性】，进入"报表属性"窗口，单击【行列】标签后，根据表格的实际需要定义总行数、总列数及行高（如图 5-7 所示）。

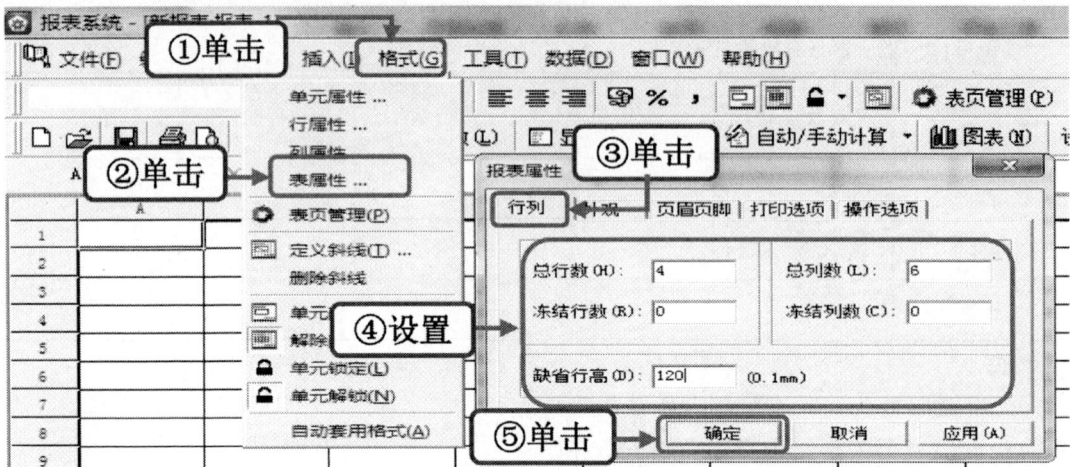

图5-7　定义行列数

跟我做　**定义单元格斜线：**在"报表系统-［新报表：报表_1］"界面中，选择要进行斜线定义的单元格A1，单击【格式】→【定义斜线】，进入"A1单元属性"窗口，单击【单元斜线】标签后，根据表格的实际需要定义斜线类型及内容（如图5-8所示）。

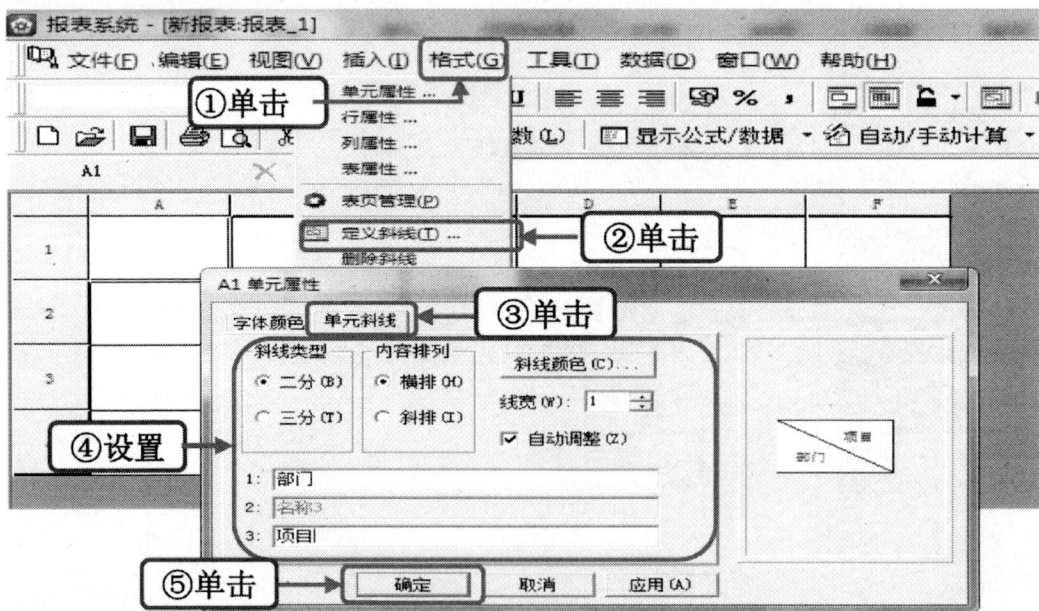

图5-8　定义单元格斜线

跟我做　**设置单元属性：**在"报表系统-［新报表：报表_1］"界面中，选择要输入内容的单元格后输入相关文字内容，选择要进行单元属性设置的单元格B4，单击【格式】→【单元属性】，进入"B4单元属性"设置的窗口，在此可以进行"字体颜色"、"对齐方式"、"数字格式"和"边框"的设置（如图5-9所示）。

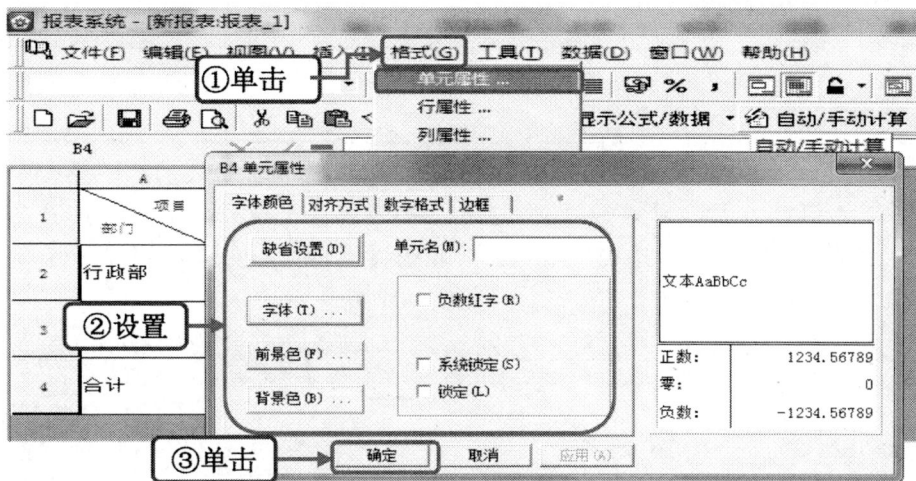

图5-9　设置单元属性

温馨提示

　　在表体格式的设计中还能通过【格式】→【单元融合】来将多个单元格组合成一个，也能通过【格式】→【解除融合】来取消单元格组合。

　　表体格式设计完毕后，就开始进行表头和表尾格式的设计。表头设置，一般包括报表名称、单位名称、日期等信息的设置。表尾设置，一般包括编制人、主管、页码等信息的设置，具体是在格式菜单下表属性中的页眉页脚中进行设置。

跟我做　　**表头格式的设计**：在"报表系统-［新报表：报表_1］"界面中，单击【格式】→【表属性】，进入"报表属性"窗口，单击【页眉页脚】标签，在"页眉页脚"选项中选中要设计的项目（如"报表名称"），单击【编辑页眉页脚】，进入"自定义页眉页脚"窗口进行编辑后，单击【确定】后完成（如图5-10所示）。

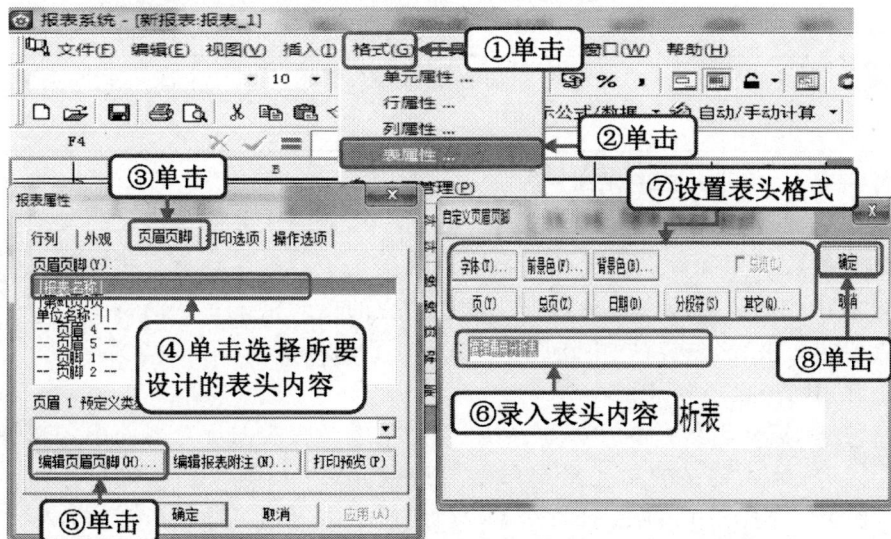

图5-10　表头格式的设计

温馨提示

在表头表尾的设置中，如果表头、表尾的内容在一行上有多个内容的，各内容之间用"|"符号隔开。

跟我做　**表尾格式的设计**：在"报表系统-［新报表：报表_1］"界面中，单击【格式】→【表属性】，进入"报表属性"窗口，单击【页眉页脚】标签，在"页眉页脚"选项中选中"页脚1"，单击【编辑页眉页脚】，进入"自定义页眉页脚"窗口进行编辑后，单击【确定】后完成（如图5-11所示）。

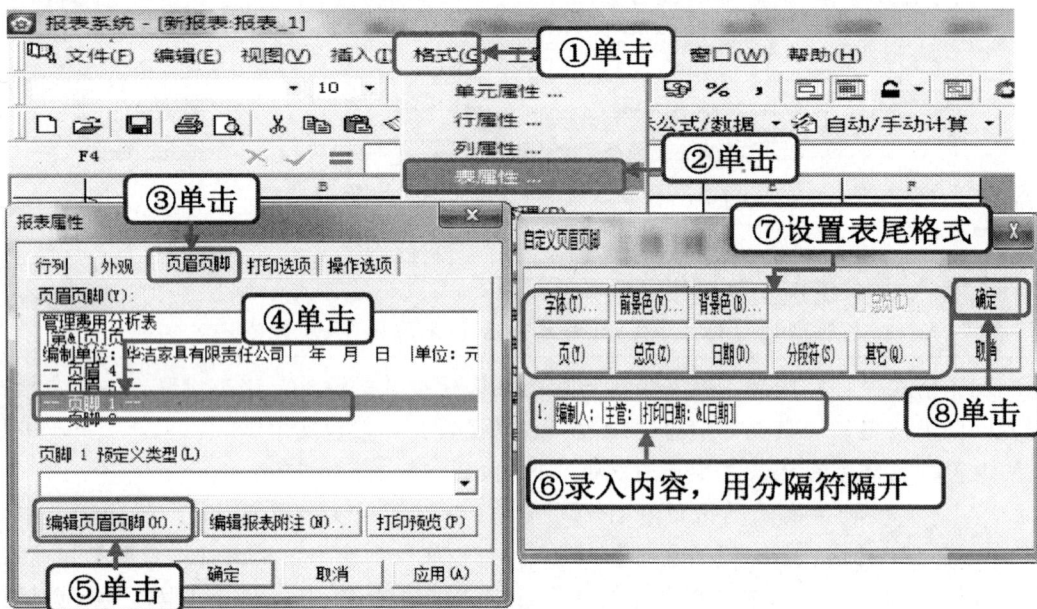

图5-11　表尾格式的设计

温馨提示

报表格式里的页眉页脚是固定的，5个页眉、2个页脚，不能新增，只能修改。

任务实施2：报表公式的定义

报表中的数据一般来源于账簿，这些数据在日常的账务处理中已经采集进入账套的数据库文件中，因此，报表系统提供了"定义计算公式"功能，可以从相应的数据源中采集数据，填入相应的单元格中，从而得到报表数据。要定义报表公式需要用到许多函数，下面就先来认识一些金蝶 KIS 专业版中常用的报表函数（见表5-2）。

跟我做　**插入函数**：在"报表系统-［新报表：报表_1］"界面中，选择要进行公式定义的单元格，单击工具栏上的【fx函数】按钮。打开"报表函数"窗口后，选择总账科目取数函数 ACCT，单击【确定】按钮，进入"公式引导"——"参数设置"窗口（如图5-12所示）。

微视频 17

自定义报表

表5-2 常用报表函数表

函数名称	说　明
ACCT	总账科目取数公式
ACCTCASH	现金流量取数公式
ACCTCASHEXT	现金流量项目按日取数函数
ACCTEXT	总账按日取数函数
ACCTNAME	总账科目名称取数公式
COMPUTERTIME	返回计算机当前日期
DATE	返回计算机当前日期
DATEDIFF	求指定日期参数2与参数1之间的天数差
ITEMINFO	返回指定核算项目的属性值
KEYWORD	取表页的关键字的函数
PAGENAME	取表页名称函数
PAGENO	返回当前表页的值
REF	返回指定表页、指定单元格的值
RPRDATA	返回指定格式的当前报表日期
RPTQUARTER	季度取数函数
RPTSHEETDATE	获取当前报表指定表页的开始日期或结束日期，并以指定日期格式返回
SYSINFO	返回指定关键字的系统信息

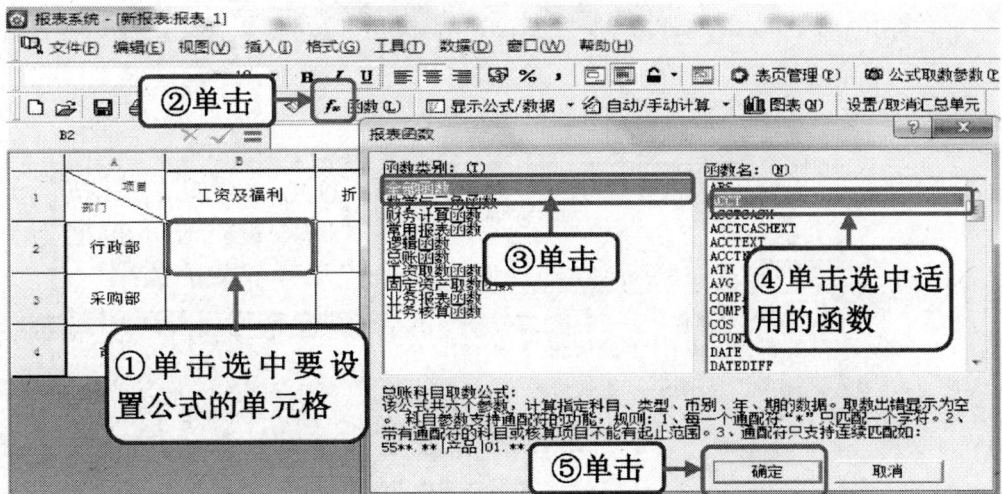

图5-12　插入函数

跟我做 科目参数的设置：在"公式引导"——"参数设置"窗口，光标移至科目栏后，按"F7"键，进入"取数科目向导"窗口，填入取数的科目代码及核算项目后，单击【填入公式】，按【确定】按钮完成科目参数的设置（如图5-13所示）。

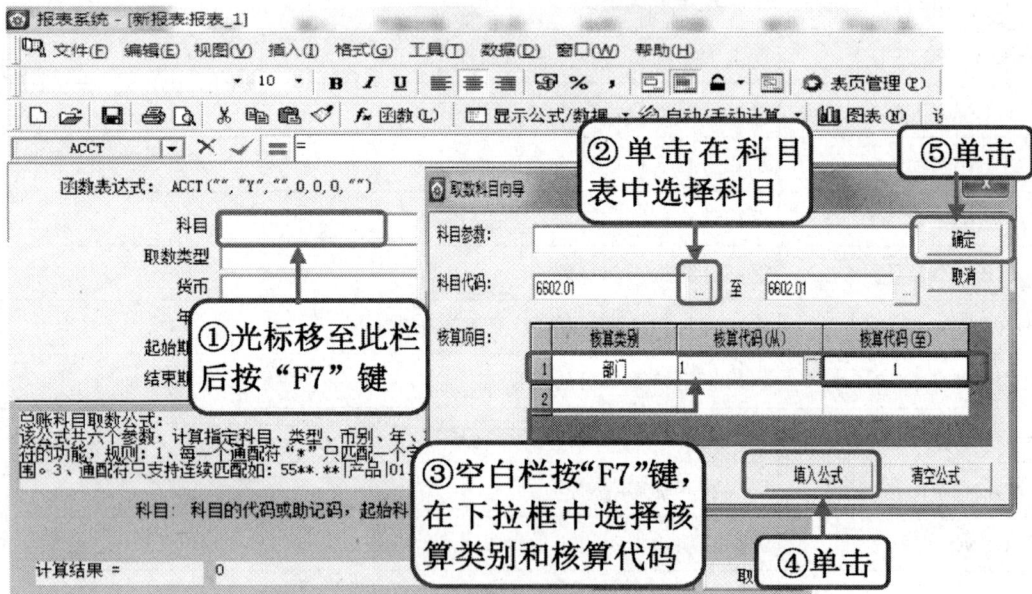

图 5-13　科目参数的设置

跟我做 取数类型的设置：在"公式引导"——"参数设置"窗口，光标移至取数类型栏后，按"F7"键，调出"取数类型"进行选择，完成选择后按【确认】按钮（如图5-14所示）。

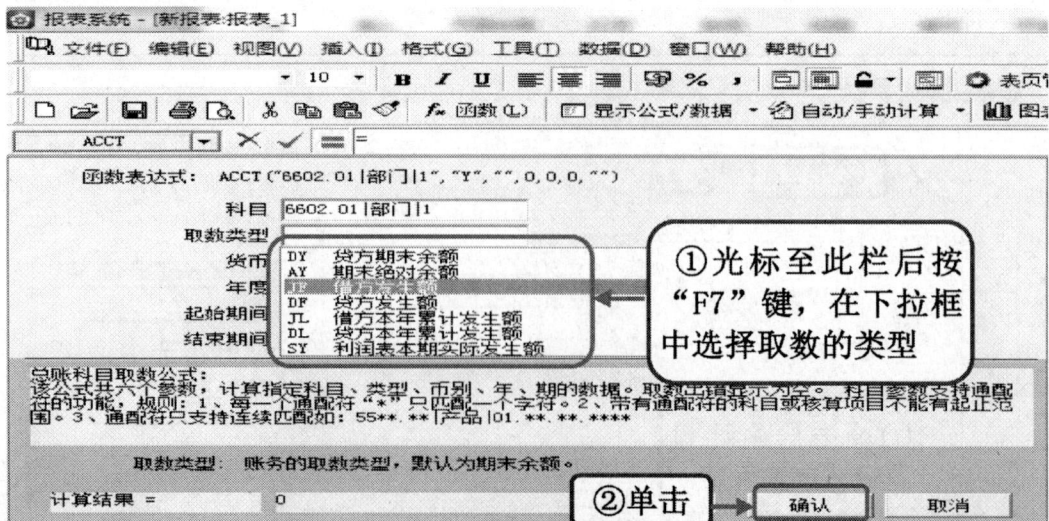

图 5-14　取数类型的设置

自己试试，完成"管理费用分析表"中剩下的公式定义，全部完成后别忘了保存。

温馨提示

①在报表公式的定义中最重要的就是科目及取数类型的设置，其他项目均为默认项目，可以不填写。

②合计栏的数据由前面单元格中的数据加总而得，必须用到另外一种取数函数即本表页内部统计公式中的求和函数 sum（）。常用的本表页取数函数见表 5-3。

表 5-3　　　　　　　　　　　　　**常用的本表页取数函数表**

函数名	说明	函数名	说明
SUM（）	求和	MAX（）	求最大值
AVERAGE（）	求平均值	MIN（）	求最小值
COUNT（）	统计数量函数,计算所有非空格单元格的个数	ROUND（）	根据指定数值四舍五入

任务实施 3：报表数据处理

此处报表数据的处理与前面利用报表模板编制财务报表中的报表数据处理是相同的，在此就不赘述了。

项目训练

一、单项选择题

1.下列表述中，不正确的是（　　　）。

A.会计档案保管期限，从会计年度终了后的第一天算起

B.系统开发资料也应视同为会计档案保管

C.计算机打印输出的凭证、账簿、报表，其保存期限与手工方式完全一致

D.会计软件系统不是会计电算化档案

2.下列各项中，不属于会计核算软件报表处理模块实现对外报表处理功能的是（　　　）。

A.报表备份　　　　B.报表打印　　　　C.报表分析　　　　D.报表编制

3.不属于报表数据处理功能的是（　　　）。

A.计算生成报表　　B.校验审核报表　　C.报表数据分析　　D.定义审核公式

4.下列关于会计报表公式定义的表述中，不正确的是（　　　）。

A.公式定义包括计算公式定义和验证（审核）公式定义

B.验证（审核）公式可以使用逻辑运算符

C.公式定义必须在格式定义全部完成后进行

D.公式定义可以使用函数

5.下列关于电算化会计报表编制工作的表述中，不正确的是（　　　）。

A.不会出现报表不平衡的情况

B.报表定义工作量大，准确性要求高

C.报表定义完成后，日常工作量可以大幅度减少

D.可自动对表间勾稽关系进行检查

二、多项选择题

1.下列各项中，属于会计数据的有（　　　）。

A.会计系统实施参数设置情况表　　　　B.会计软件系统设计书

C.会计凭证　　　　　　　　　　　　　D.会计报表

2.在会计电算化条件下，下列各项中，会计核算软件能够打印的有（　　　）。

A.现金、银行存款日记账　　　　　　　B.记账凭证

C.会计报表　　　　　　　　　　　　　D.科目余额表和明细账

3.下列各项中，属于会计电算化环境下报表编制工作特点的有（　　　）。

A.报表的准确性得到完全保证

B.日常工作效率大幅提升

C.与手工环境相比，增加了复杂的初始工作

D.不需结账就可编制当期报表

4.在会计电算化条件下，打印输出的账表在存档保存前，应当签章的人员有（　　　）。

A.单位负责人　　　　B.档案管理员　　　　C.系统管理员　　　　D.会计主管

5.商品化会计核算软件应当提供会计报表的自定义功能，下列属于自定义内容的有（　　　）。

A.各项目的数据来源

B.会计报表的项目

C.表内和表间的数据运算关系和勾稽关系

D.会计报表的格式

三、判断题

1.会计核算软件报表处理模块能够完成企业对外会计报表的编制、生成、浏览、打印和分析功能，但不能完成对内会计报表的编制、生成、浏览、打印和分析功能。　　　　　　　　　　　　　　　　　　　　　　　　（　　　）

2.会计核算软件账务处理模块能够提供完成企业对外、对内各种会计报表的编制、生成、浏览、打印、备份等功能。　　　　　　　　　　　　　　　（　　　）

3.采用会计核算软件，数据处理程序已经存储在计算机中，数据处理过程由程序自动完成，无需人工干预。　　　　　　　　　　　　　　　　　　　（　　　）

4.采用手工会计核算方式，企业通常以登记总账方式的不同来划分不同的账务处理程序。　　　　　　　　　　　　　　　　　　　　　　　　　　　（　　　）

5.打印输出的账表，必须有会计主管和档案保管员的签章才能存档保管。（　　　）

项目考评

本项目教学内容完成后，任课教师根据学生对知识点的掌握及【项目训练】的完成情况，对其职业能力、通用能力的具体评价项目进行考核并打分，结合学生对迁移能力的自我评价状况给出综合评价意见，填写项目考核记录表（见表5-4）。

表 5-4 **项目考核记录表**

考核时间：

评价类型	评价内容	评价项目	评价分数
教师评价	职业能力（70%）	1.利用报表模板编制财务报表（20分）	
		2.报表表头和表尾的设计（15分）	
		3.报表主体的格式设计（15分）	
		4.报表公式的设置（20分）	
	通用能力（20%）	1.组织纪律（5分）	
		2.职业态度（5分）	
		3.沟通能力（5分）	
		4.解决问题的能力（5分）	
自我评价	迁移能力（10%）	1.举一反三的能力（5分）	
		2.自我水平的提高（5分）	
综合评价			

工资管理

知识目标

了解工资管理系统的基本功能和业务流程；掌握工资系统初始化设置的内容；掌握工资项目定义和工资运算公式定义的方法；掌握工资数据的录入与计算。

能力目标

1. 熟练进行工资管理系统的初始设置。
2. 熟练进行工资项目的定义及工资运算公式的定义
3. 熟练进行工资数据的录入与计算。
4. 熟练进行个人所得税的计算。
5. 熟练进行工资费用的分摊核算。

工资管理系统是进行工资核算和管理的系统，该系统以人力资源管理部门提供的员工名单及其工资等基础数据为依据，完成员工工资数据的收集、工资的核算、工资的发放、工资费用的汇总和分摊、个人所得税计算和按照部门、项目、个人时间等条件进行工资分析、查询和打印输出，以及该模块与其他模块的数据接口管理。

【工作流程】

工资管理工作流程如图6-1所示。

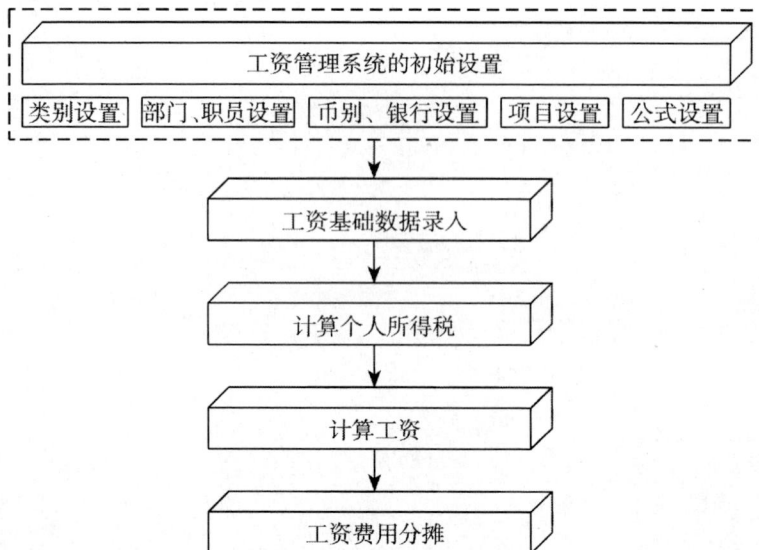

图6-1 工资管理工作流程

任务一 工资管理系统的初始设置

工资管理系统是会计信息系统的重要组成部分，它能及时准确地核算职工工资，将工资费用按照用途计入相关账户，并自动生成转账凭证结转工资费用。用户在初次使用该系统之前，必须进行初始设置，使它成为适合本单位使用的专用工资管理系统。工资管理系统的初始设置内容主要包括：工资类别管理、基础信息设置（部门、职员、银行）、工资项目设置、工资公式设置、工序设置、产品设置及工种设置。

【准备工作】

导入本书所附的"账套数据\华洁公司_财务初始化.bak"备份数据，并以张华的身份登录该账套。

【任务描述】

会计张华对工资管理系统的基础资料进行初始设置。

1.设置工资类别：华洁家具有限责任公司采用本位币人民币进行工资核算，员工有两类，且两类员工的工资核算不相同，因此建立"行政管理类"和"生产技术类"两个工资类别分别进行核算。

2.部门设置："行政管理类"涉及的部门有行政部、销售部、采购部、生产部，"生产技术类"涉及的部门有生产部和维修部，维修部门为新增部门。

3.职员设置："行政管理类"涉及的职员有行政部、销售部、采购部的所有职员及生产部的孙华明。"生产技术类"涉及的职员有生产部的孟浩和维修部的董明，董明为新增职员，属于生产人员类别。

4.银行信息设置：公司代发工资的银行是中国建设银行瑞金支行，账号长度为18位。

5.工资项目设置：根据下列资料新增工资项目（见表6-1）。

表6-1 新增工资项目表

工资项目名称	类型	长度	小数	项目属性
交通补贴	货币	15	2	可变项目
津贴	货币	15	2	可变项目
请假天数	实数	3	1	可变项目
请假扣款	货币	15	2	可变项目
"三险"个人缴纳部分	货币	15	2	可变项目

6.工资公式设置：根据下列资料设置华洁公司的工资计算公式：

（1）"行政管理人员工资计算公式"：

①销售一部和销售二部人员交通补贴为 500 元，其他部门人员交通补贴为 300 元；

②请假扣款=请假天数×50；

③应发合计=基本工资+奖金+津贴+交通补贴−请假扣款；

④住房公积金=基本工资×0.1；

⑤"三险"个人缴纳部分=基本工资×0.11；

⑥实发合计=应发合计−住房公积金−"三险"个人缴纳部分−代扣税。

（2）"生产技术人员工资计算公式"：

①应发合计=基本工资+计件工资+计时工资；

②住房公积金=基本工资×0.1；

③"三险"个人缴纳部分=基本工资×0.11；

④实发合计=应发合计−住房公积金−"三险"个人缴纳部分−代扣税。

7.产品设置：根据下列资料进行产品设置（见表 6-2）。

表 6-2　　　　　　　　　　　　产品信息表

产品代码	产品名称	规格型号	计件单价（元）
01	办公桌	150×80	60
02	文件柜	180×120	50

8.工种设置：根据下列资料进行工种设置（见表 6-3）。

表 6-3　　　　　　　　　　　　工种信息表

工种代码	工种名称	计时单位	计时单价（元）
01	机修工	小时	80

【任务实施】

任务实施 1：工资类别设置

工资类别设置是指在工资管理系统中，按照不同部门、人员的类别来设置工资数据管理类别，当设置完成后，发放职工工资时，我们就将按照所设置的不同类别分别进行核算。企业中一般可按人员、部门或时间等设置多个工资类别。

跟我做　**新建工资类别**：在"主控台"界面单击【工资管理】，在"工资管理"界面右侧上部的【基础资料】中单击【类别管理】，进入"类别管理"窗口。单击【新建】，进入"新建工资类别"窗口，录入类别名称后，单击【确定】，即可完成工资类别的创建（如图 6-2 所示）。

工资类别设置完毕后，可以在【类别管理】对话框中，对已经设置好的工资类别进行【修改】或【删除】操作，也可以在【类别管理】对话框中进行工资类别的选择。

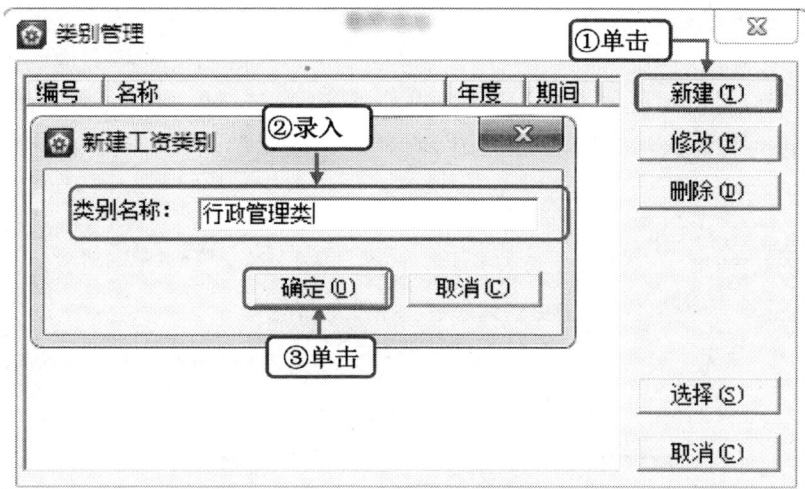

图6-2 新建工资类别

温馨提示

如果企业对职工的工资方案有多种，则需设置多个工资类别分别进行核算。已经设置多个工资类别的，在工资管理具体操作时首先要选择工资类别。选择工资类别后，状态栏上会出现相应标识。

任务实施2：部门设置

工资基础信息设置是工资管理系统核算的基础，关系到工资类别的分类、工资费用的分配，它主要包括对部门、职员、币别、银行信息等内容的设置。

跟我做

导入部门资料：在"主控台"界面单击【工资管理】，在"工资管理"界面右侧上部的【基础资料】中单击【部门】，选择相应的工资类别后，进行"部门"设置窗口，单击【引入】，在弹出的对话框中选择导入数据源后，再选中所需部门，单击【导入】完成（如图6-3所示）。

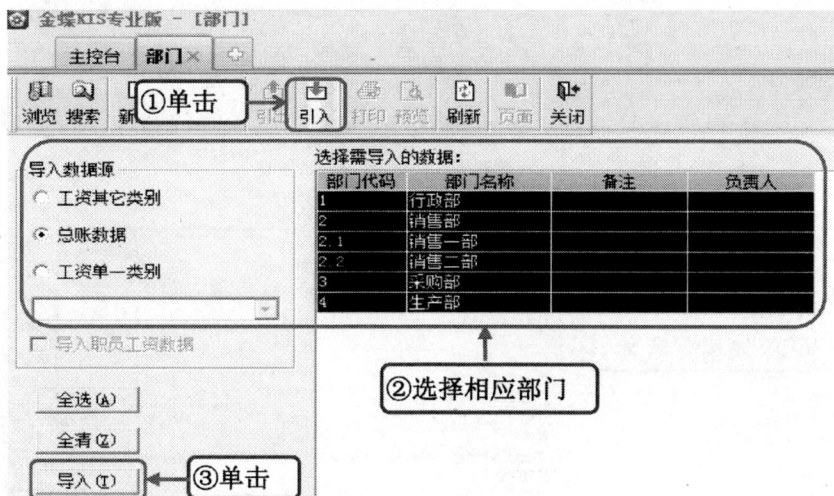

图6-3 导入部门资料

跟我做 　新增部门资料：在"主控台"界面单击【工资管理】，在"工资管理"界面右侧上部的【基础资料】中单击【部门】，选择相应的工资类别后，进行"部门"设置。单击【新增】，在弹出的【部门-新增】窗口中录入部门的相关信息，单击【保存】完成（如图6-4所示）。

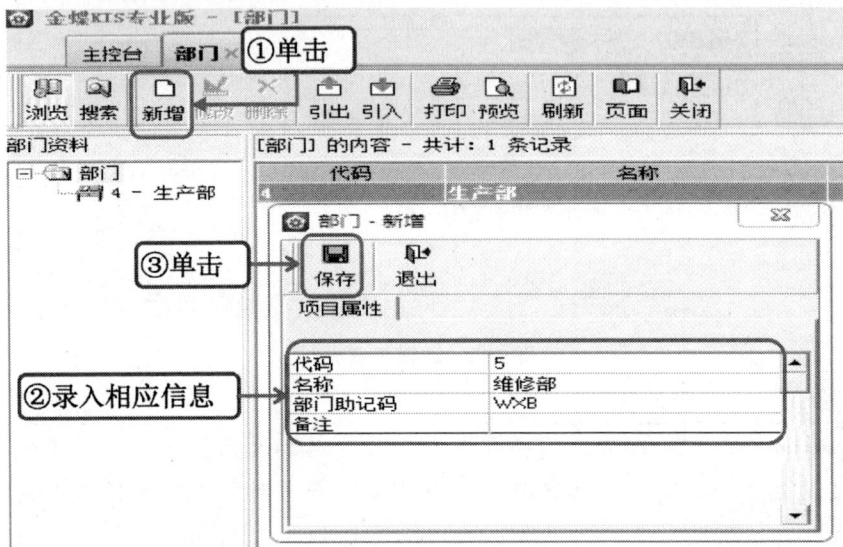

图6-4　新增部门资料

任务实施3：职员设置

跟我做 　职员设置：在"主控台"界面单击【工资管理】，在"工资管理"界面右侧上部的【基础资料】中单击【职员】，选择相应的工资类别后，进行"职员"设置。单击【新增】，在弹出的【职员-新增】窗口中录入职员的相关信息，单击【保存】完成（如图6-5所示）。

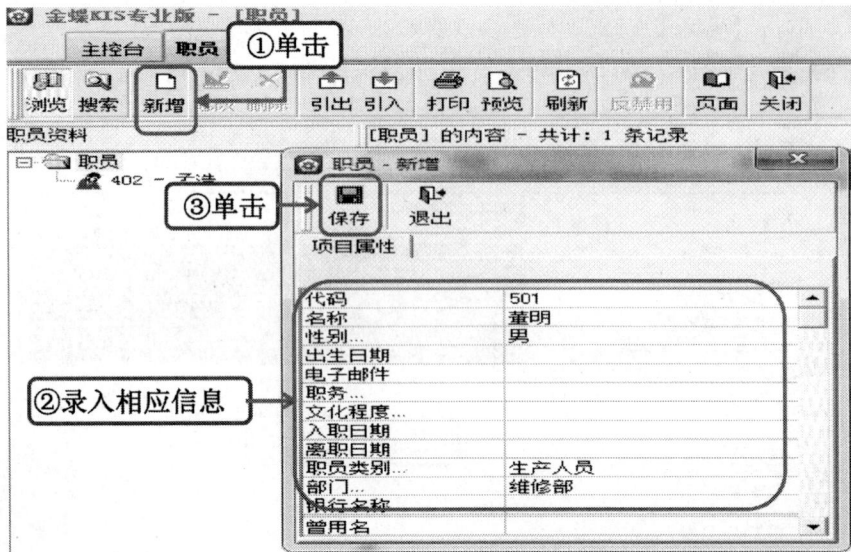

图6-5　职员设置

任务实施4：银行设置

跟我做 **银行设置**：在"主控台"界面单击【工资管理】，在"工资管理"界面右侧上部的【基础资料】中单击【银行】，在"银行"窗口单击【新增】，在【银行–新增】窗口中录入银行的相关信息后单击【保存】完成（如图6-6所示）。

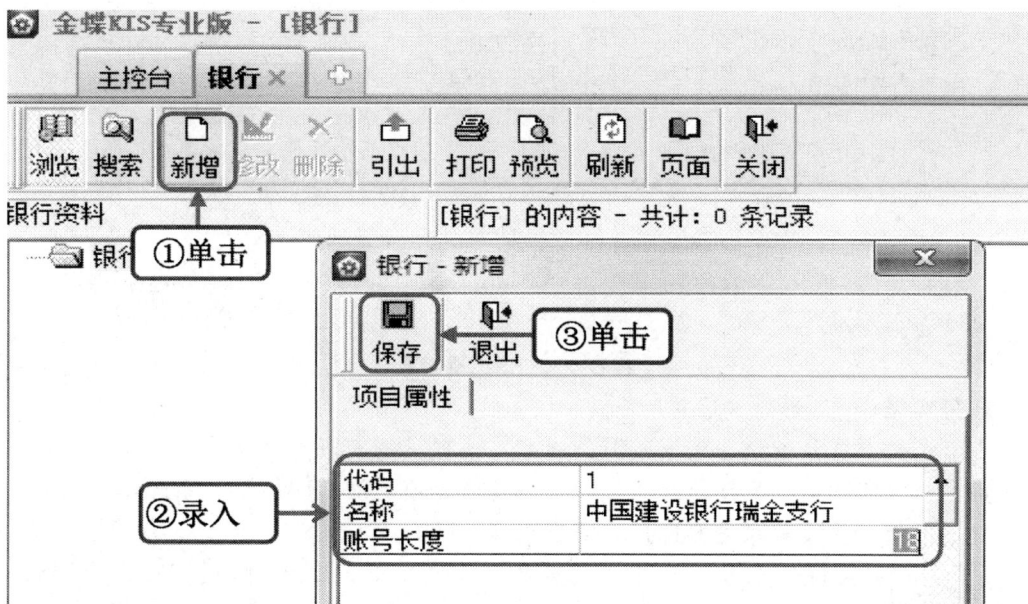

图6-6 银行设置

任务实施5：工资项目设置

工资项目是指工资结算表或工资结算单上所列的各个项目，在本系统中，将工资项目分成了两个属性，即固定项目与可变项目。固定项目为一般工资计算所需用的基本要素，不需要进行改变，其内容可以直接带入到下一次工资计算，如制表人、审核人等。可变项目为可根据需要进行选用或不用的项目，其内容随工资计算发生改变，如基本工资、奖金、交通补贴等。此外，本系统还提供了六种工资项目的数据类型，即整数型、实数型、货币型、文本型、日期型、逻辑型。其中，整数型、实数型、货币型的工资项目只能输入数字，能进行数学运算，只是运算的数据范围与结果有所区别；文本型的工资项目可以输入字符和数字，但不能进行数学运算；日期型数据主要以日期数字格式反映不同日期；逻辑型数据反映数据结果为真或假。在设置时先要选择工资类别。

跟我做 **新增工资项目**：在"主控台"界面单击【工资管理】，在"工资管理"界面右侧上部的【基础资料】中单击【项目设置】，在"工资项目设置"窗口单击【新增】，进入"工资项目–新增"窗口，填入工资项目的"项目名称""数据类型""数据长度""小数位数""项目属性"等信息后单击【新增】完成。在"工资项目设置"窗口，还可以对所设置的工资项目进行【编辑】、【删除】、【排序】操作（如图6-7所示）。

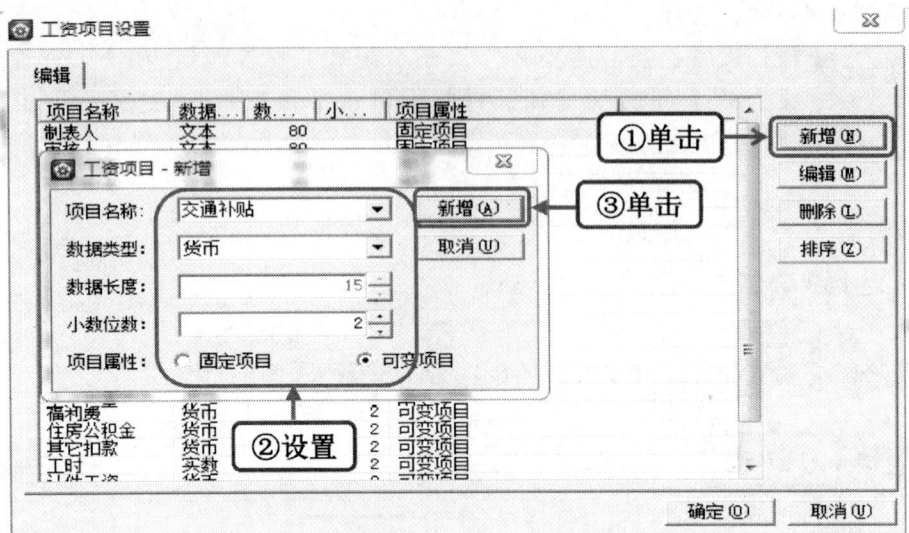

图6-7　新增工资项目

任务实施6：工资公式设置

工资公式设置是指企业根据其财务制度，设置某一工资类别下的工资计算公式。它是工资项目之间的运算关系，即通过判断条件或简单的加、减、乘、除运算方法来运算工资项目的值。在设置时先要选择工资类别。

跟我做　工资公式设置：在"主控台"界面单击【工资管理】，在"工资管理"界面右侧上部的【基础资料】中单击【公式设置】，在"工资公式设置"窗口中单击【新增】，录入"公式名称"，在"计算方法"栏内手动录入或通过右侧的"条件"、"运算符"、"项目"和"项目值"设置相应的工资公式内容，单击【公式检查】，检查通过后单击【保存】完成（如图6-8所示）。

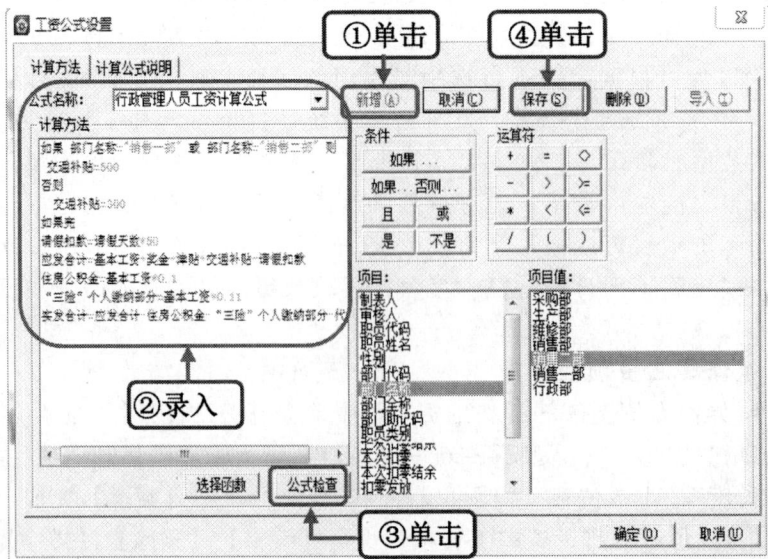

图6-8　工资公式设置

工资的计算公式除了简单的四则运算外，还常常用到条件判断语句，即根据条件判断执行。而条件判断语句的使用需要掌握相应的格式，下面就举例说明一下常用条件判断语句的使用：

格式一：如果 ... 则 ...如果完

举例：销售部人员工资构成中的交通补贴是500元，其他部门没有该项补贴。

> 如果 部门名称="销售部"
>
> 则
>
> 交通补贴=500
>
> 如果完

格式二：如果 ... 则 ... 否则 ... 如果完

举例：销售一部和销售二部人员工资构成中的交通补贴为500元，其他部门人员工资构成中的交通补贴为300元。

> 如果 部门名称="销售一部" OR 部门名称="销售二部"
>
> 则
>
> 交通补贴=500
>
> 否则
>
> 交通补贴=300
>
> 如果完

任务实施7：产品设置

产品设置是指企业根据产品生产情况进行设置，为计件工资的计算提供基础信息。在设置时先要选择工资类别。

跟我做 **产品设置：**在"主控台"界面单击【工资管理】，在"工资管理"界面右上侧的【基础资料】中单击【产品设置】，在"产品设置"窗口中单击【新增】，录入产品代码、产品名称、规格型号、计件单价等信息后，单击【保存】完成（如图6-9所示）。

图6-9 产品设置

任务实施8：工种设置

工种设置是指企业根据工种分类情况进行设置，为计时工资的计算提供基础信息。在设置时先要选择工资类别。

跟我做　**工种设置：** 在"主控台"界面单击【工资管理】，在"工资管理"界面右上侧的【基础资料】中单击【工种设置】，在"工种"窗口中单击【新增】，进入"工种–新增"窗口，录入工种代码、工种名称、计时单位、计时单价等信息后，单击【保存】完成（如图6-10所示）。

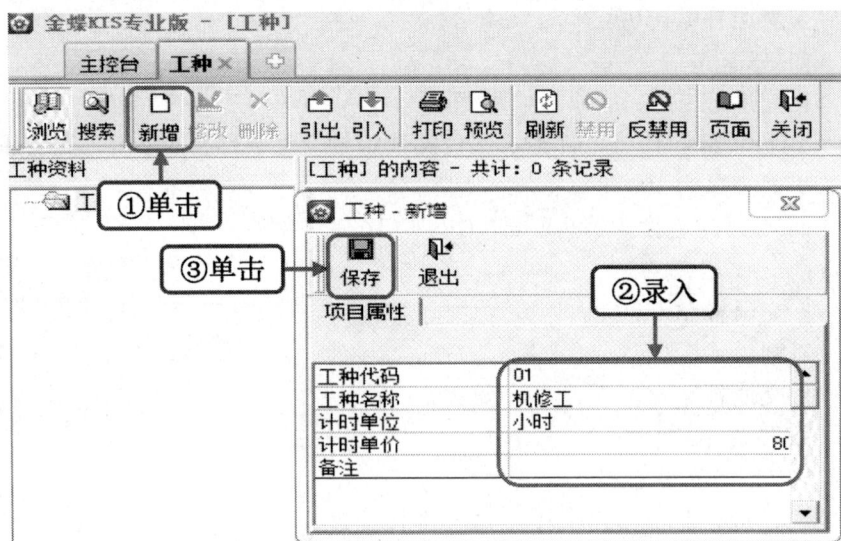

图6-10　工种设置

温馨提示

在进行部门设置、职员设置、工资项目设置、工资公式设置、产品设置、工种设置时都必须先选择工资类别，在相应的工资类别中进行设置。

任务二　工资管理的日常业务处理

工资管理系统初始化工作结束后，就可以进行工资的日常业务处理了。工资管理系统的日常业务主要包括：工资录入、个人所得税的计算与申报、工资计算、工资费用的分配、银行代发、工资数据的查询等工作。因此，日常的工资业务都可以通过本系统进行处理。

【准备工作】

导入本书所附的"账套数据\华洁公司_工资初始数据.bak"备份数据，并以张华的身份登录该账套。

【任务描述】

会计张华根据本月华洁家具有限责任公司发生的工资日常业务做相应处理：

1.工资录入：根据华洁家具有限公司2019年1月发生的工资数据分别录入"行政管理人员"和"生产技术人员"的工资数据。

①录入"行政管理人员"工资：

首先，定义过滤器。过滤名称"行政管理人员工资"，计算公式选择"行政管理人员工资计算公式"，工资项目为：职员姓名、部门名称、职员类别、基本工资、奖金、津贴、交通补贴、请假天数、请假扣款、应发合计、住房公积金、"三险"个人缴纳部分、代扣税、实发合计。

然后，录入工资数据。数据见行政管理人员工资基础数据表（见表6-4）。

表6-4　　　　　　　　　　　行政管理人员工资基础数据表　　　　　　　金额单位：元

序号	姓名	基本工资	奖金	津贴	请假天数
1	王伟	5 000	1 500	500	
2	张华	5 000	1 500	500	
3	孙晴	4 000	1 200	400	
4	何刚	4 000	1 200	400	3
5	章凯旋	3 000	1 000	400	
6	张大同	3 000	1 000	400	
7	孙华明	2 500	1 200	800	

②录入"生产技术人员"工资：

首先，定义过滤器。过滤名称"生产技术人员工资"，计算公式选择"生产技术人员工资计算公式"，工资项目为：职员姓名、部门名称、职员类别、基本工资、计件工资、计时工资、应发合计、住房公积金、"三险"个人缴纳部分、代扣税、实发合计。

其次，2019年1月31日，录入计件工资单，并审核。

再次，2019年1月31日，录入计时工资单，并审核。

最后，录入其他工资基础数据（以上数据见表6-5）。

表6-5　　　　　　　　　　　生产技术人员工资基础数据表

序号	姓名	基本工资	生产产品	计件数量（张）	所属工种	工作时间（小时）
1	孟浩	800	办公桌	300		
2	董明	800			机修工	82

2.所得税计算：根据下列资料分别进行"行政管理人员"和"生产技术人员"工资薪金的所得税设置，并计算出所得税引入工资计算项目。

①所得项设置。根据工资薪金所得项目表（见表6-6），新增所得项目"工资薪金"

表6-6　　　　　　　　　　　工资薪金所得项目表

序号	所得项目	属性
1	应发合计	增项
2	住房公积金	减项
3	"三险"个人缴纳部分	减项

②税率设置。根据2018年个人所得税税率表（工资薪金所得适用）（见表6-7），进行税率设置。

表6-7　　　　　　　　**2018年个人所得税税率表（工资薪金所得适用）**

级数	全月应纳税所得额	税率	速算扣除数
1	不超过3 000元的	3%	0
2	超过3 000元至12 000元的部分	10%	210
3	超过12 000元至25 000元的部分	20%	1 410
4	超过25 000元至3 5000元的部分	25%	2 660
5	超过35 000元至55 000元的部分	30%	4 410
6	超过55 000元至80 000元的部分	35%	7 160
7	超过80 000元的部分	45%	15 160

③所得税设置。根据工资薪金所得税设置表（见表6-8），进行"工资薪金所得税计算"的设置。

表6-8　　　　　　　　**工资薪金所得税设置表**

税率类别	税率项目	所得计算	所得期间	外币币别	基本扣除
2018年个人所得税税率	工资薪金	工资薪金	1—12	人民币	5 000

④代扣税数据引入。将所得税计算的结果引入工资录入中的"代扣税"项目。

3. 工资计算：分别计算华洁家具有限责任公司2019年1月份"行政管理人员"的工资和"生产技术人员"的工资。

4. 费用分配：根据下列资料分别进行"行政管理人员"和"生产技术人员"的工资和福利费的费用分配设置（见表6-9），并生成凭证。

表6-9　　　　　　　　**工资和福利费用分配设置表**　　　　　　　　单位：元

工资类别	部门	职员类别	工资项目	核算项目	工资分配		福利费分配（14%）	
					借方科目	贷方科目	借方科目	贷方科目
行政管理类	行政部门	行政人员	应发合计	行政部	6 602.01	2 211	6 602.01	2 211
	采购部	行政人员	应发合计	采购部	6 602.01	2 211	6 602.01	2 211
	销售一部	销售人员	应发合计	无	6 601.01	2 211	6 601.01	2 211
	销售二部	销售人员	应发合计	无	6 601.01	2 211	6 601.01	2 211
	生产部	生产管理人员	应发合计	无	5 101	2 211	5 101	2 211
生产技术类	生产部	生产人员	应发合计	无	5 001.01	2 211	5 001.01	2 211
	维修部	生产人员	应发合计	无	5 101	2 221	5 101	2 211

5.查看工资报表：华洁家具有限责任公司2019年1月份行政管理人员的工资发放表和个人所得税报表。

【任务实施】

任务实施1：工资基础数据的录入

工资管理模块一般提供以下数据录入方式：

（1）单个记录录入。选定某一特定员工，输入或修改其工资数据。

（2）成组数据录入。先将工资项目分组，然后按组输入。

（3）按条件成批替换。对符合条件的某些工资项，统一替换为一个相同的数据。

（4）公式计算。适用于有确定取数关系的数据项。

（5）从外部直接导入数据。通过数据接口将工资数据从车间、人事、后勤等外部系统导入工资管理模块。

跟我做 **第一步**：按工资发放方案新增过滤条件：在"主控台"界面单击【工资管理】→【工资录入】，在"过滤器"窗口单击【增加】，在"定义过滤条件"窗口录入过滤名称，选择工资的计算公式并勾选工资核算所需的工资项目后，通过【上移】【下移】键进行工资项目排序，单击【确定】完成（如图6-11所示）。

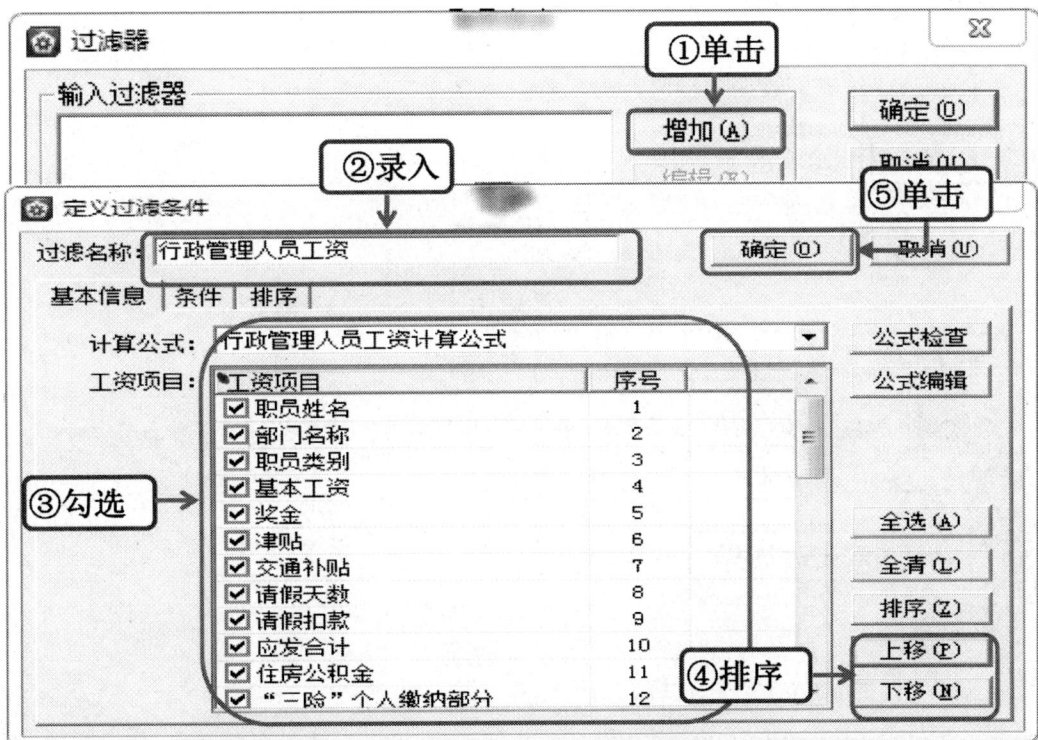

图6-11 工资基础数据的录入

跟我做 **第二步**：选择工资发放方案进行基础数据录入，完成后单击【确定】（如图6-12所示）。

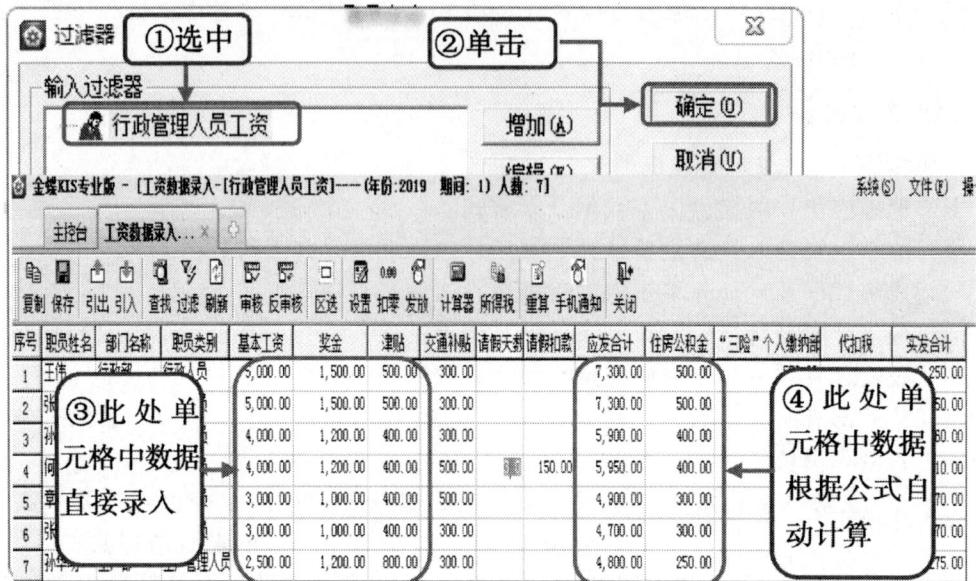

图6-12　工资基础数据保存

跟我做　**录入计件工资单**：在"主控台"界面单击【工资管理】→【计件工资单】，选择工资类别后，进入"计件工资单"窗口，单击【新增】，录入日期、职员代码、产品代码和数量后，单击【保存】后完成录入。计件工资单需要进行【审核】后，计件工资数据才能流转到工资录入数据中（如图6-13所示）。

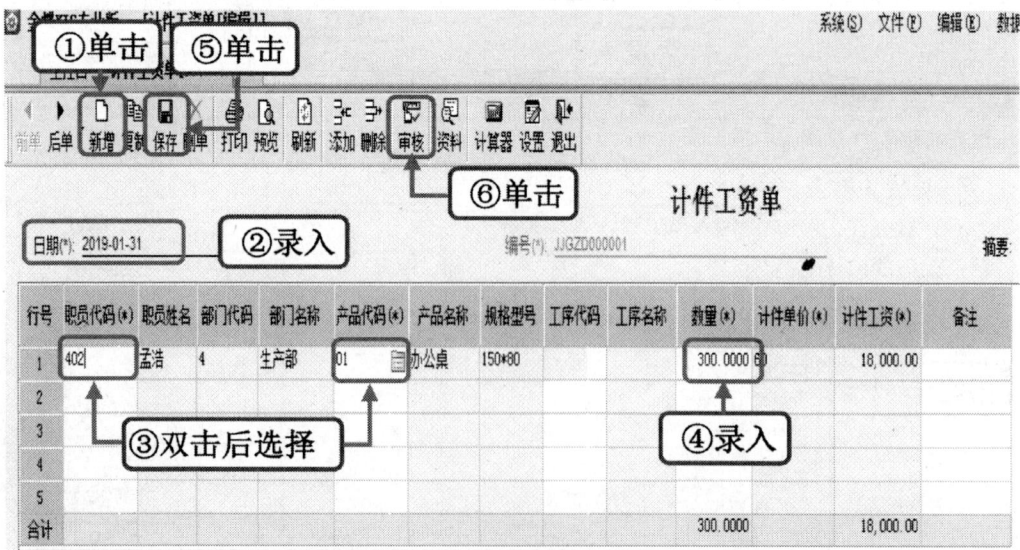

图6-13　录入计件工资单

跟我做　**录入计时工资单**：在"主控台"界面单击【工资管理】→【计时工资单】，选择工资类别后，进入"计时工资单"窗口，单击【新增】，录入日期、职员代码、工种代码和工作时间后，单击【保存】后完成录入。计时工资单需要进行【审核】后，计时工资数据才能流转到工资录入数据中（如图6-14所示）。

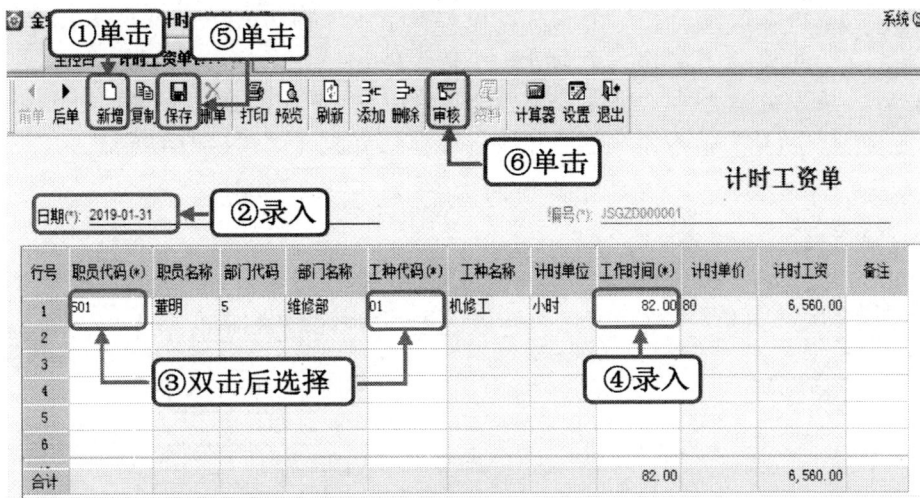

图6-14　录入计时工资单

任务实施2：个人所得税的计算

工资管理模块提供个人所得税自动计算功能，用户可以根据政策的调整，定义最新的个人所得税税率表，系统可以自动计算个人所得税。在进行个人所得税计算时，先要进行初始设置，个人所得税的初始设置包括所得项设置、税率设置和个人所得税的初始设置。

所得项设置： 在"主控台"界面单击【工资管理】→【所得税计算】，在"个人所得税数据录入"窗口，单击【所得项】，并在弹出的"所得项目计算"窗口中单击【新增】，录入所得项名称"工资薪金"和选择所得项目后单击【保存】完成（如图6-15所示）。

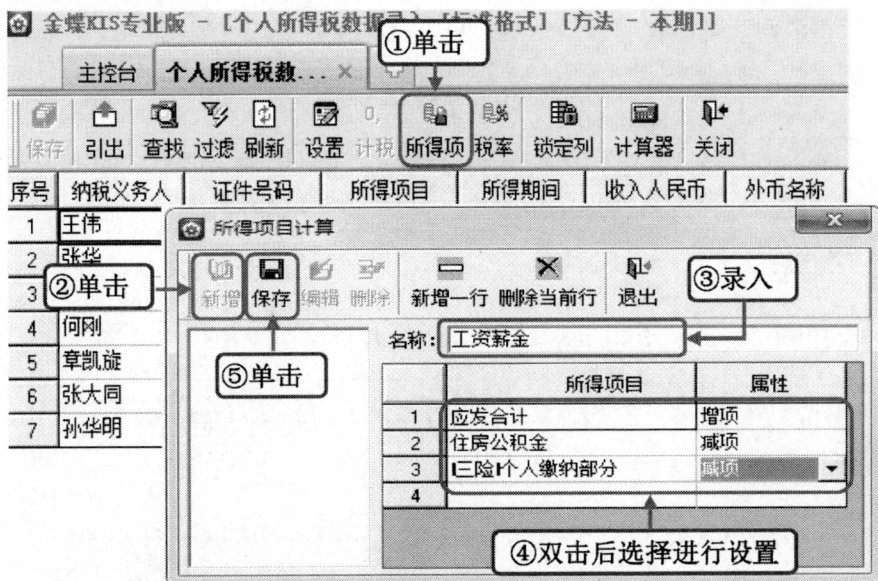

图6-15　所得项设置

跟我做 　税率设置：在"个人所得税数据录入"窗口，单击【税率】，并在弹出的窗口中单击【新增】，在是否使用"预设税率"信息提示项下单击【取消】后，录入税率名称"2018年个人所得税率"，再根据2018年新的个人所得税税率表（工资薪金适用）进行录入后，单击【保存】完成（如图6-16所示）。

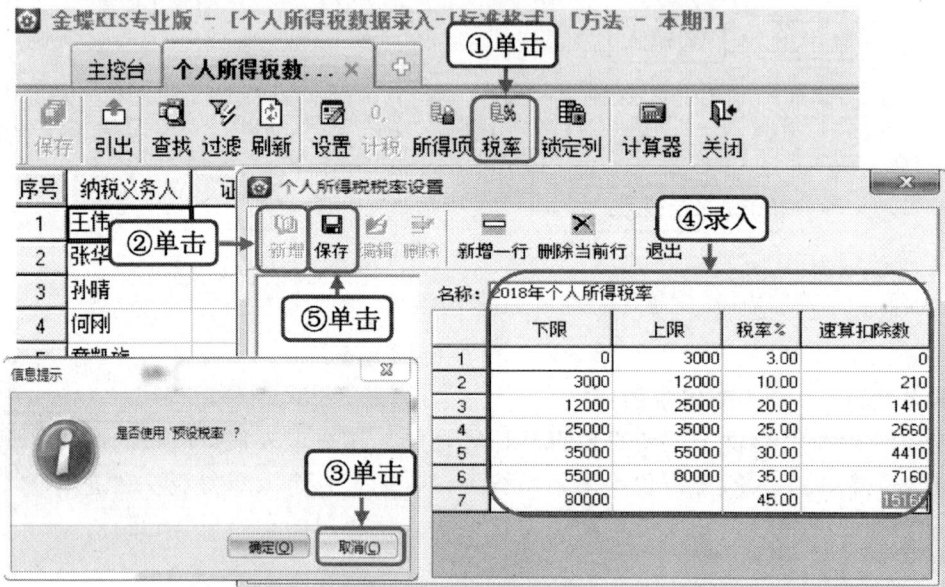

图6-16　税率设置

所得项和税率设置完成后，即可进行个人所得税的初始设置。

跟我做 　个人所得税初始设置：在"个人所得税数据录入"窗口，单击【设置】，并在弹出的窗口中单击【新增】，录入名称、税率类别、税率项目、所得计算、所得期间、基本扣除等信息后，单击【保存】完成（如图6-17所示）。

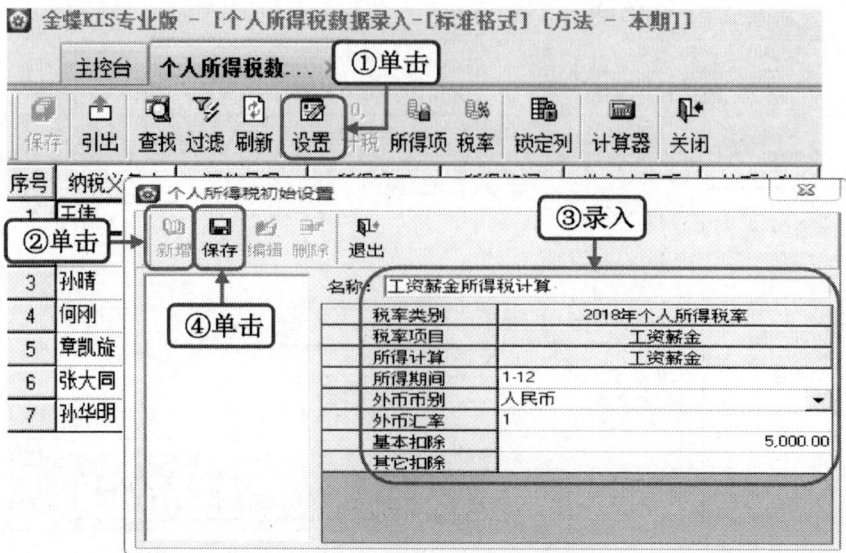

图6-17　个人所得税初始设置

跟我做 **个人所得税的计算**：在"主控台"界面单击【工资管理】→【所得税计算】，在"过滤器"窗口，选中"标准格式"后单击【确定】，进入"个人所得税数据录入"窗口，系统根据个人所得税初始设置方案自动进行个人所得税的计算（如图6-18所示）。

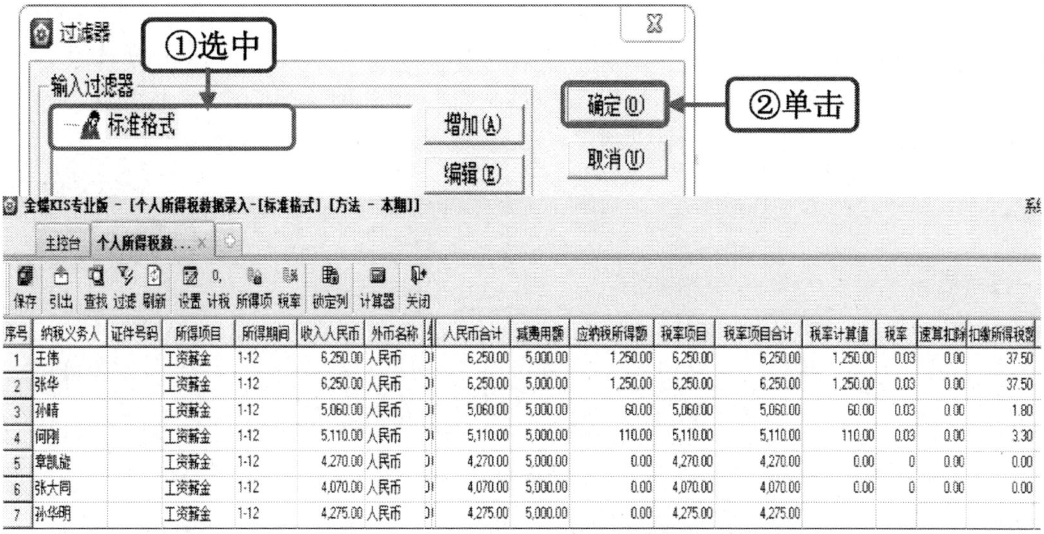

图6-18 个人所得税的计算

跟我做 **代扣税数据引入**：个人所得税计算完成后需要传递到"工资录入"中，完成整个工资数据的录入。具体操作：在"主控台"界面单击【工资管理】→【工资录入】，进入"工资数据录入"窗口，单击【区选】，单击"代扣税"选中代扣税整列后，单击【所得税】，出现"确定要在当前项目［代扣税］导入扣缴个人所得税数据吗？"的信息提示窗口，单击【确定】完成（如图6-19所示）。

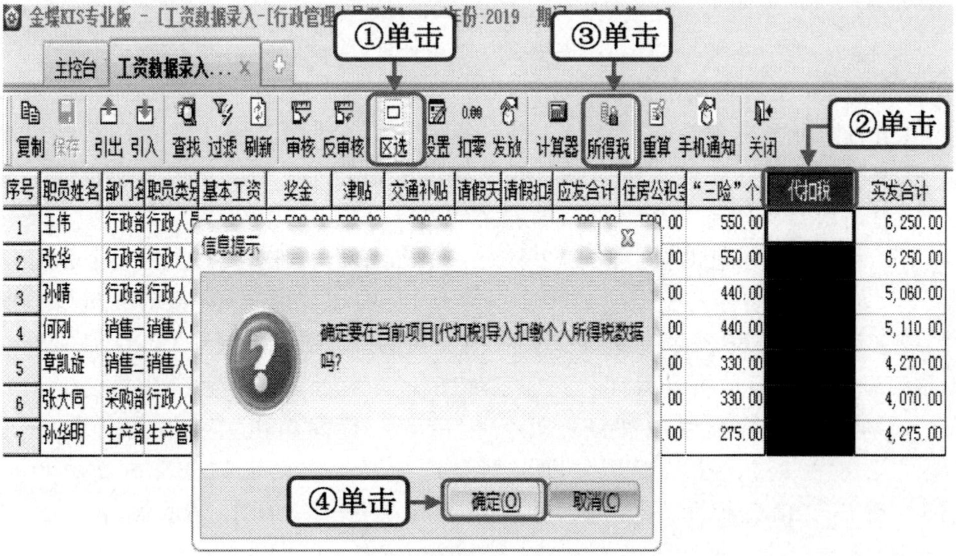

图6-19 代扣税数据引入

任务实施 3：工资计算

　　工资计算是指按照所设置的公式计算每位员工的工资数据。虽然录入工资数据的同时，系统已同步进行了计算，但当工资公式较为复杂时，这种计算就很不充分，所以数据录入完毕后用户应利用"工资计算"功能再进行一次计算。

微视频 20

个人所得税设置

　　跟我做 **工资计算：** 在"主控台"界面单击【工资管理】→【工资计算】，在"工资计算向导"窗口中勾选要进行计算的工资方案后单击【下一步】→【计算】→【完成】（如图 6-20 所示）。

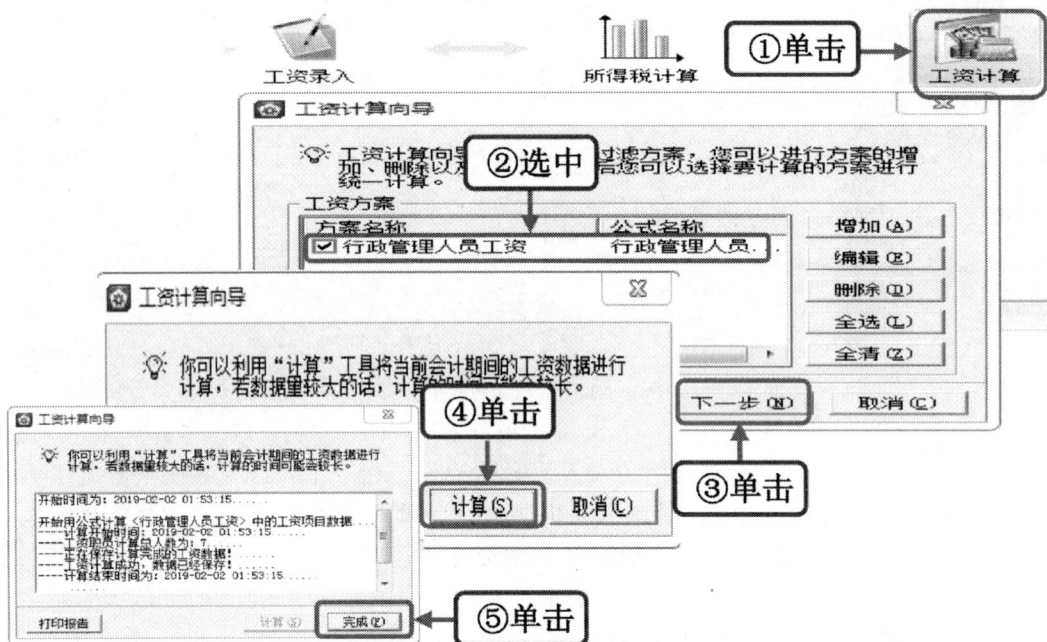

图 6-20　工资计算

任务实施 4：工资费用的分配

　　在进行日常业务处理时，工资录入并计算完毕后，就可以将工资费用按照用途进行分配，并编制记账会计凭证，传递到总账系统供记账处理之用。费用分配包括工资费用分配、计提福利费、计提工会经费、自定义计提等分配。

　　跟我做 **工资分配设置：** 在"主控台"界面单击【工资管理】→【费用分配】，在"费用分配"窗口单击【新增】，在"费用分配-新增"窗口中根据工资分配业务设置"分配名称""凭证字""摘要内容""分配比例""部门""职员类别""费用科目"等信息后单击【保存】完成（如图 6-21 所示）。

　　跟我做 **工资分配生成凭证：** 在"主控台"界面单击【工资管理】→【费用分配】，在"费用分配"窗口选中要生成凭证的分配方案，单击【生成凭证】弹出"信息提示"窗口，单击【确定】→【关闭】完成操作（如图 6-22 所示）。

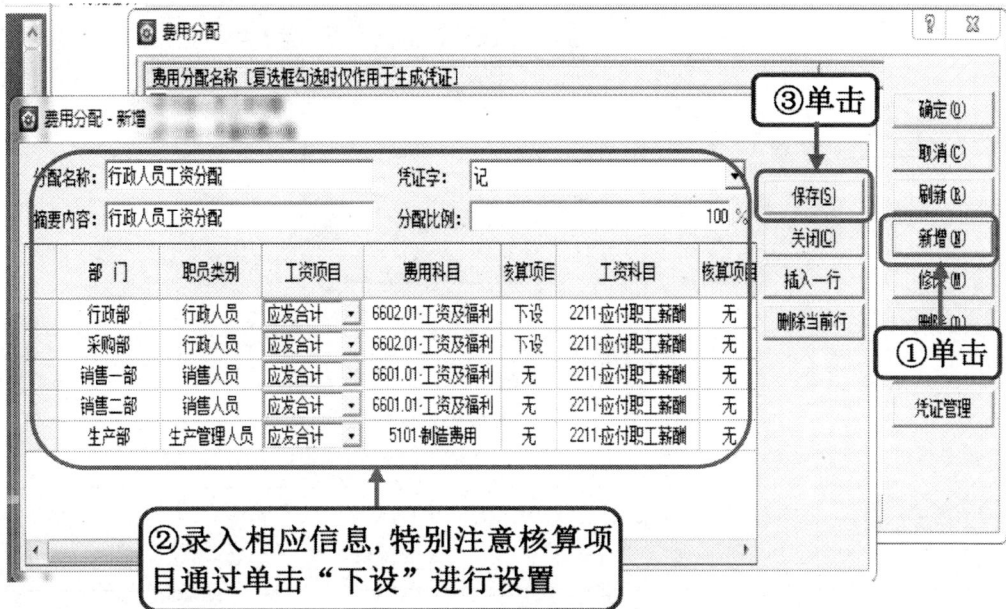

图6-21 工资分配设置

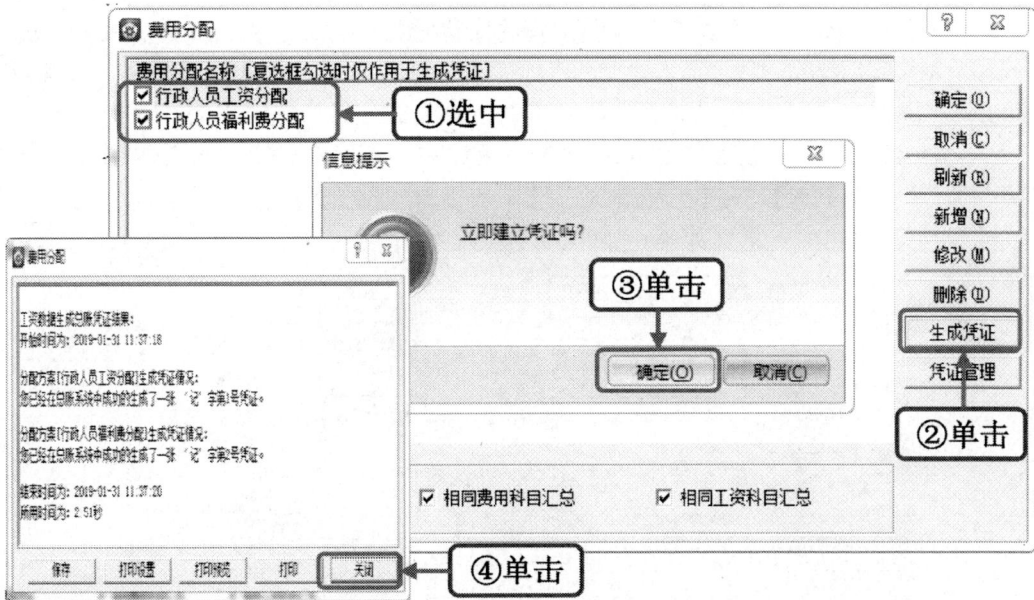

图6-22 工资分配生成凭证

跟我做 **管理工资系统生成的凭证**：通过工资系统生成的凭证直接传递到总账系统，在总账系统是不能修改或删除的，若出现错误只能在工资系统中进行修改。具体操作：在"主控台"界面单击【工资管理】→【费用分配】，在"费用分配"窗口单击【凭证管理】，进入"凭证管理"窗口，可以查看、删除生成的凭证（如图6-23所示）。

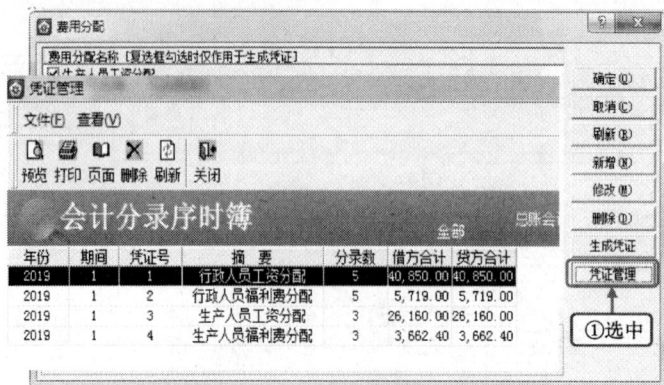

图 6-23　管理工资系统生成的凭证

温馨提示

凭证生成后可以通过"费用分配"窗口中的【凭证管理】查看凭证、删除凭证。

任务实施 5：查看工资报表

工资系统提供了强大的工资数据查询与分析功能：包括职员台账、职员台账汇总表、人员工资结构分析、年龄工龄分析、人员变动一览表、工资条、工资发放表、工资汇总表、工资统计表、工资配款表、银行代发表、个人所得税报表、工资费用分配表、计件工资汇总表、计件工资明细表、计时工资汇总表、计时工资明细表。

跟我做　**查询工资发放表**：以查询工资发放表为例，在"主控台"界面单击【工资管理】→【工资发放表】，然后在"过滤器"窗口选中方案，单击【确定】即可查询相关信息（如图 6-24 所示）。

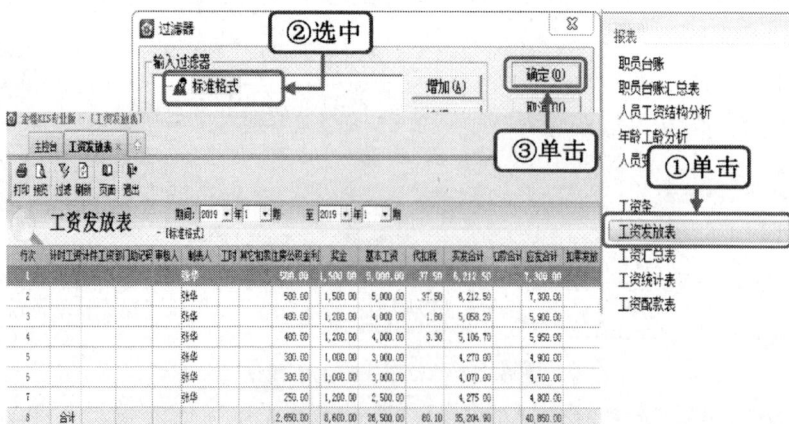

图 6-24　查询工资发放表

项目训练

一、单项选择题

1.下列各项中，不属于工资核算模块初始设置内容的是（　　　）。

A.建立人员档案　　　　　　　　　　B.设置银行名称

C.设置工资类别　　　　　　　　　　D.设置人员考核指标

2.下列各项中，不属于变动工资数据的是（　　　　）。

A.考勤数据　　　　B.产品工时　　　　C.职称工资　　　　D.事假扣款

3.下列关于工资公式定义的表述中，正确的是（　　　　）。

A.一个工资类别只能定义一套计算公式

B.所有工资项目都可以参加到公式计算中

C.工资计算公式中可以出现函数

D.工资计算公式是指工资项目之间的运算关系

4.下列关于工资模块功能的表述中，不正确的是（　　　　）。

A.不能提供编制工资分配记账凭证的入账功能

B.提供工资表和工资计算方法的设计功能

C.提供职工应发工资和实发工资的计算功能

D.不是每个工资项目都需要每月重新录入

5.下列关于工资数据录入的表述中，不正确的是（　　　　）。

A.可以筛选需要录入的人员和项目

B.录入工资数据前，必须设定好工资项目

C.所有工资项目都可录入

D.提供职工基本资料、每月更新资料、批量更新资料的灵活输入功能

二、多项选择题

1.关于工资核算模块初始化设置中各项设置之间的关系，下列表述中正确的有（　　　　）。

A.定义工资项目是录入工资原始数据、定义工资计算公式、定义工资转账关系的基础

B.定义工资类别是建立人员档案的基础

C.定义工资项目是设置工资类别的基础

D.建立部门档案是建立人员档案的基础

2.下列关于会计核算软件工资核算模块功能的表述中，正确的有（　　　　）。

A.工资表设计任务　　　　　　　　　B.完成工资计算任务

C.完成工资分配任务　　　　　　　　D.完成工资分配记账凭证的编制任务

3.定义工资计算公式可以通过选择（　　　　）。

A.类别编码　　　　B.工资项目　　　　C.运算符　　　　D.函数

4.下列关于会计核算软件工资核算模块功能的表述中，正确的有（　　　　）。

A.提供编制工资分配凭证的入账功能

B.提供职工应发工资和实发工资的计算功能

C.提供职工基本资料，每月更新资料，批量更新资料的灵活输入功能

D.提供工资表和工资计算方法的设计功能

5.下列各项中，属于工资核算模块日常业务处理工作内容的有（　　　　）。

A.录入变动的基础工资数据　　　　　B.所得税进行扣缴处理

C.工资计算　　　　　　　　　　　　D.录入变动工资数据

三、判断题

1.在电算化会计核算中，软件可以根据基础数据计算出每个员工应发工资、实发工资、所得税等数据。　　　　　　　　　　　　　　　　　　　　　　　　　　（　　）

2.在工资核算模块的初始化设置中，应当先设置好工资项目，然后才能定义工资计算公式。　　　　　　　　　　　　　　　　　　　　　　　　　　　　　　　（　　）

3.在工资核算模板中，基础工资数据可以不用每月输入，变动数据必须每月输入。
　　　　　　　　　　　　　　　　　　　　　　　　　　　　　　　　　（　　）

4.定义工资费用的分配关系，可以设置多个不同方案。实际分配工资时，根据不同的情况应用不同的方案。　　　　　　　　　　　　　　　　　　　　　　　（　　）

5.企业使用工资核算模块，可以让一部分工资费用由软件自动分配并生成记账凭证，另一部分工资费用仅由软件计算，其分配和编制凭证由手工完成。　　　　　（　　）

项目考评

本项目教学内容完成后，任课教师根据学生对知识点的掌握及【项目训练】的完成情况，对其职业能力、通用能力的具体评价项目进行考核并打分，结合学生对迁移能力的自我评价状况给出综合评价意见，填写项目考核记录表（见表6-10）。

表6-10　　　　　　　　　　　　　　　项目考核记录表

考核时间：

评价类型	评价内容	评价项目	评价分数
教师评价	职业能力（70%）	1.了解工资管理系统的基本功能及流程（10分）	
		2.能对工资类别、基础信息及项目进行设置（10分）	
		3.能设置工资公式（10分）	
		4.能录入基础数据（10分）	
		5.能计算个人所得税（10分）	
		6.能进行工资计算及工资费用的分配（10分）	
		7.能掌握其他辅助功能（10分）	
	通用能力（20%）	1.组织纪律（5分）	
		2.职业态度（5分）	
		3.沟通能力（5分）	
		4.解决问题的能力（5分）	
自我评价	迁移能力（10%）	1.举一反三的能力（5分）	
		2.自我水平的提高（5分）	
综合评价			

固定资产管理

学习目标

知识目标

了解固定资产管理系统的主要功能，掌握固定资产管理系统初始化设置及日常业务处理的方法。

能力目标

1.熟练进行固定资产管理系统的初始设置。

2.熟练录入固定资产卡片。

3.熟练进行固定资产增加、减少及其他变动的处理。

4.熟练进行计提折旧的处理。

固定资产管理系统是会计信息系统的一个子系统，它主要是以固定资产卡片和固定资产明细账为基础，实现固定资产的会计核算、折旧计提和分配、设备管理等功能，同时提供了固定资产按类别、使用情况、所属部门和价值结构等进行分析、统计和各种条件下的查询、打印功能，以及该模块与其他模块的数据接口管理。由于固定资产在企业总资产中所占的比重很大，因此正确核算和严格管理固定资产对企业的生产经营具有重大的意义。

【工作流程】

固定资产管理工作流程如图7-1所示。

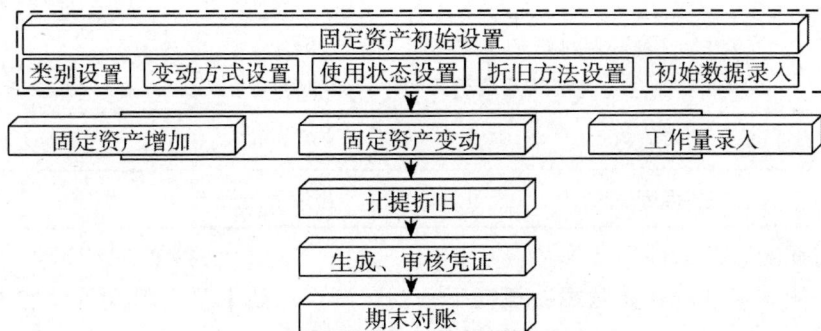

图7-1 固定资产管理工作流程

任务一　固定资产管理系统的初始设置

【准备工作】

一、认识固定资产管理系统

固定资产管理系统以固定资产卡片管理为基础，帮助企业实现对固定资产的全面管理。它主要包括固定资产的新增、清理、变动，按会计准则的要求进行计提折旧和分配的核算工作。正确核算和严格管理固定资产对企业的生产经营具有重大的意义。

二、创建基础数据

导入本书所附的"账套数据\华洁公司_账务初始化.bak"备份数据，并以张华的身份登录该账套。

【任务描述】

请对华洁家具有限责任公司进行固定资产初始化设置。

1. 设置资产类别：根据下列资料对华洁家具有限责任公司进行固定资产类别设置（见表7-1）。

表 7-1　　　　　　　　　　　　　固定资产类别表

代码	类别名称	使用年限	净残值率	计量单位	折旧方法	卡片编码规则
1	房屋及建筑物	30	4%	栋	平均年限法	JZ-00
2	生产设备	10	4%	套	平均年限法	SC-00
3	办公设备	5	4%	台	平均年限法	BG-00
4	运输设备	5	4%	台	工作量法	YS-00

备注：①固定资产科目为"固定资产"；
　　　②可抵扣税科目为"应交税费——应交增值税——进项税额"；
　　　③累计折旧科目为"累计折旧"；
　　　④减值准备科目为"固定资产减值准备"；
　　　⑤由使用状态决定是否计提折旧

2. 设置变动方式：根据下列资料新增固定资产变动方式（见表7-2）。

表 7-2　　　　　　　　　　　固定资产变动方式新增表

代码	方式名称	凭证字	摘要	对方科目
002.004	报废	记	报废固定资产	固定资产清理

3. 查看固定资产的使用状态。

4. 录入固定资产的初始数据：根据下列固定资产原始卡片资料录入固定资产的期初余额（见表7-3），入账时间为固定资产开始使用时间。

5. 启用财务系统：使用 manager 登录，启用财务系统，结束初始化。

表7-3 固定资产原始卡片资料表

资产类别	房屋建筑物	房屋建筑物	生产设备	运输设备
资产编码	JZ-01	JZ-02	SC-01	YS-01
资产名称	办公楼	厂房	生产线	汽车
使用状况	正常使用	正常使用	正常使用	正常使用
变动方式	购入	自建	购入	购入
使用部门	行政部	生产部	生产部	销售一部
折旧费用分配	管理费用——折旧费	制造费用	制造费用	销售费用——折旧费
开始使用日期	2011-04-12	2013-12-12	2013-12-12	2016-07-20
使用期间（总工作量）	360	360	120	100 000
已使用期数（工作量）	92	60	60	61 594
原值（元）	3 225 000	1 000 000	600 000	575 000
累计折旧（元）	800 000	160 000	475 000	340 000
净残值率	4%	4%	4%	4%
折旧方法	平均年限法	平均年限法	平均年限法	工作量法

【任务实施】

任务实施1：设置资产类别

跟我做　　资产类别的设置：在"主控台"界面单击【固定资产】→【资产类别】→【新增】，进入"固定资产类别-新增"窗口，根据企业固定资产类别录入固定资产信息，单击【新增】保存数据（如图7-2所示）。

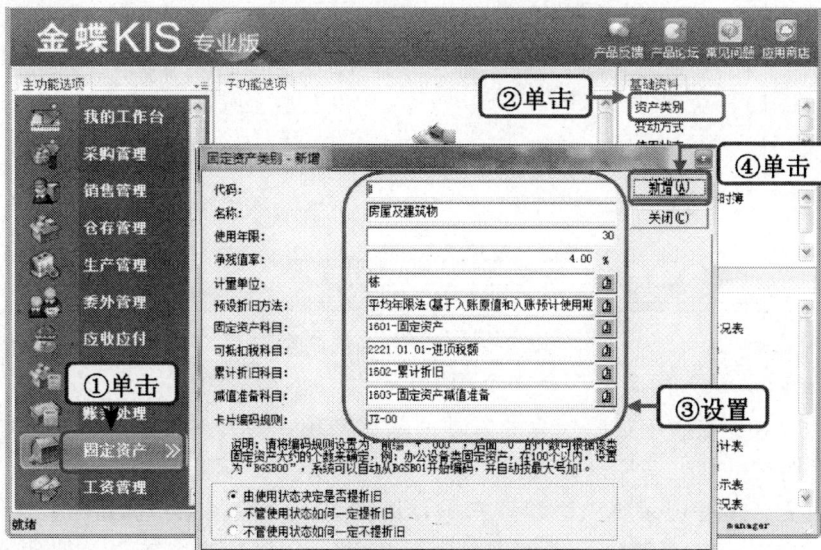

图7-2　资产类别的设置

任务实施2：设置变动方式

跟我做 **变动方式的设置**：在"主控台"界面单击【固定资产】→【变动方式】，进入"变动方式类别"窗口，单击【新增】，在弹出的"变动方式类别-新增"窗口中根据经济业务内容填写完毕后单击【新增】保存数据（如图7-3所示）。

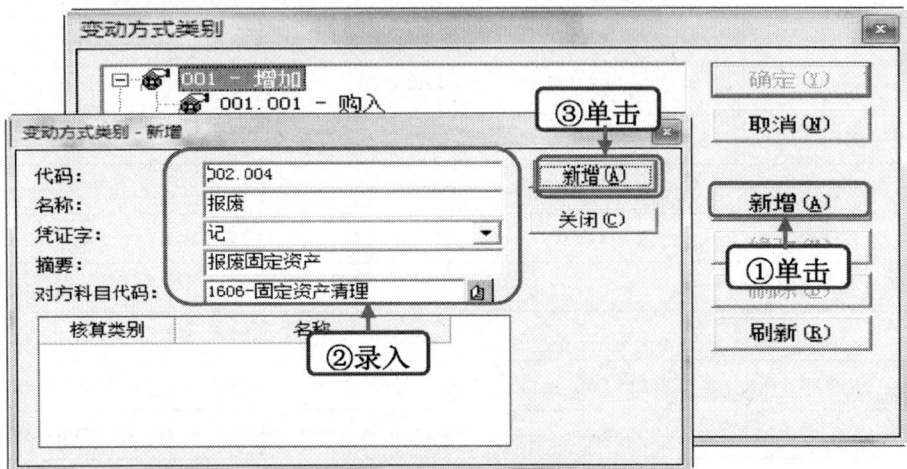

图 7-3　变动方式的设置

任务实施3：设置使用状态

跟我做 **使用状态的设置**：在主控台中单击【固定资产】→【使用状态】，进入"使用状态类别"窗口，如有需要就可通过窗口中的【新增】、【修改】、【删除】进行相关操作（如图7-4所示）。

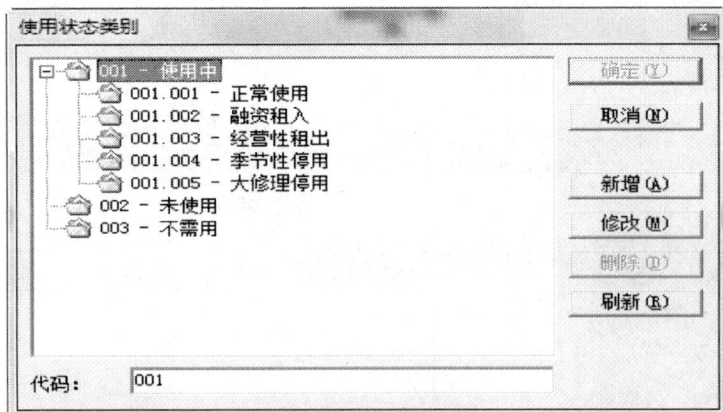

图 7-4　使用状态的设置

任务实施4：录入固定资产期初余额

固定资产卡片是固定资产核算和管理的数据基础。在开始使用固定资产模块时，应该录入当期期初（即上期期末）的固定资产数据，作为后续固定资产核算和管理的起始基础。固定资产卡片记录每项固定资产的详细信息，一般包括：固定资产编号、名称、类别、规格型号、使用部门、增加方式、使用状况、预计使用年限、残值率、折旧方法、开始使用日期、原值、累计折旧等。

跟我做　　**固定资产期初余额录入**：在"主控台"界面单击【初始化】→【固定资产初始数据】，进入"固定资产卡片及变动-新增"窗口，根据固定资产原始卡片信息录入"基本信息""部门及其他""原值与折旧"几个栏目的相关内容后，单击【保存】完成（如图7-5所示）。

图7-5　固定资产期初余额录入

固定资产期初余额的录入完成后，可在"固定资产管理"窗口单击【文件】→【将初始数据传送总账】，将固定资产初始数据传递给总账系统，达到子模块数据与总账数据的统一。

微视频21

录入固定资产
期初数据

任务二　固定资产管理的日常业务处理

【准备工作】

一、固定资产的增加及变动

固定资产增加是指购置、改造、改良、受赠、调拨和划转等活动所引起的固定资产数量和价值量的变化。当固定资产增加时，为增加的固定资产建立固定资产卡片，录入相关信息，如入账价值、采用的折旧方法、使用部门、使用年限、预计残值等。

固定资产在使用过程中也可能会发生一些变动，如固定资产的原值发生增减变化、使用部门发生变化、使用状况发生变化等，以及固定资产由于毁损、出售、盘亏等原因发生变动，这些变动会影响固定资产的核算，因此也需要进行相应的处理。

二、固定资产计提折旧

固定资产管理模块提供自动计提折旧的功能。初次录入固定资产原始卡片时，应将固定资产的原值、使用年限、残值（率）以及折旧计提方法等相关信息录入系统。在期末，系统利用自动计提折旧功能，对各项固定资产按照定义的折旧方法计提折旧，并将当期的折旧额自动累计到每项资产的累计折旧项目中，并减少固定资产账面价值。然后，系统将计提的折旧金额依据每项固定资产的用途归属到对应的成本、费用项目中，生成折旧分配表，制作相应的记账凭证。

三、创建基础数据

导入本书所附的"账套数据\华洁公司_固定资产初始数据.bak"备份数据，并以张华的身份登录该账套。

【任务描述】

根据本月华洁家具有限责任公司发生的固定资产日常业务做出相应的处理：

1.固定资产增加：该公司2019年1月份购入经营用固定资产一批，残值率为4%，使用状况为正常使用。请根据表7-4中的资料增加固定资产。

表7-4 固定资产新增表

资产类别	办公设备	办公设备	生产设备	运输设备
资产编码	BG-01	BG-02	SC-02	YS-02
资产名称	电脑	电脑	生产线A	货车
使用部门（单一）	行政部	采购部	生产部	销售一部
折旧费用分配（单一）	管理费用——折旧费	管理费用——折旧费	制造费用	销售费用——折旧费
入账及开始使用日期	2019-01-05	2019-01-05	2019-01-05	2019-01-10
预计使用期间（工作量）	60	60	120	100 000
原值（元）	5 500	5 500	150 000	100 000
可抵扣税额	880	880	24 000	16 000
折旧方法	平均年限法	平均年限法	平均年限法	工作量法

2.固定资产变动：华洁家具有限责任公司2019年1月份固定资产有如下变动，请处理。

①1月10日，公司将旧生产线出售，取得收入80 000元存入银行，用现金支付清理费用3 000元。

②1月15日，原销售一部使用的汽车转移给行政部使用，折旧费用分配到"管理费用——折旧费"，变动方式为"其他"。

③1月20日，对企业办公楼进行评估，评估增值了1 275 000元，原值从原来的

3 22 5000元变成了4 500 000元，变动方式为"其他增加"。

3. 工作量管理：本月行政部使用的汽车行驶了3 000千米，请录入相应工作量。

4. 生成凭证：将本月固定资产日常业务按照业务时间进行制单处理，生成相应的记账凭证并由会计主管王伟审核所生成的凭证。（注：购买固定资产时均从建设银行支付款项）

5. 计提折旧：1月31日，请计提华洁家具有限责任公司本月的固定资产折旧。

6. 查询固定资产资料：月末，查询1月份的固定资产清单、固定资产变动情况表、固定资产增减表、折旧费用分配表、固定资产明细账、固定资产构成分析表等固定资产相关账表。

7. 对账：期末与总账系统进行对账，确保账账相符。

【任务实施】

任务实施1：增加固定资产的处理

在日常工作中，企业会通过购进或其他方式增加固定资产，该部分资产通过"固定资产"功能录入系统。

跟我做 固定资产的增加：在"主控台"界面单击【固定资产】→【固定资产增加】，进入"固定资产卡片及变动-新增"窗口，根据新增固定资产的信息录入"基本信息""部门及其他""原值与折旧"几个栏目的相关内容后，单击【保存】完成。其操作与固定资产初始数据的录入方式相同。

如果购买的固定资产是相同的，在增加固定资产卡片时，可先增加一张固定资产卡片，然后在"固定资产卡片及变动"窗口通过【新增复制】来完成（如图7-6所示）。

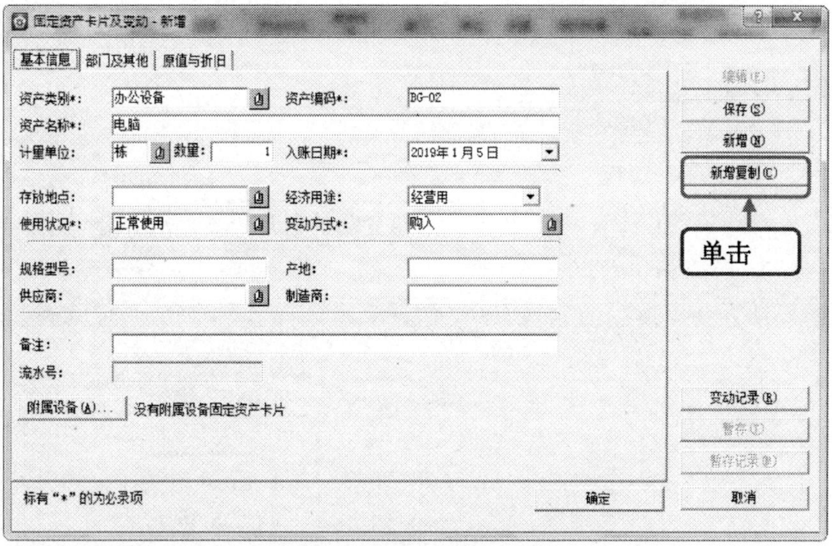

图7-6 固定资产的增加

任务实施2：固定资产变动的处理

跟我做 固定资产减少的处理：固定资产减少要进行固定资产清理，在"主控台"界面单击【固定资产】→【固定资产变动】，进入"固定资产管理"

窗口，选中要进行清理的固定资产卡片，单击【清理】，在"固定资产清理–新增"窗口中设置"清理日期""清理费用""残值收入""变动方式"等相关的信息后，单击【保存】→【确定】完成（如图7-7所示）。

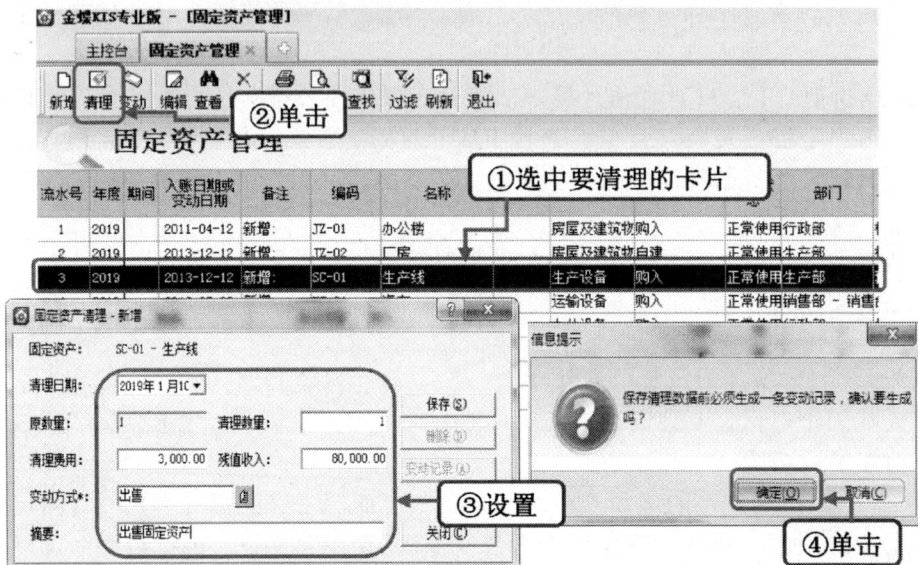

图7-7 固定资产减少的处理

固定资产的其他变动：在"主控台"界面单击【固定资产】→【固定资产变动】，进入"固定资产管理"窗口，选中要变动的固定资产卡片，单击【变动】，在"固定资产卡片及变动–新增"窗口中对相关信息进行变动后单击【保存】完成（如图7-8所示）。

微视频22

固定资产变动

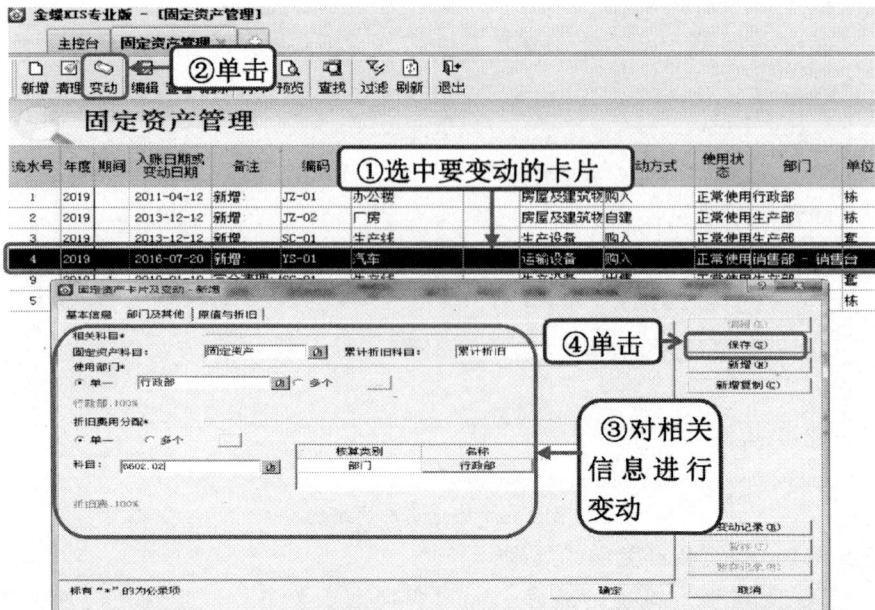

图7-8 固定资产的其他变动

温馨提示

①本月录入的卡片和本月增加的资产不允许进行变动处理；

②已经审核过的固定资产，必须经过反审核后才能作变动处理。

任务实施3：工作量的录入

固定资产的折旧方法有多种，采用工作量法计提折旧时，每月要进行工作量管理，录入使用的工作量。

跟我做 **工作量的录入**：在"主控台"界面单击【固定资产】→【工作量管理】，关闭"工作量管理过滤器"，在"工作量管理"窗口中，录入采用工作量法进行折旧的固定资产本月使用的工作量后，单击【保存】完成（如图7-9所示）。

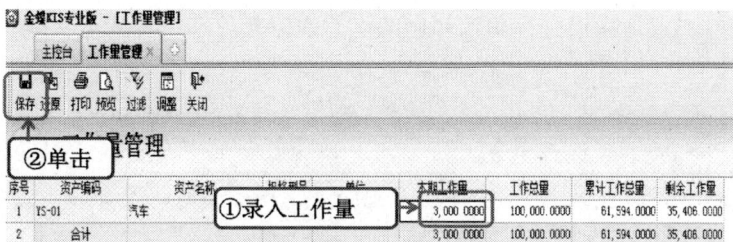

图7-9 工作量的录入

任务实施4：计提折旧

计提折旧是固定资产管理系统的主要功能之一。该系统会根据已经录入的固定资产资料，每期计提折旧一次，并自动生成折旧费用分配表，然后制作记账凭证，将本期的折旧费用自动登账。

跟我做 **计提折旧**：在"主控台"界面单击【固定资产】→【计提折旧】，进入"计提折旧"的向导窗口，单击【下一步】按钮，在弹出的对话框中设置凭证摘要和凭证字后，单击【下一步】→【计提折旧】，系统将提示生成折旧凭证的字号等信息，最后单击【完成】（如图7-10所示）。

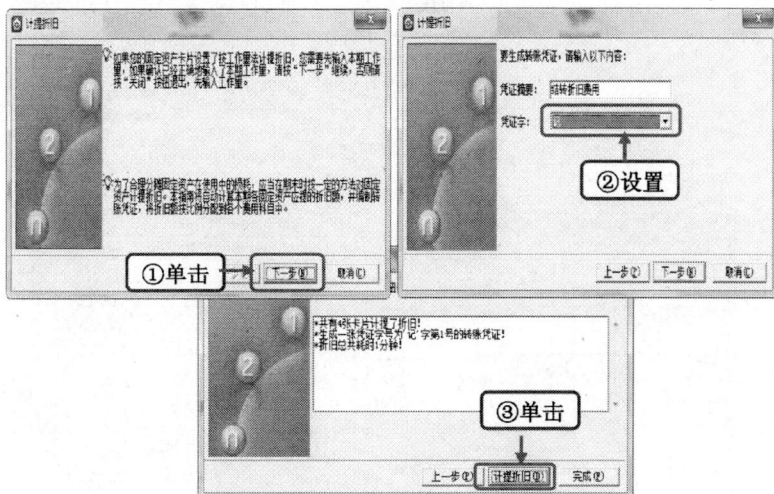

图7-10 计提折旧

温馨提示

①系统在一个期间内可以多次计提折旧，每次计提折旧后，只是将计提的折旧累加到月初的累计折旧，不会重复累计；

②计提折旧生成的转账凭证会自动传递给总账系统，调用总账系统的凭证管理功能就可以看到相应凭证。

任务实施5：生成凭证

跟我做　**第一步**：在"主控台"界面单击【固定资产】→【固定资产生成凭证】，进入"过滤界面"窗口，单击【确定】进入"会计分录序时簿"，在"会计分录序时簿"中选中要进行制单的业务后，单击【按单】，在"凭证管理——按单生成凭证"窗口中单击【开始】，计算机会自动按初始的设置生成相应的记账凭证（如图7-11所示）。

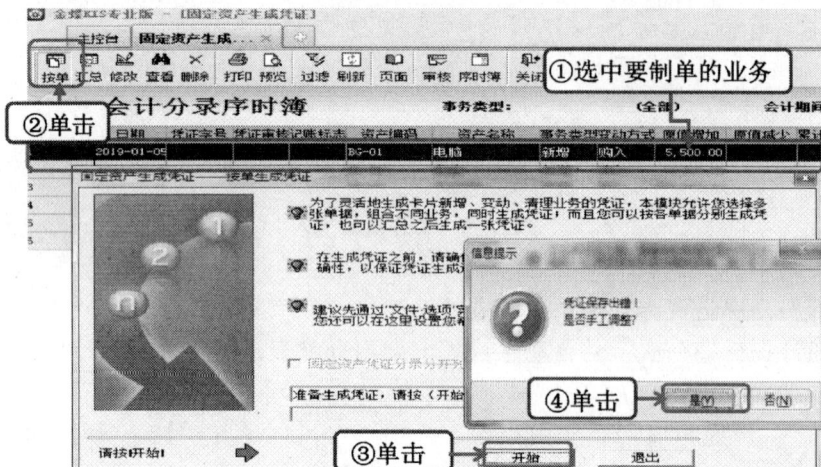

图7-11　生成凭证

跟我做　**第二步**：凭证生成过程中，出现保存出错，需要手工调整。根据经济业务的具体情况，修改或填制会计凭证的科目，进行保存（如图7-12所示）。

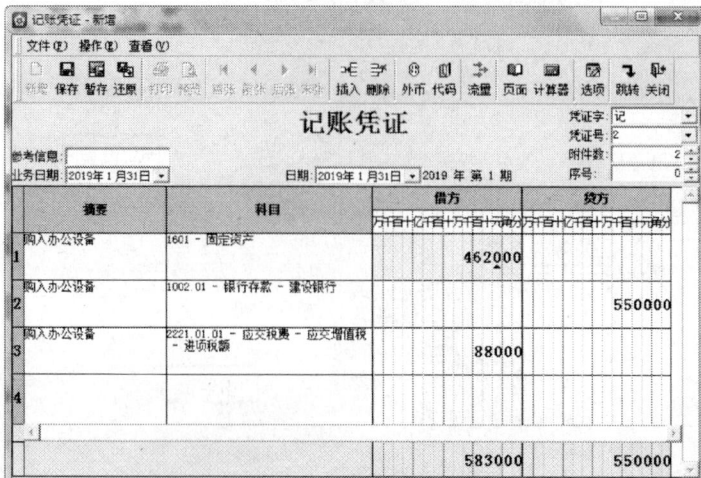

图7-12　手动调整凭证

　　凭证生成后，可以在会计分录序时簿中对凭证进行审核、修改、查询、删除等相关操作。

> **温馨提示**
>
> 如果生成记账凭证时提示出错，那是因为所生成的凭证缺少项目，系统会提醒是否运用手工调整，这时需选择手工调整完成凭证生成。

　　跟我做　**凭证审核**：在"主控台"界面单击【固定资产】→【凭证管理】，进入"过滤界面"窗口，单击【确定】进入"会计分录序时簿"。在"会计分录序时簿"中选中要进行审核的凭证后，单击【审核】完成（如图7-13所示）。

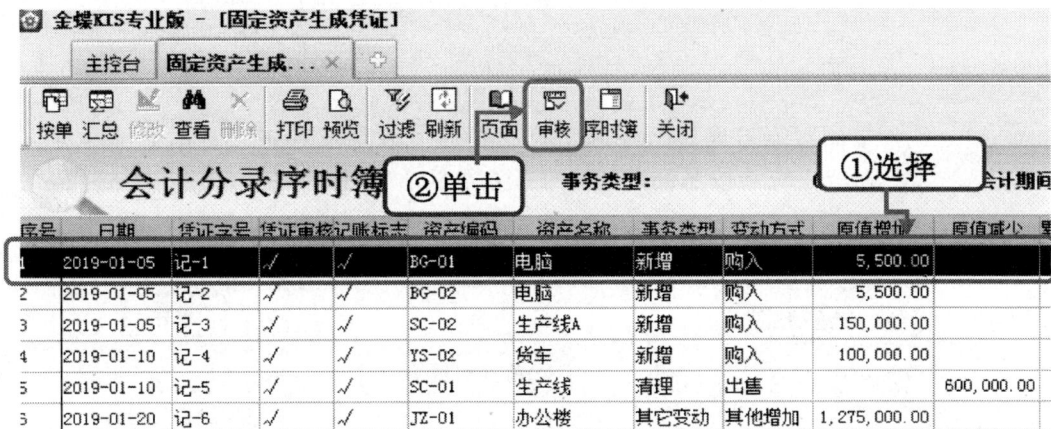

图7-13　凭证审核

任务实施6：固定资产相关数据的查询

　　固定资产管理过程中，企业需要及时掌握资产的统计、汇总和其他方面的信息，并以账表的形式提供给财务人员和资产管理人员。因此，固定资产管理系统除了提供完整的固定资产业务处理，还提供了丰富的统计报表和管理报表，帮助企业从多角度查询固定资产信息，进行资产统计分析及各种资产折旧费用和成本分析，并为企业进行固定资产投资、保养、修理等提供决策依据。固定资产管理系统提供的可查询的账表包括：固定资产清单、固定资产变动情况表、固定资产增减表、折旧费用分配表、固定资产明细账、固定资产构成分析表等。

微视频23

固定资产生成凭证

任务实施7：期末对账

　　跟我做　**对账方案的设置**：在"主控台"界面，单击【固定资产】→【与总账对账】，进入"对账方案"窗口，单击【增加】。在"固定资产对账"窗口录入方案名称后，在"固定资产原值科目"选项卡下单击【增加】，从会计科目表中选择"固定资产"科目，将固定资产原值的对账科目设置好，接着用同样的方法将"累计折旧科目"与"减值准备科目"选项卡设置后，单击【确定】完成（如图7-14所示）。

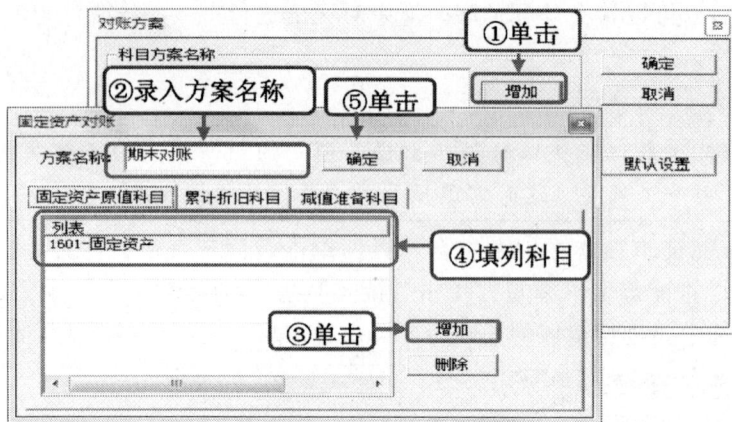

图7-14　对账方案的设置

跟我做　**根据对账方案进行期末对账**：将对账方案设置好后，单击【确定】按钮，系统会按照设置好的对账方案显示出对账结果（如图7-15所示）。

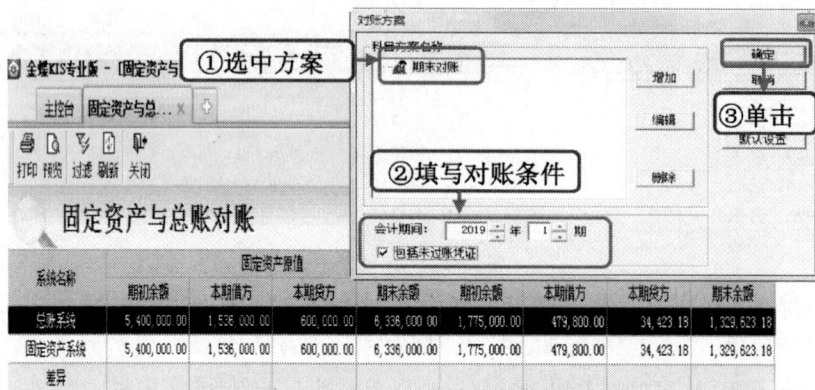

图7-15　根据对账方案进行期末对账

项目训练

一、单项选择题

1.下列工作中，不属于在固定资产类别设置中完成的是（　　）。

A.确定每一类别的折旧方法　　　　　　B.指定每一类别的核算科目

C.指定每一类别的经济用途　　　　　　D.指定每一类别的编码规则

2.固定资产核算系统中，信息查询输出功能可以输出固定资产（　　）。

A.卡片　　　　　　　　　　　　　　　B.明细账

C.折旧表　　　　　　　　　　　　　　D.以上全部

3.固定资产核算系统中，执行（　　）操作后，才能开始处理下一个月的业务。

A.生成凭证　　　　　　　　　　　　　B.账簿输出

C.结账　　　　　　　　　　　　　　　D.对账

4.固定资产变动包括（　　）。

A.转移　　　　　　　　　　　　　　　B.净残值调整

C.工作量调整　　　　　　　　　　　　D.三者都是

5.固定资产的核算的主要任务包括计算、汇总和分配固定资产的（　　　）。

A.生产成本　　　　B.工作时间　　　　C.原值　　　　　D.折旧费用

二、多项选择题

1.固定资产管理系统的作用有（　　　）。

A.自动计提折旧

B.完成企业固定资产日常业务的核算和管理

C.生成固定资产卡片

D.反映固定资产的增加、减少、原值变化及其他变动

2.固定资产子系统在进行资产类别设置时，需要输入的数据项是（　　　）。

A.资产代码　　　　B.类别代码　　　　C.折旧方法　　　　D.类别编码

3.以下关于固定资产变动描述不正确的是（　　　）。

A.固定资产变动单一旦保存后不能修改，当月可删除重做

B.当月录入的固定资产原始卡片可以做变动单处理

C.当月录入的新增固定资产卡片可以做变动单处理

D.本月录入的固定资产原值增加变动单信息在本月计提时即生效

4.下列关于会计核算软件固定资产模板功能的表达中，正确的有（　　　）。

A.完成固定资产折旧分配凭证编制任务

B.完成固定资产增减变动凭证编制任务

C.完成固定资产折旧计算任务

D.完成固定资产折旧入账任务

5.下列关于会计核算软件固定资产核算模块功能的表述中，正确的有（　　　）。

A.能够计算固定资产累计折旧　　　　　　B.登记固定资产增减变动情况

C.定义固定资产折旧方法　　　　　　　　D.完成固定资产计提折旧的入账

三、判断题

1.固定资产卡片的录入主要是录入固定资产的基本信息，包括其所属类别、编码、名称、规格型号等。　　　　　　　　　　　　　　　　　　　　　　　（　　　）

2.设置固定资产类别，可以为每一类别指定核算的科目和折旧的方法。　（　　　）

3.固定资产的使用部门改变时，需制作相应的记账凭证在账务处理系统中登记。

　　　　　　　　　　　　　　　　　　　　　　　　　　　　　　　（　　　）

4.固定资产核算系统中，新录入系统的固定资产在录入当月都不提折旧。（　　　）

5.固定资产核算系统中，新增固定资产都是通过"初始数据录入"功能录入系统的。　　　　　　　　　　　　　　　　　　　　　　　　　　　　　　　（　　　）

项目考评

本项目教学内容完成后，任课教师根据学生对知识点的掌握及【项目训练】的完成情况，对其职业能力、通用能力的具体评价项目进行考核并打分，结合学生对迁移能力的自我评价状况给出综合评价意见，填写项目考核记录表（见表7-5）。

表 7-5   项目考核记录表

考核时间：

评价类型	评价内容	评价项目	评价分数
教师评价	职业能力（70%）	1.了解固定资产管理系统的主要功能（10分）	
		2.能设置固定资产的类别、变动方式及折旧方法（10分）	
		3.能录入固定资产期初余额（10分）	
		4.能处理固定资产的增加（10分）	
		5.能处理固定资产的变动（10分）	
		6.能录入固定资产工作量，对固定资产进行折旧（10分）	
		7.能处理固定资产的凭证及期末对账（10分）	
	通用能力（20%）	1.组织纪律（5分）	
		2.职业态度（5分）	
		3.沟通能力（5分）	
		4.解决问题的能力（5分）	
自我评价	迁移能力（10%）	1.举一反三的能力（5分）	
		2.自我水平的提高（5分）	
综合评价			

购销存管理

知识目标

了解购销存系统的业务流程，掌握购销存系统初始化的一般方法和日常业务处理的操作方法。

能力目标

1. 熟练掌握购销存系统的初始化录入和账套启用。

2. 熟练掌握采购管理系统单据的录入及处理。

3. 熟练掌握销售管理系统单据的录入及处理。

4. 熟练掌握仓存管理系统单据的录入及处理。

5. 熟练掌握存货管理系统单据的录入及凭证处理。

购销存系统一般包含采购、销售、库存、存货四个业务环节。采购物料要牵涉供应商，销售商品要涉及客户，因此，在软件的使用过程中，各个环节密切相关。其中，采购系统和销售系统与应收应付系统形成企业的资金链条，我们称为资金流；采购系统和销售系统与仓存管理系统形成企业的物料流动，我们称为物流；存货核算系统将数据传递到账务处理系统，达到整个账务的有机统一。

【工作流程】

购销存管理工作流程如图8-1所示。

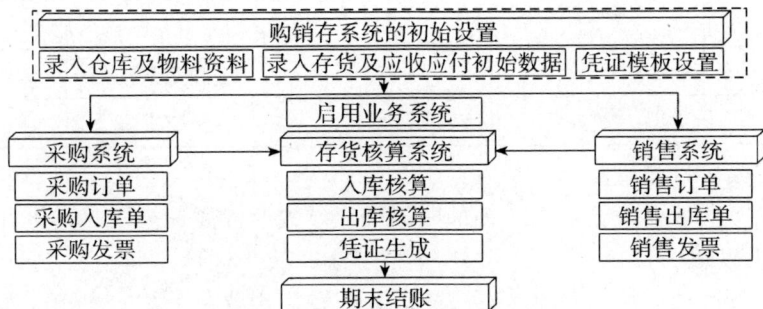

图8-1 购销存管理工作流程

任务一 购销存系统的初始设置

【准备工作】

一、认识购销存系统

购销存系统是由采购管理、销售管理、仓存管理、生产管理和存货核算模块构成。企业在进行采购或销售业务时，可能会发生赊购和赊销，因此在购销存系统基础上，衍生出应收应付系统。购销存系统和应收应付系统合称为业务系统。因此在启用业务系统时，要录入相应的应收应付的初始数据。

二、创建基础数据

导入本书所附的"账套数据\华洁公司_业务一体初始化.bak"备份数据，并以王伟的身份登录该账套。

【任务描述】

会计主管王伟根据企业的实际情况对购销存系统进行初始设置。

1. 设置仓库信息：01原料仓库；02库存商品库。

2. 设置物料信息：物料的属性属于"外购"，计价方法采用"加权平均法"，税率为16%，物料的其他信息见表8-1。

表8-1　　　　　　　　　　　　　　　　　物料基础信息表

代码	名称	计量单位组	计量单位	默认仓库	存货科目代码	销售收入代码	销售成本代码
101	板材	数量组	张	原料仓库	1403	6051	6402
102	五金件	数量组	套	原料仓库	1403	6051	6402
201	办公桌	数量组	张	库存商品库	1405	6001	6401
202	文件柜	数量组	个	库存商品库	1405	6001	6401

3. 录入存货初始数据（见表8-2）。

表8-2　　　　　　　　　　　　存货期初数据表　　　　　　　　　　金额单位：元

代码	名称	计量单位	期初数量	期初金额
101	板材	张	920	3 220 000
102	五金件	套	1 600	128 000
201	办公桌	张	550	247 500
202	文件柜	个	275	82 500

4. 录入应收应付初始数据（见表8-3）。

5. 设置业务凭证模板：根据业务的账务处理设置业务凭证模板，以便自动生成相应的会计凭证（见表8-4）。

6. 启用业务系统。期初数据填写完毕后，需要启用业务系统，才能进入相应的模块进行日常账务处理。

表8-3   应收应付初始数据表

往来单位	会计科目	核算项目	期初余额	业务发生日期	收（付）款期限
客户	应收账款	贵州德宇家具公司	27 000	2018-11-25	2019-01-16
		贵州德宇家具公司	15 000	2018-12-23	2019-02-05
		重庆森华家具公司	160 000	2018-12-01	2019-01-20
	预收账款	贵州飞龙家具公司	3 000	2018-12-01	2018-12-01
		广西邦达家具公司	7 000	2018-12-11	2018-12-11
供应商	应付账款	贵州大光五金	39 000	2018-11-15	2019-01-06
		广西宏威五金	12 000	2018-12-14	2019-02-14
	预付账款	贵州华阳板木厂	15 000	2018-12-01	2018-12-01
		广西瑞祥板材	17 000	2018-12-14	2018-12-14

表8-4   业务凭证模版信息表

序号	事务类型	借方科目	贷方科目	业务编码	核算项目
1	采购发票——现购	原材料、进项税额	建设银行	发票号码	—
2	采购发票——赊购	原材料、进项税额	应付账款	发票号码	供应商
3	销售收入——现销	—	销项税额	发票号码	—
4	销售收入——赊销	应收账款	销项税额	发票号码	客户

【任务实施】

任务实施1：设置仓库信息

跟我做 设置仓库信息：在"主控台"界面，单击【基础设置】→【核算项目】，进入"基础资料"窗口，单击【仓库】→【刷新】→【新增】，在"仓库-新增"窗口根据任务布置录入仓库"代码"和"名称"，单击【保存】完成（如图8-2所示）。

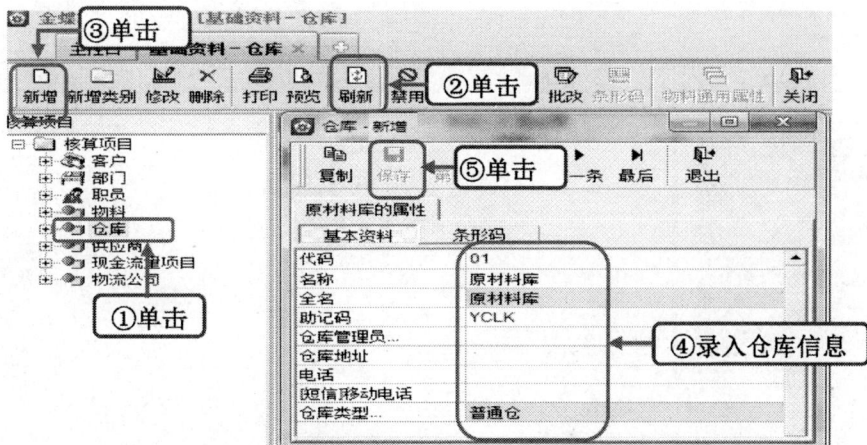

图8-2　设置仓库信息

任务实施2：设置物料信息

物料的计价方法主要有三种：加权平均法、移动平均法、先进先出法。

跟我做 设置物料信息：在"主控台"界面，单击【基础设置】→【核算项目】，进入"基础资料"窗口，单击【物料】→【刷新】→【新增】，在"物料－新增"的界面根据提供信息依次填入"基本资料"和"物流资料"，单击【保存】完成（如图8-3所示）。

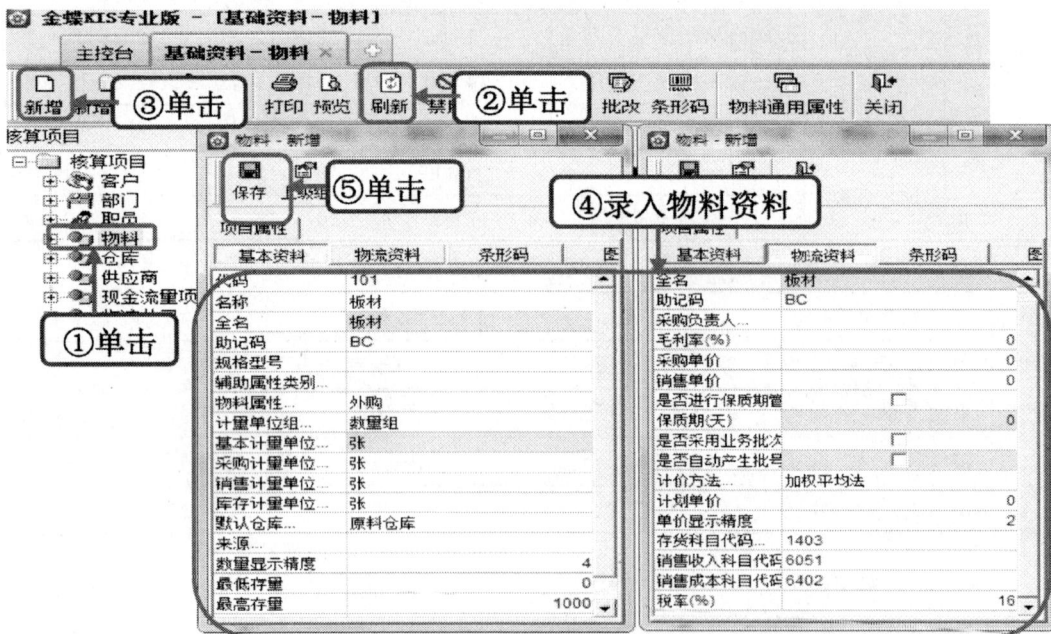

图8-3　设置物料信息

任务实施3：录入存货初始数据

跟我做 **第一步：** 在"主控台"界面单击【初始化】→【存货初始数据】（如图8-4所示）。

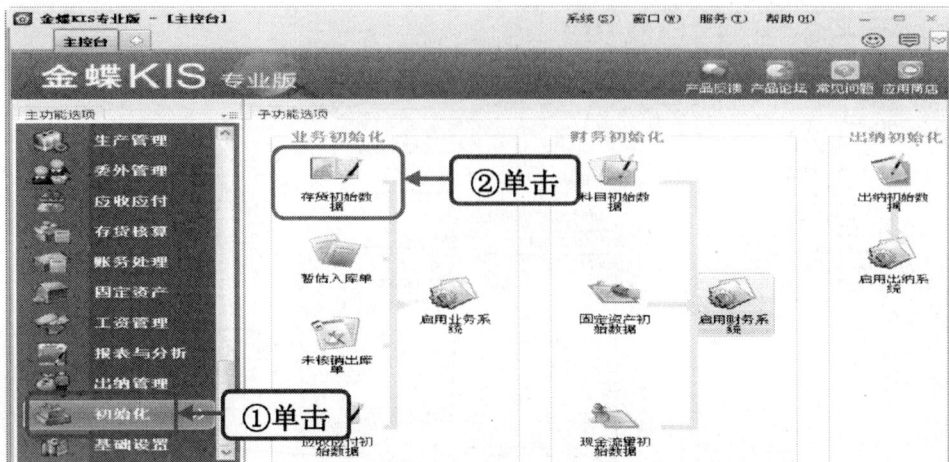

图8-4　录入存货初始数据（1）

第二步：在"存货初始数据"窗口，单击【原料仓库】，录入相应物料的"期初数量"和"期初金额"，单击【保存】完成（如图8-5所示）。

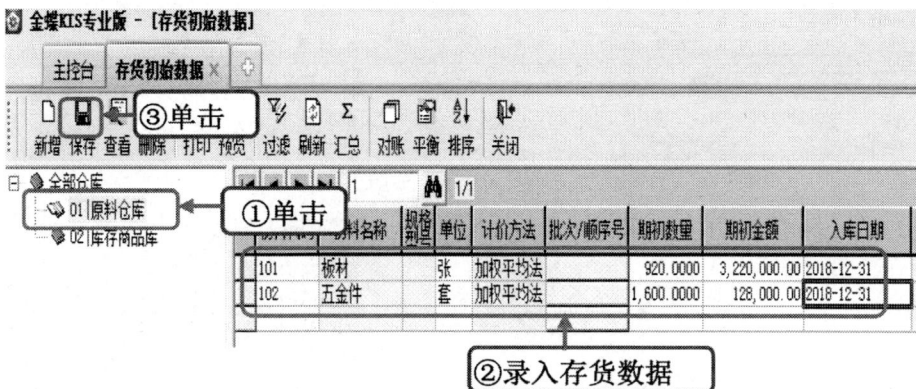

图8-5 录入存货初始数据（2）

温馨提示

采购发票凭证模板在"应付账款"科目对应的核算项目栏选取"供应商"，销售收入——赊销凭证模板在"应收账款"科目对应的核算项目栏选取"客户"。

任务实施4：录入应收应付初始数据

第一步：在"主控台"界面单击【初始化】→【应收应付初始数据】（如图8-6所示）。

图8-6 录入应收应付初始数据（1）

第二步：进入"应收应付初始数据"窗口后，单击【客户】，将光标移到"客户代码"处单击【查看】或按"F7"键，从"核算项目-客户"界面中双击选择相应的客户填入"客户代码"。填写"应收账款"金额后，单击【保存】完成（如图8-7所示）。

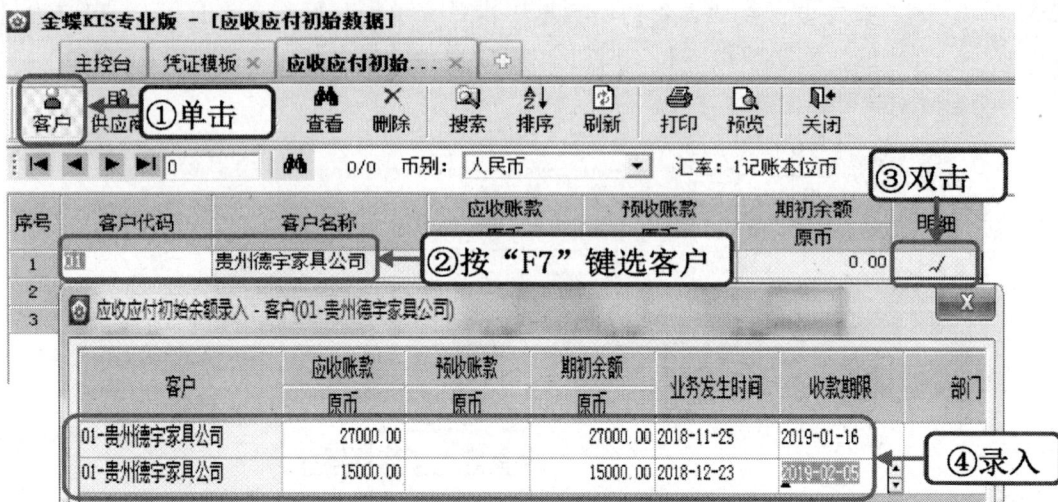

图8-7 录入应收应付初始数据（2）

任务实施5：设置业务凭证模板

跟我做 **第一步**：单击"主控台"上的【存货核算】→【业务凭证模板】（如图8-8所示）。

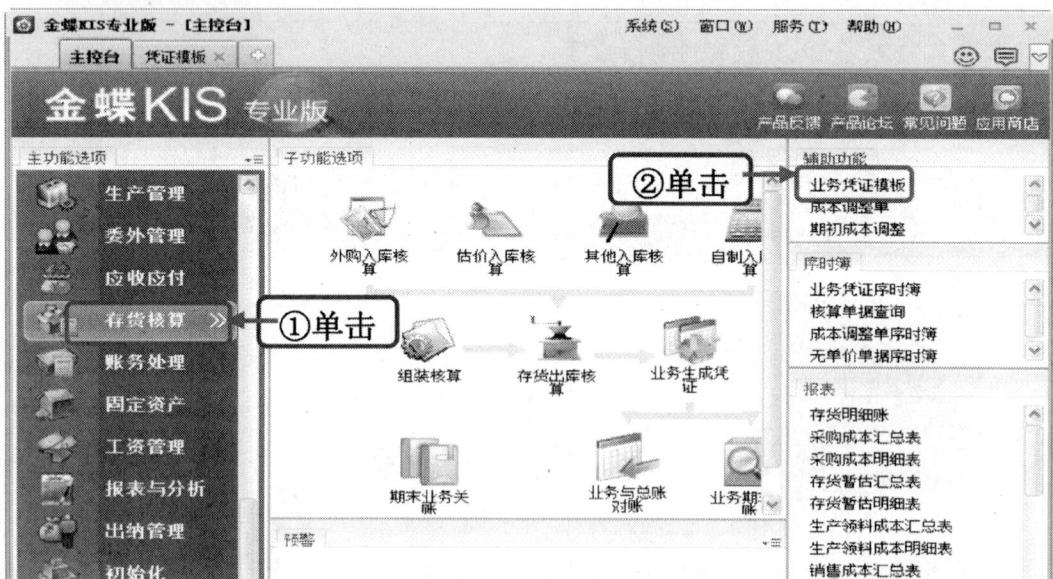

图8-8 设置业务凭证模板（1）

跟我做 **第二步**：在"凭证模板"界面上单击【采购发票——赊购】→【修改】，在"凭证模板"窗口，按"F7"键选择"科目"。单击"核算项目"栏目，在"核算项目取数"中选择"对应单据上项目"，单击【确定】完成（如图8-9所示）。

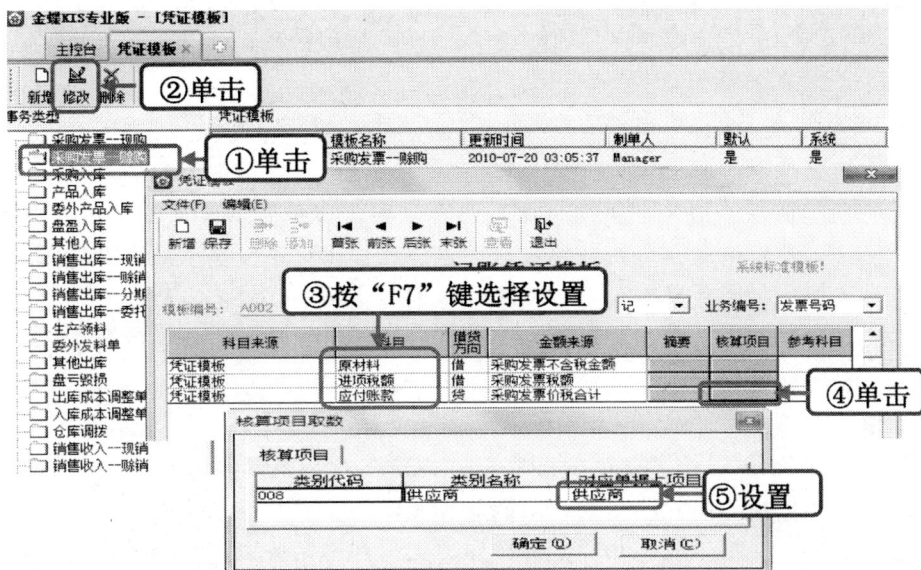

图8-9　设置业务凭证模板（2）

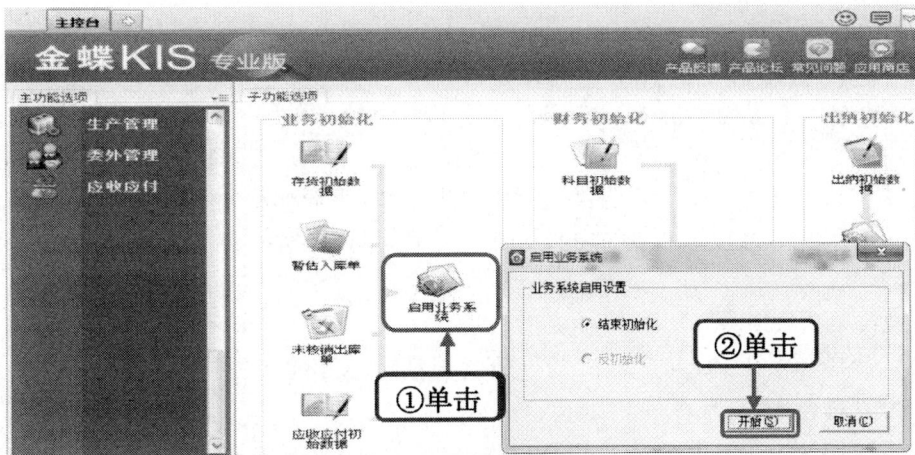

任务实施6：启用业务系统

跟我做　**启用业务系统**：在"主控台"界面单击【启用业务系统】，在"启用业务系统"窗口选择"结束初始化"，单击【开始】，完成业务系统的启用设置（如图8-10所示）。

微视频24

设置业务凭证模板

图8-10　启用业务系统

温馨提示

　　在金蝶KIS专业版中，购销存系统和应收应付系统共同组成业务系统，因此，必须同时录入购销存和应收应付的初始数据，才能启用业务系统，进行日常业务处理。

任务二　采购业务的日常处理

【准备工作】

一、了解采购系统

企业的采购流程一般为"采购订单"→"采购入库单"→"采购发票"。通常情况下，采购员接到缺料信息，分析缺料信息是否合理，将订单发给供应商，订单必须含有以下信息：材料型号、数量、单价、金额、计划到货日期。材料到货时，收货员验收材料之前需确认供应商的送货单和材料是否符合订单信息。校对发票上的信息：公司的全称、账号、税号、材料名称、数量、金额。

二、发票勾稽

勾稽（同"钩稽"，金蝶KIS软件采用"钩稽"）是发票与入库单确认的标志，是核算入库成本的依据，同时还是确认采购业务完成的标识。已勾稽的发票才可以执行入库核算、根据凭证模板生成记账凭证等操作，无论是本期或以前期间的发票，勾稽后都作为当期发票来核算成本。

三、创建基础数据

导入本书所附的"账套数据\华洁公司_购销存初始数据.bak"备份数据，并以张华的身份登录该账套。

【任务描述】

会计张华根据2019年1月的采购业务进行相应处理。

1.录入采购订单

（1）2019年1月3日，采购部人员张大同向广西宏威五金公司发出订单信息，现购五金件500套，不含税单价95元，预计1月5日到货，采用电汇结算。结算日期为2019年1月5日。（现购）

（2）2019年1月8日，采购部人员张大同向广西瑞祥板材公司发出订单信息，赊购板材500件，不含税单价为310元，预计1月11日到货。结算日期为2019年2月11日。（赊购）

2.录入采购入库单

（1）2019年1月5日向广西宏威五金公司订购的五金件到货，验收入库500套。收料仓库为原料仓库。（有订单）

（2）2019年1月11日，向广西瑞祥板材公司订购板材到货，共500件，不含税单价为310元，验收入库。收料仓库为原料仓库。（有订单）

（3）2019年1月12日，采购部人员张大同向贵州大光五金公司购入五金件，数量为600件，不含税单价为100元，货已运到，验收入库。合同约定货到1个月后付款。收料仓库为原料仓库。（无订单）

3.录入采购发票

（1）2019年1月5日，收到广西宏威五金公司开出的增值税发票，五金件500套，

不含税单价95元,随即从建设银行账上电汇出货款。(现购)

(2) 2019年1月11日,收到广西瑞祥板材公司增值税发票,板材500件,不含税单价为310元,协议1个月后付款。(赊购)

(3) 2019年1月12日,收到贵州大光五金公司开出的增值税发票,五金件600套,不含税单价为100元,合同约定货到1个月后付款。(赊购)

4.采购退回的处理

2019年1月13日,因质量原因退回贵州大光五金公司五金件100套,请进行采购退回处理。

(1) 录入红字入库单。

(2) 生成红字专用发票。

5.发票勾稽

将上述所有业务的采购发票与相应入库单进行勾稽。

【任务实施】

任务实施1:录入采购订单

企业发生采购业务时,存在提前向供应商下订单和没有下订单而直接进货两种情况。

跟我做 第一步:在"主控台"界面单击【采购管理】→【采购订单】(如图8-11所示)。

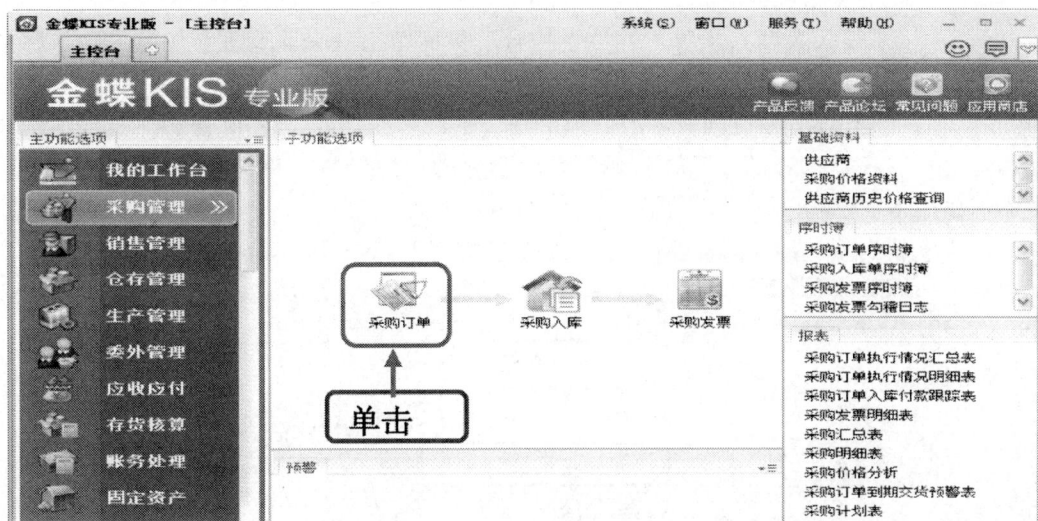

图8-11 录入采购订单(1)

跟我做 第二步:进入"采购订单(编辑)"窗口,根据资料填入"供应商"、"日期"、"采购方式"、"结算方式"、"物料代码"、"数量"、"金额"、"部门"和"业务员"。其中"物料代码"一栏,需将光标移到代码栏按"F7"键进行查询填入。单据填制完成,单击【保存】→【审核】。单据审核后才能在入库单中被引入(如图8-12所示)。

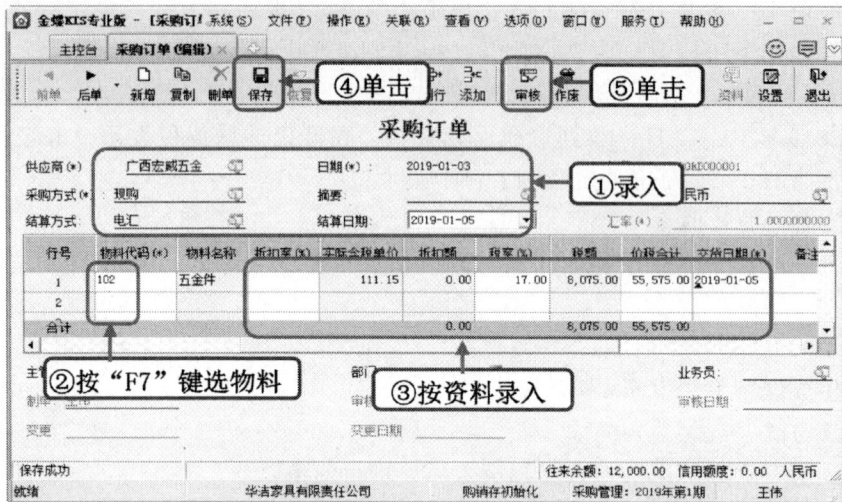

图8-12 录入采购订单（2）

温馨提示

注意采购方式，根据业务具体情况选择"现购"或"赊购"。

任务实施2：录入采购入库单

分两种情况实施：有订单的，在入库单填制时根据采购订单进行"选单"录入；没有订单的，根据实际购买情况直接录入单据。

跟我做 录入采购入库单：在"主控台"界面单击【采购管理】→【采购入库】，进入"采购入库（新增）"窗口。根据资料填入"供应商""日期""采购方式""源单类型"等信息。单击"选单号"栏目后的"放大镜"，进行"过滤"选择"采购订单"。根据选择的"采购订单"填入物料的详细资料，单击【保存】→【审核】完成（如图8-13所示）。

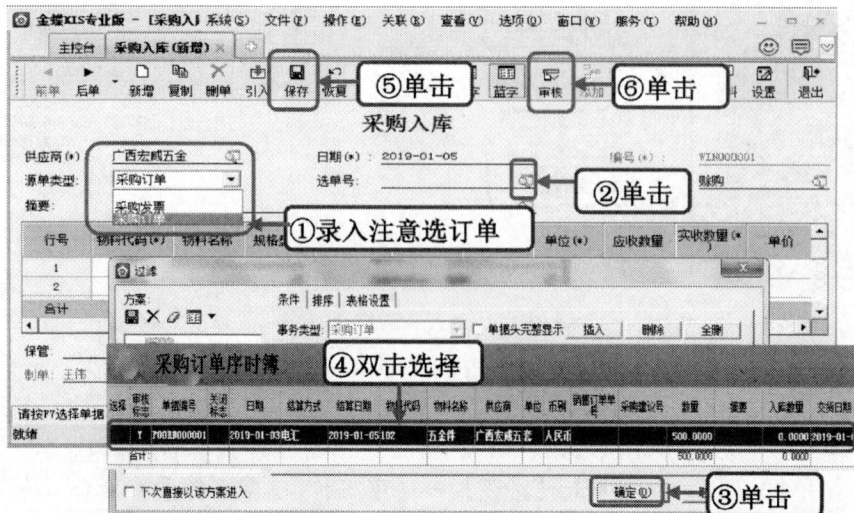

图8-13 录入采购入库单

温馨提示

在"源单类型"中选择"采购订单"方式，才能在"选单号"中进行"采购订单"的选择。

任务实施3：录入采购发票

跟我做 录入采购发票：在"主控台"界面单击【采购管理】→【采购发票】，进入"采购发票（专用）"编辑窗口。根据资料填入"供应商""日期""采购方式""源单类型""付款期限"等信息。单击"选单号"栏后的"放大镜"，进行"过滤"选择"外购入库"。根据选择的"外购入库"单填入物料的详细资料，单击【保存】→【审核】完成（如图8-14所示）。

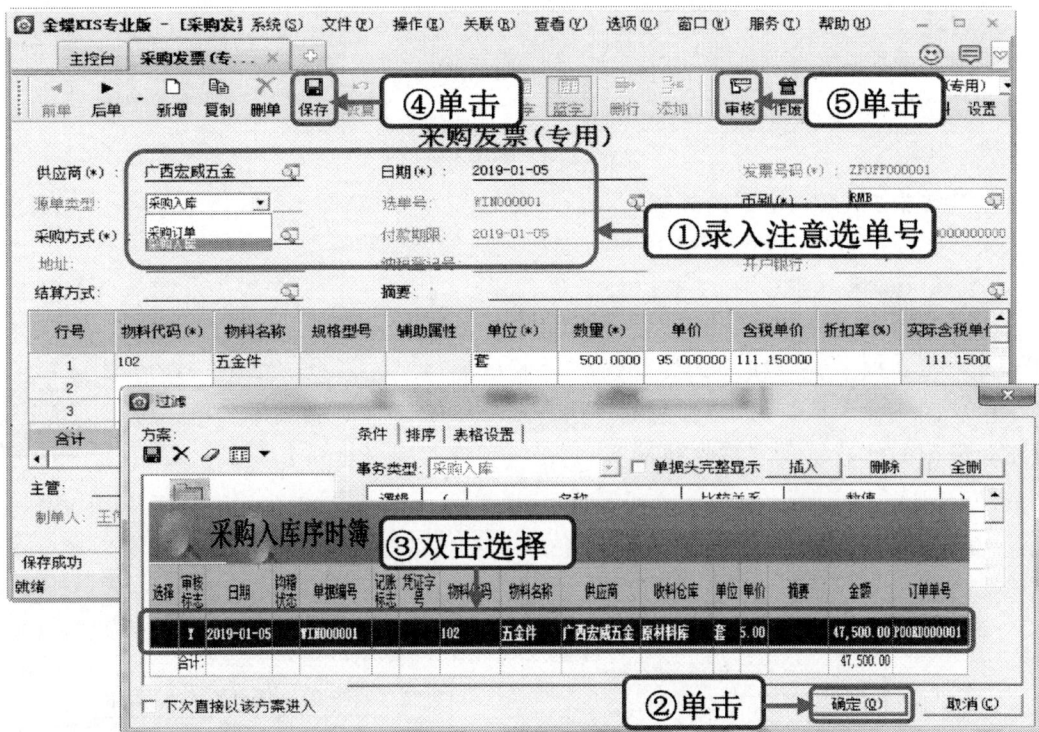

图8-14 录入采购发票

任务实施4：发票勾稽

在"审核"完毕的发票上，单击【钩稽】按钮，系统将会自动将对应的入库单据与发票相勾稽。对于已经关闭审核的发票，在采购管理界面的"账簿报表"→【采购发票序时簿】中进行发票的查看勾稽（如图8-15所示）。

微视频25

采购管理

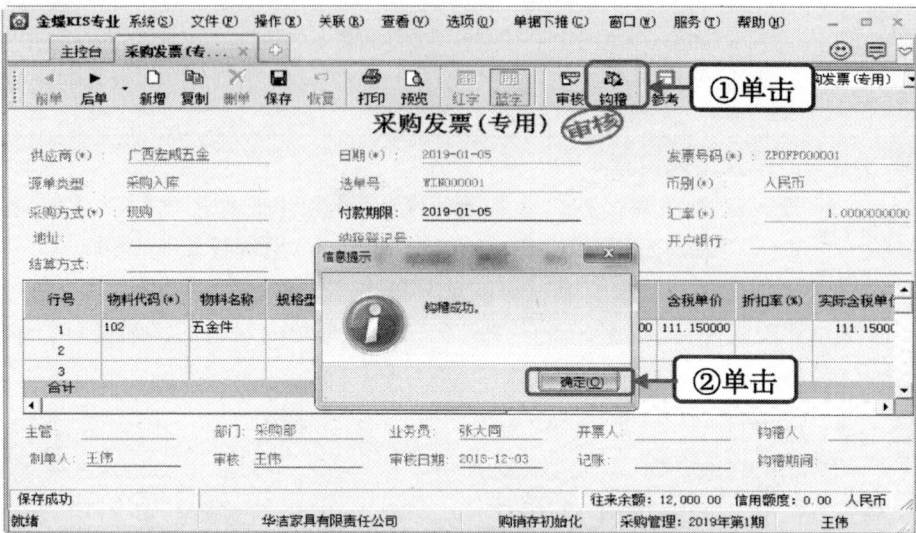

图8-15　发票勾稽

任务实施5：采购退回的处理

先做实际退货数量的红字入库单，然后生成红字采购发票。

跟我做　**第一步：**在"主控台"界面单击【采购管理】→【采购入库】，进入"采购入库（新增）"窗口。先单击【红字】，成为红字入库单，再根据资料填入"供应商""日期""源单类型"等信息。单击"选单号"栏后的"放大镜"，进行"过滤"选择对应的蓝字"外购入库"单，按照实际退回的件数填入"实收数量"，单击【保存】→【审核】完成（如图8-16所示）。

微视频26

采购退回

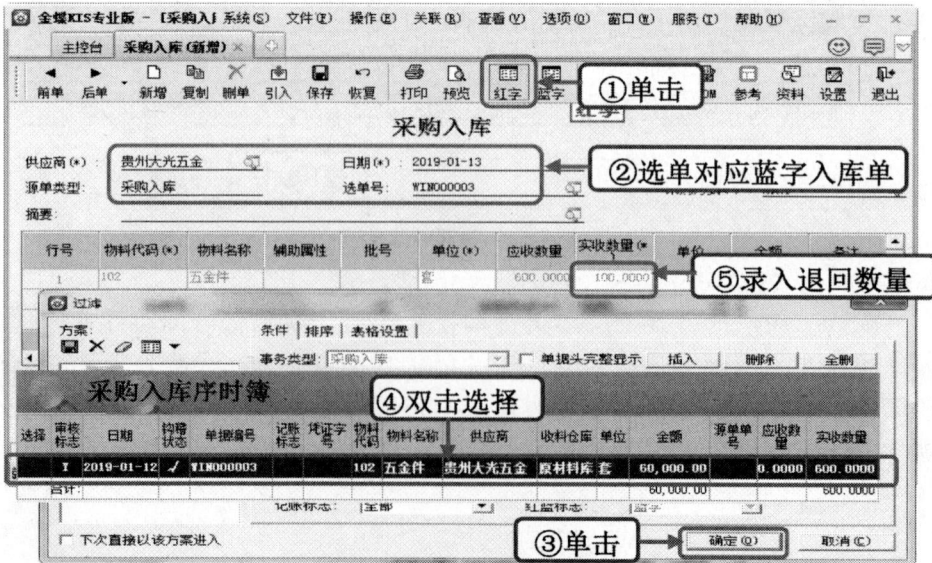

图8-16　采购退回的处理（1）

跟我做 第二步：在"主控台"界面单击【采购管理】→【采购发票】，进入"采购发票（专用）"窗口。先单击【红字】，成为红字采购发票，再根据资料依次填入"供应商""日期""采购方式""源单类型"等信息。单击"选单号"栏后的"放大镜"，进行"过滤"选择对应的红字"外购入库"单，引入相应数据，单击【保存】→【审核】完成（如图8-17所示）。

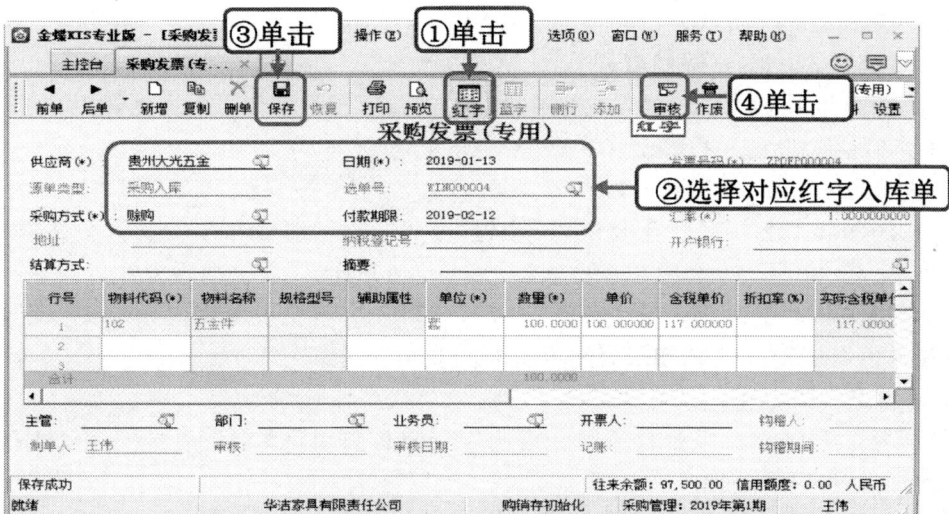

图8-17 采购退回的处理（2）

跟我做 第三步：在已"审核"完毕的"采购发票（专用）"窗口，单击【钩稽】→【确定】完成（如图8-18所示）。

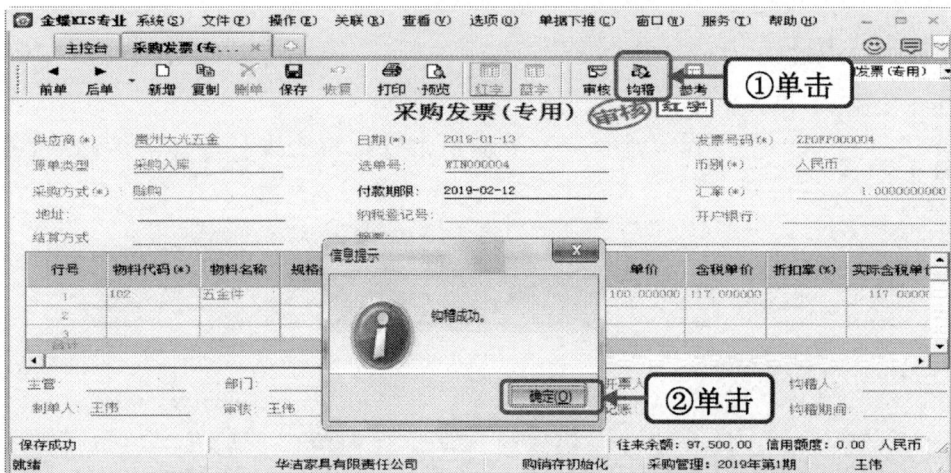

图8-18 采购退回的处理（3）

任务三 销售业务的日常处理

【任务描述】

会计张华根据2019年1月的销售业务进行相应处理。

1.录入销售订单。

2019年1月6日，重庆森华家具公司向公司订购文件柜125个（不含税单价400元），办公桌320张（不含税单价600元），由销售一部何刚负责。交货日期：2019年1月10日。结算日期：2019年2月10日。（赊销）

2.录入销售出库单。

（1）2019年1月10日，库存商品仓库根据订单向重庆森华家具公司发货，文件柜125个，办公桌320张。（赊销有订单）

（2）2019年1月14日，销售二部章凯旋向广西邦达家具公司销售文件柜100个，货物由库存商品库发出。（赊销无订单）

3.录入销售发票。

（1）2019年1月10日，给重庆森华家具公司开出增值税专用发票，文件柜125个（不含税单价400元），办公桌320张（不含税单价600元）。收款期限为发货后1个月。

（2）2019年1月14日，给广西邦达家具公司开出增值税专用发票，文件柜100个（不含税单价400元），收款期限为发货后1个月。

4.销售退货的处理。

2019年1月15日，因质量原因，重庆森华家具公司将5个有质量问题的文件柜退回，请进行销售退货处理。

（1）录入红字出库单。

（2）生成红字专用销售发票。

5.发票勾稽。

将上述所有业务的销售发票与相应出库单进行勾稽。

【任务实施】

任务实施1：录入销售订单

跟我做　**第一步**：在"主控台"界面单击【销售管理】→【销售订单】（如图8-19所示）。

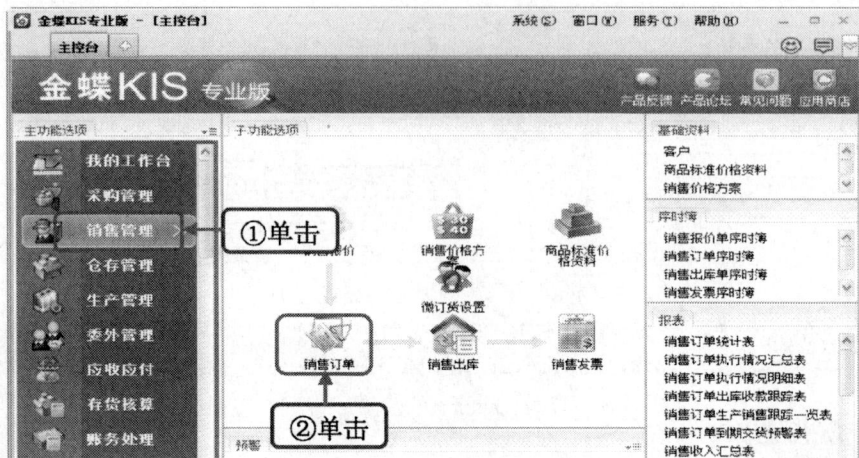

图 8-19　录入销售订单（1）

第二步：在"销售订单（编辑）"窗口填入"购货单位""日期""销售方式""结算日期"等信息。在"产品代码"处按"F7"键进行代码选择，并填入"数量"、"单价"和"交货日期"。单击【保存】→【审核】完成（如图8-20所示）。

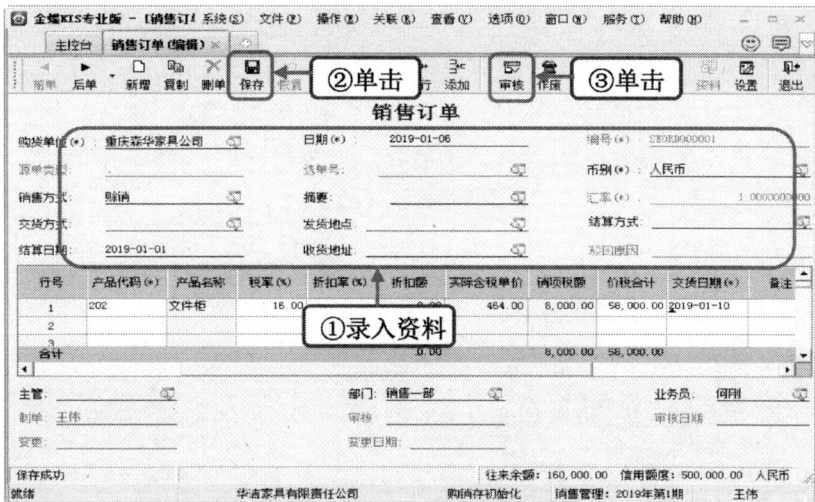

图8-20 录入销售订单（2）

任务实施2：录入销售出库单

录入销售出库单：在"主控台"界面单击【销售管理】→【销售出库单】，进入"销售出库（编辑）"窗口。根据资料填入"购货单位""日期""销售方式""源单类型""发货地点"等信息。单击"选单号"栏后的"放大镜"，进行"过滤"选择"销售订单"，填入产品的详细资料。单击【保存】→【审核】完成（如图8-21所示）。

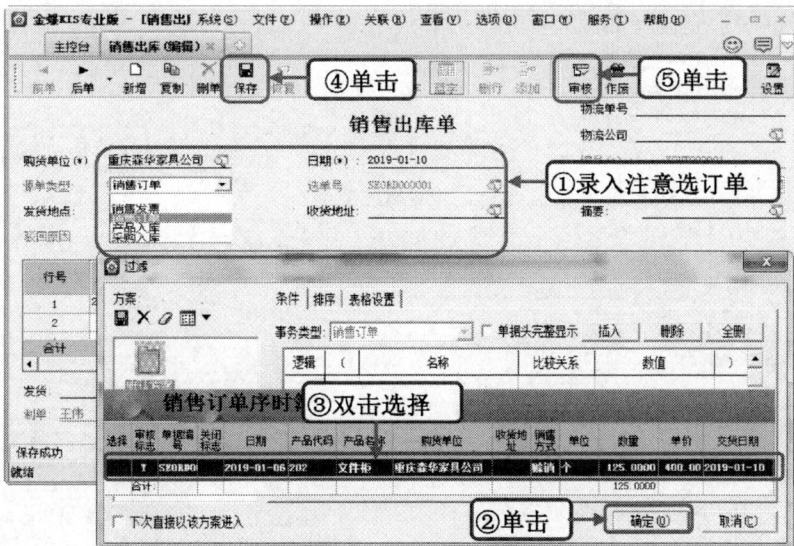

图8-21 录入销售出库单

任务实施3：录入销售发票

跟我做 录入销售发票：在"主控台"界面单击【销售管理】→【销售发票】，进入"销售发票（专用）"窗口，根据资料填入"购货单位""日期""销售方式""源单类型"等信息。单击"选单号"栏后的"放大镜"，进行"过滤"选择"销售入库"，填入产品的详细资料。单击【保存】→【审核】→【钩稽】完成（如图8-22所示）。

微视频27

销售管理

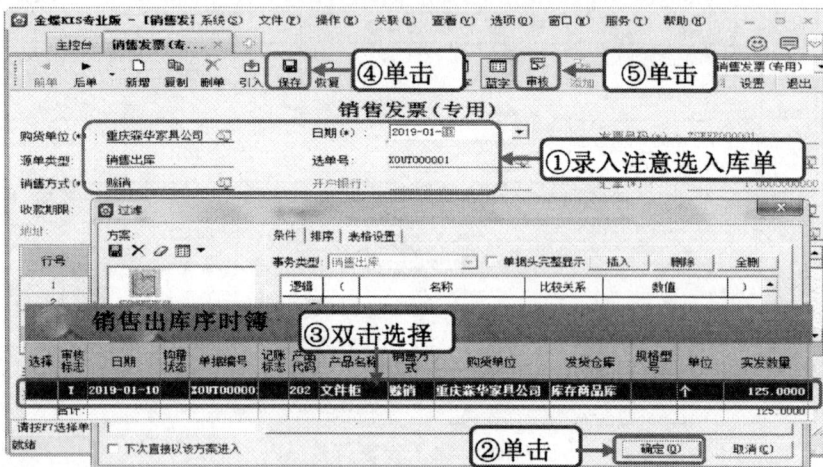

图8-22　录入销售发票

任务实施4：销售退货的处理

跟我做 第一步：在"主控台"界面单击【销售管理】→【销售出库单】，进入"销售出库（编辑）"窗口。先单击【红字】，成为红字出库单，再根据资料填入"购货单位""日期""源单类型""发货地点"等信息。单击"选单号"栏后的"放大镜"，进行"过滤"选择对应的蓝字"销售出库单"，按照实际退回的件数填入"实发数量"。单击【保存】→【审核】完成（如图8-23所示）。

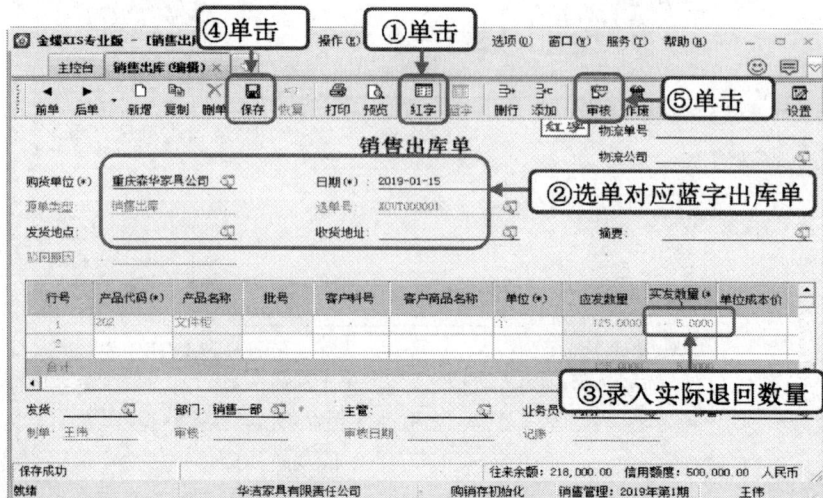

图8-23　销售退货的处理（1）

跟我做 第二步：在"主控台"界面单击【销售管理】→【销售发票（专用）】，进入"销售发票（专用）"窗口。先单击【红字】，成为红字发票，再根据资料填入"购货单位""日期""销售方式""收款期限"等信息。单击"选单号"栏后的"放大镜"，进行"过滤"选择对应的红字"销售出库单"。单击【保存】→【审核】→【钩稽】完成（如图8-24所示）。

微视频28
销售退回

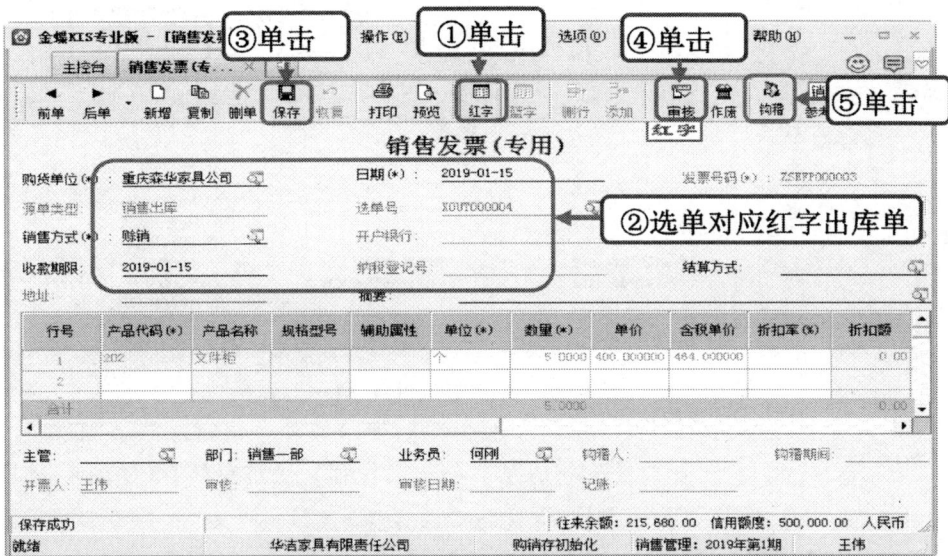

图8-24 销售退货的处理（2）

任务四 仓存管理的日常处理

【准备工作】

仓存管理属于物流的管理，除采购与销售系统的物资流动会造成出入库数量增减变动外，还有生产部门材料的领用出库、完工产品入库以及企业实物盘点工作。

【任务描述】

会计张华对以下仓存管理业务进行相应处理。

1.生产领料。2019年1月20日，生产部孙华明从原料仓库领用五金件800套、板材1 000张供生产用。

2.退料处理。2019年1月21日，生产部退回五金件20套到原料仓库。

3.完工入库。2019年1月22日，生产部入库办公桌800张，单价450元。

【任务实施】

任务实施1：生产部门领料

跟我做 第一步：在"主控台"界面单击【仓存管理】→【生产领料】（如图8-25所示）。

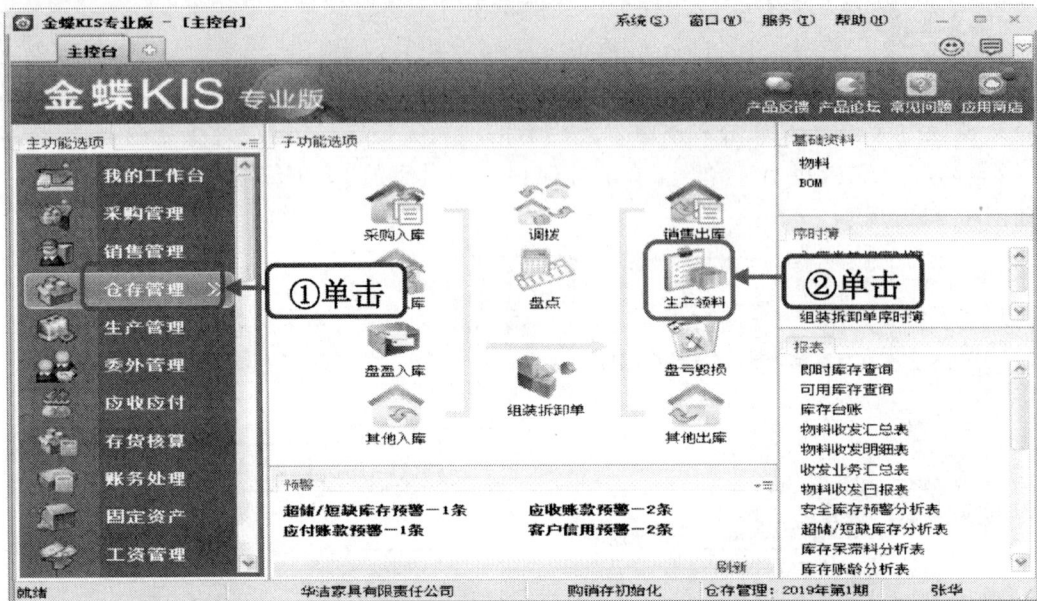

图8-25　生产部门领料（1）

跟我做 　第二步：在"生产领料（编辑）"窗口填入"领料部门""日期""物料代码""实发数量"等信息。单击【保存】→【审核】（如图8-26所示）。

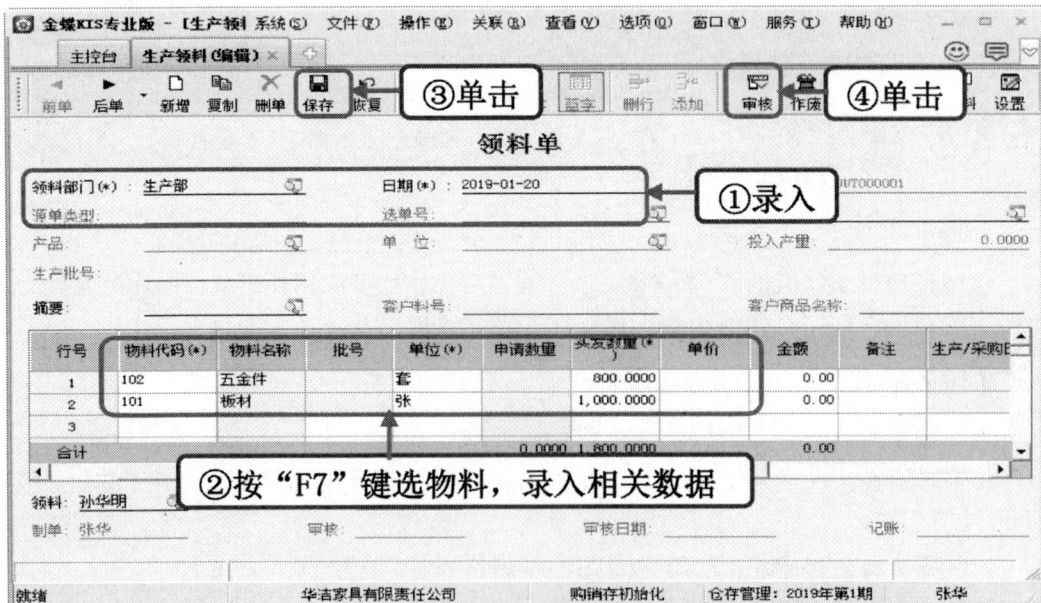

图8-26　生产部门领料（2）

任务实施2：退料处理

跟我做 　退料处理：在"主控台"界面单击【仓存管理】→【生产领料】，进入"生产领料（编辑）"窗口，先单击【红字】，再填入"领料部门""日期""源单类型"等信息。在"选单号"栏后的"放大镜"处"过滤"选择对应的"蓝字领料单",在"实发数量"处填入实际退料数量。单击【保存】→【审核】(如图 8-27 所示)。

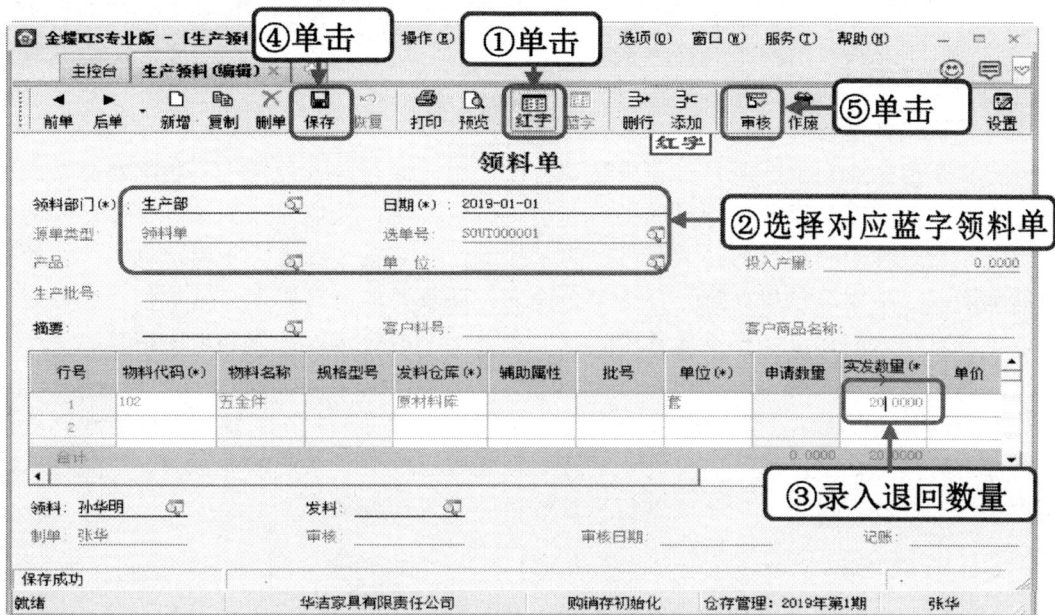

图 8-27　退料处理

任务实施 3：完工入库

跟我做　**完工入库**：在"主控台"界面单击【仓存管理】→【产品入库】，进入"产品入库(编辑)"窗口，填入"交货单位""日期""物料代码""实收数量"等信息，单击【保存】→【审核】(如图 8-28 所示)。

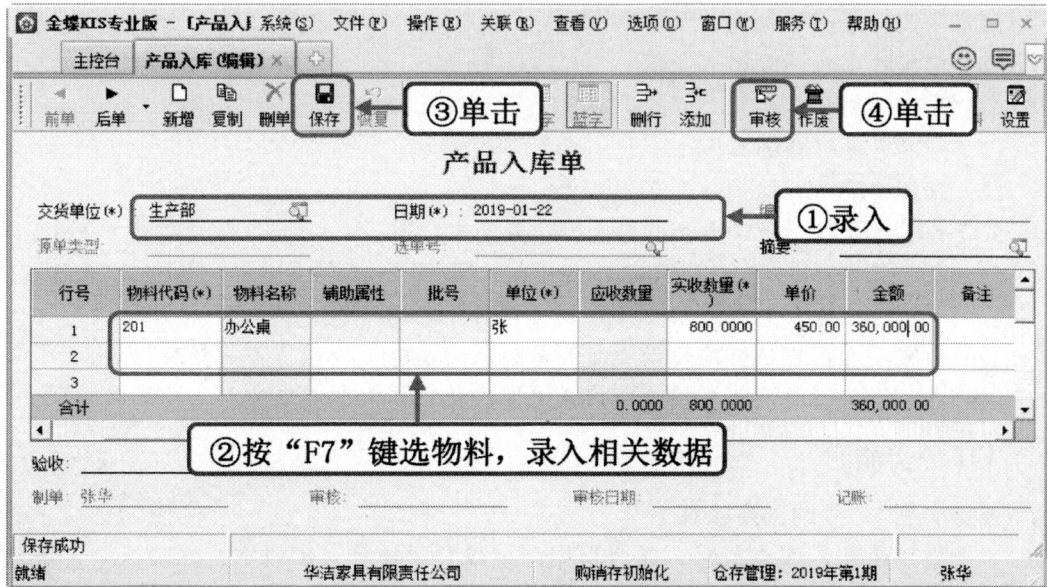

图 8-28　完工入库

任务五　存货核算的日常处理

【准备工作】

一、认识存货核算

存货是指企业在生产经营过程中为销售或耗用而储存的各种资产，包括商品、产成品、半成品、在产品以及各种材料型料、燃料、包装物、低值易耗品等。存货是保证企业生产经营过程顺利进行的必要条件。为了保障生产经营过程连续不断地进行，企业要不断地购入、耗用或销售存货。存货是企业的一项重要的流动资产，其价值在企业流动资产中占有很大的比重。在本任务中，我们主要学习的是入库核算和出库核算。

二、了解结账流程

在金蝶 KIS 系统中，购销存系统和应收应付系统同属于业务系统。因此，在存货核算界面进行"结账"之前，需要确认是否处理完毕应收应付系统的业务。一旦结账，购销存系统和应收应付系统均不能进行当月数据的录入和变动。

【任务描述】

会计张华对以下存货核算业务进行相应处理。

1.外购入库核算。将本月公司外购入库的材料进行核算。

2.自制入库核算。将本月公司完工入库的产品进行核算。

3.存货出库核算。将本月公司出库的存货进行核算。

4.生成凭证。将华洁公司本月发生的经济业务生成相应凭证。

（1）采购发票——现销（全部）。

（2）采购发票——赊销（全部）。

（3）销售收入——赊销（全部）。

（4）生产领料（全部）。

（5）产品入库（全部）。

（6）销售出库——赊销（全部）。

5.业务期末结账。会计主管王伟执行业务期末结账。

（1）凭证审核与过账：在账务处理模块中将购销存模块生成的凭证进行审核和过账。

（2）对账：在存货核算模块中完成业务与总账对账，检查是否有差异。

（3）业务期末结账：业务与总账对账无误后执行业务期末结账。

【任务实施】

任务实施1：外购入库核算

企业发生采购入库业务时，需要根据订单或发票核算入库成本，并确认应付账款。存货核算系统的任务主要是核算入库的可归置到当期的存货成本。

跟我做 **第一步**：在"主控台"界面单击【存货核算】→【外购入库核算】（如图8-29所示）。

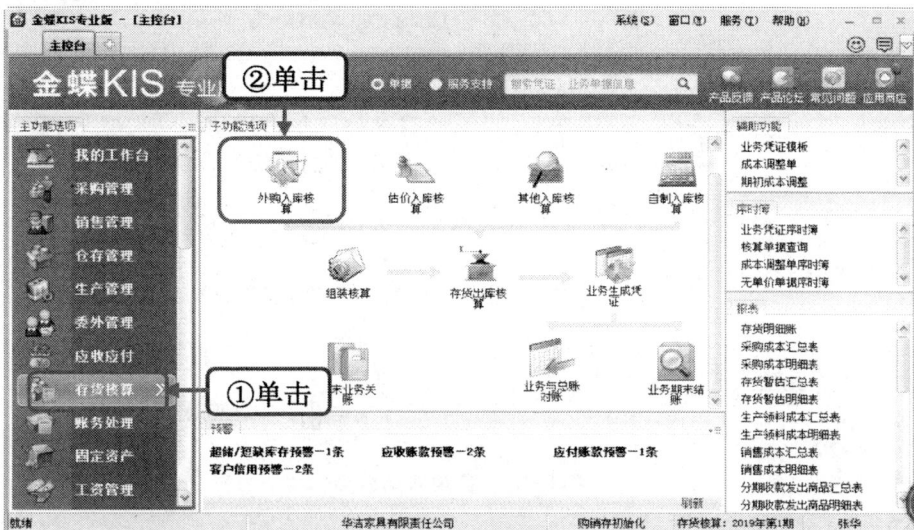

图8-29 外购入库核算（1）

跟我做 **第二步**：经过"过滤"，在"红蓝标志"处选择"全部"。在"外购入库核算"窗口单击选择单据后，单击【核算】→【确定】（如图8-30所示）。

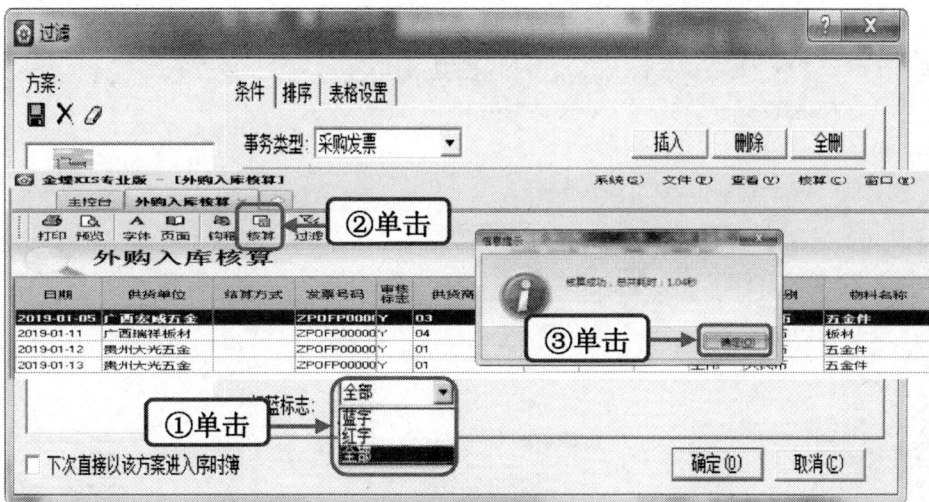

图8-30 外购入库核算（2）

任务实施2：自制入库核算

自制入库核算主要用来录入产品入库成本，根据计算出的产品成本，录入或维护自制入库的产品成本。

跟我做 **自制入库核算**：在"主控台"界面单击【存货核算】→【自制入库核算】，打开"过滤"窗口。在"过滤"窗口中选择事务类型后单击【确定】，进入"自制入库核算"窗口，单击【核算】，在"核算成功！"提示窗口中单击【确定】完成（如图8-31所示）。

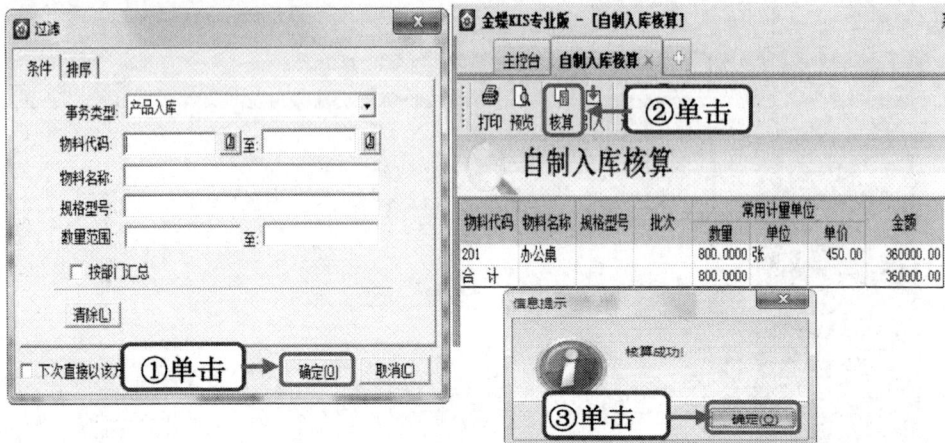

图8-31 自制入库核算

任务实施3：存货出库核算

企业发生存货出库投产或销售业务，需要进行材料出库核算。本流程对存货出库核算及其相应的账务处理提供了操作工具。

跟我做 **存货出库核算**：在"主控台"界面单击【存货核算】→【存货出库核算】。在"结转存货成本"窗口，根据提示单击【下一步】，在显示"核算成功"后，单击【完成】，即完成本月的存货出库核算（如图8-32所示）。

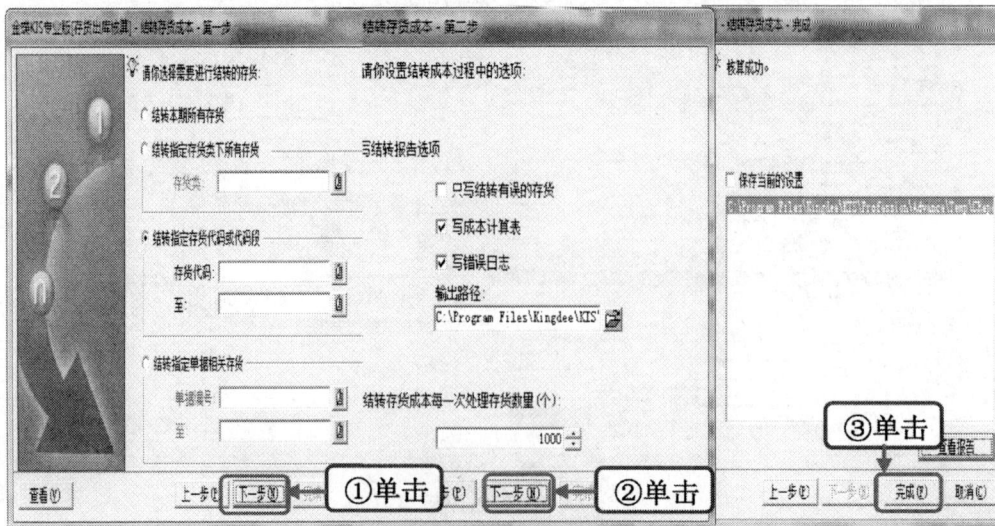

图8-32 存货出库核算

微视频29

任务实施4：生成凭证

跟我做 **生成凭证**：在存货核算界面中单击【生成凭证】，在采购发票（发票直接生成）的方框处单击选中，单击【重新设置】，单击方框选中需要生成凭证的发票，选中"按单生成凭证"或者"按单据

自动生成凭证

类型生成汇总凭证"后，单击【生成凭证】→【确定】（如图8-33所示）。

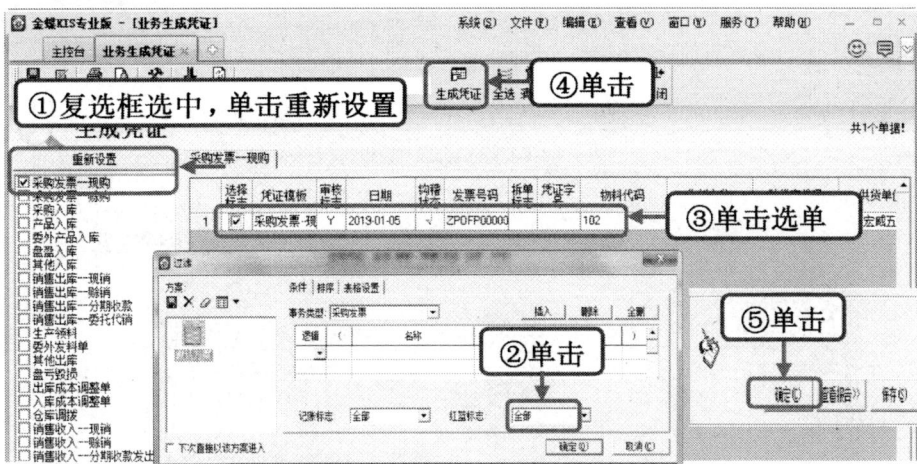

图8-33 生成凭证

任务实施5：业务期末结账

一个月的业务结束后，需要进行业务期末结账，才能进入下一期，在做业务期末结账处理前，首先应将业务系统生成的凭证在总账系统中进行审核和记账，然后执行业务与总账对账，对账无差异后就能进行业务期末结账处理了。

跟我做 **业务与总账对账**：在存货核算界面中单击【业务与总账对账】，打开"过滤"窗口，设置对账期间和对账科目后单击【确定】，进入"仓存与总账对账单"窗口，查看对账情况。若无差异就可执行业务期末结账，若有差异则需要查找差异进行处理（如图8-34所示）。

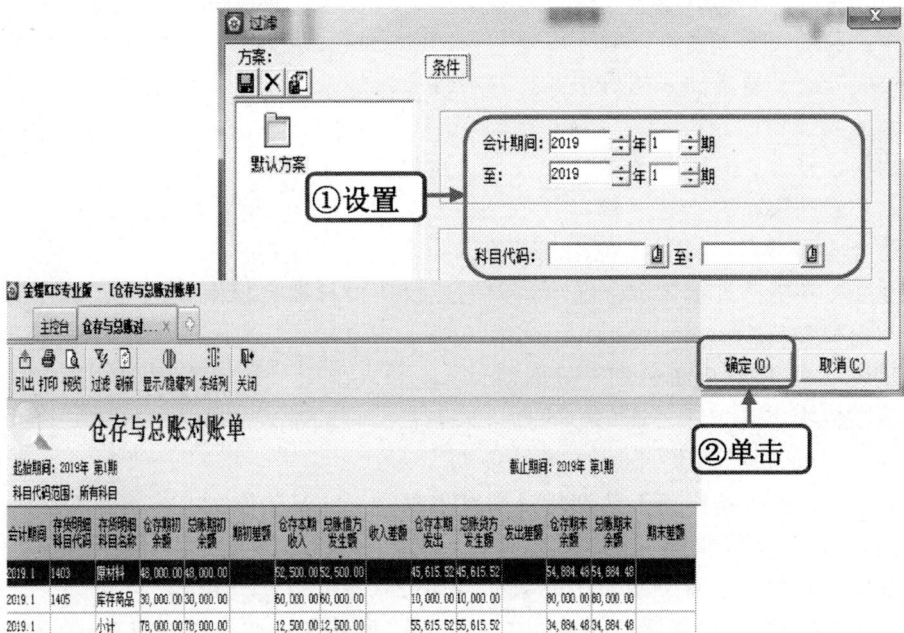

图8-34 业务与总账对账

业务期末结账： 在存货核算界面中单击【期末结账】，进入"期末结账"窗口，单击【下一步】，单击"信息提示"窗口的【确定】（如图8-33所示）。

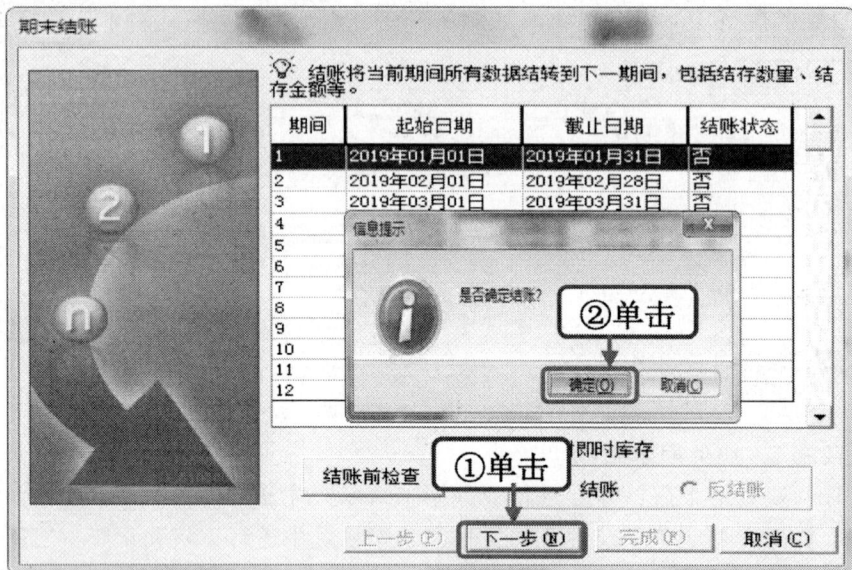

图8-35 业务期末结账

项目训练

一、单项选择题

1.以下（　）单据能关联销售订单生成。

A.采购订单　　　　B.采购入库单　　　　C.采购发票　　　　D.采购申请单

2.按供应商批量增加采购价格和按物料批量增加采购价格的区别在于（　）。

A.录入界面不同

B.物料已经存在且完全一致，将会自动跳过，不会增加

C.启用最高限价，会逐一提示

D.是否支持非基本计量单位记录的录入

3.通过关联销售订单生成采购申请上的建议采购日期是根据（　）确定的。

A.当前操作日期

B.建议采购日期=到货日期－提前期

C.系统将物料需求计划清单中的建议采购日期自动带入

D.建议采购日期=到货日期－运输提前期

4.手工录入的采购申请上的到货日期是根据（　）确定的。

A.到货日期=建议采购日期＋提前期

B.系统将物料需求计划清单中的数据自动带入

C.若当前操作日期>销售订单建议交货日期，则系统取当前操作日期

D.若当前操作日期≤销售订单建议交货日期，则系统取销售订单建议交货日期

5.（　　）状态的采购订单可以执行采购订单变更业务处理。

A.作废单据 B.未审核单据

C.已审核未执行的单据 D.已审核、部分执行的单据

二、多项选择题

1.采购申请单的录入方法包括（　　）。

A.手工新增 B.根据库存查询生成

C.根据计划生成 D.根据订单生成

2.以下（　　）单据可以关联其他单据生成。

A.采购入库单 B.采购发票

C.退料通知单 D.采购申请单

3.下列说法中正确的有（　　）。

A.采购系统所有单据都可以关联生成

B.做红字发票时，只要录入负数的数量即可

C.在采购系统中录入的采购入库单会自动传递到仓存系统中

D.发票核销可在单据序时簿中进行处理

4.采购系统启用前的采购单据审核的操作功能有（　　）。

A.在启用期前的单据新增界面，保存后直接审核

B.在系统的主控台下选择【初始化】→【仓存管理】→【录入启用期前的暂估入库单】，单击【审核】

C.在系统的主控台下选择【初始化】→【仓存管理】→【录入启用期前的未核销销售出库单】

D.选择【仓存管理系统】→【验收入库】→【采购入库单】，单击【审核】

5.在【系统设置】→【销售管理】→【系统设置】中的折扣率精度会影响（　　）。

A.采购系统中使用到折扣率的单据

B.销售系统中使用到折扣率的单据

C.供应商供货信息

D.供应商的折扣资料

三、判断题

1.一个计量单位组中只能有一个默认的计量单位。 （　　）

2.现购的采购发票可以传递到应付系统。 （　　）

3.暂估业务是指单到货未到的业务。 （　　）

4.在采购价格管理中，规格型号可以由用户直接录入。 （　　）

5.按物料组批量增加采购价格时，可以把光标放在明细物料的位置上，然后点击右键选择批量新增。 （　　）

项目考评

本项目教学内容完成后，任课教师根据学生对知识点的掌握及【项目训练】的完成情况，对其职业能力、通用能力的具体评价项目进行考核并打分，结合学生对迁移能力

的自我评价状况给出综合评价意见，填写项目考核记录表（见表8–5）。

表8–5　　　　　　　　　　　　　　项目考核记录表

考核时间：

评价类型	评价内容	评价项目	评价分数
教师评价	职业能力（70%）	1.购销存系统的初始化录入及启用（10分）	
		2.采购管理系统日常业务处理（10分）	
		3.采购管理系统特殊业务（红字）处理（5分）	
		4.销售管理系统日常业务处理（10分）	
		5.销售管理系统特殊业务（红字）处理（5分）	
		6.仓存管理系统单据的录入及处理（10分）	
		7.存货核算系统出入库核算及凭证处理（15分）	
		8.购销存系统的期末处理（5分）	
	通用能力（20%）	1.组织纪律（5分）	
		2.职业态度（5分）	
		3.沟通能力（5分）	
		4.解决问题的能力（5分）	
自我评价	迁移能力（10%）	1.举一反三的能力（5分）	
		2.自我水平的提高（5分）	
综合评价			

项目九 　应收应付管理

应收应付管理

学习目标

知识目标

了解应收应付系统的业务流程，掌握应收应付系统初始化的一般方法和日常业务处理的操作方法。

能力目标

1. 熟练掌握收款单据处理。

2. 熟练掌握付款单据处理。

3. 熟练掌握往来核销，包括预收冲应收、预付冲应付、应收冲应付、应付冲应收、应收转应收、应付转应付。

4. 熟练掌握其他收入单和费用支出单的输入、审核、凭证制作。

5. 熟练掌握应收应付相关数据的查询。

应收应付系统，是通过对购货发票以及销售发票的后续处理，以及对业务资金运用分析的综合管理系统。它能够对采购和销售资金流的全过程进行有效的控制和跟踪，实现完善的企业资金信息管理。

【工作流程】

应收应付管理工作流程如图9-1所示。

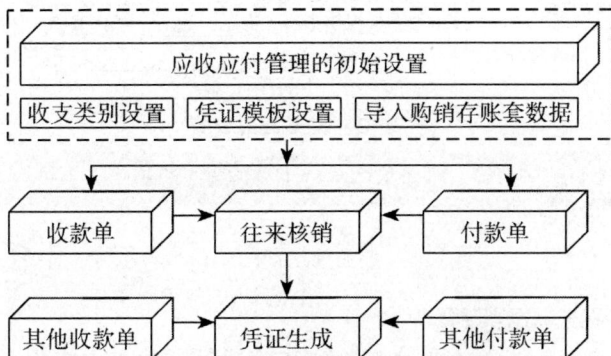

图9-1　应收应付管理工作流程

任务一 应收应付管理的初始设置

【准备工作】

导入本书所附的"账套数据\华洁公司_购销存.bak"备份数据，并以张华的身份登录该账套。

【任务描述】

设置收支类别：根据表9-1的资料设置收支类别。

表9-1   收支类别表

项目	代码	名称	贷方科目调整
收入类别	01	押金收入	其他应付款
支出类别	1	押金支出	其他应收款——其他

【任务实施】

任务实施：收支类别设置

跟我做 收支类别设置：在"基础设置"窗口单击【收支类别】→【收入类别】，单击【新增】，在"收支类别［新增］"窗口中依次填入"代码""名称""科目"的具体内容，单击【保存】→【退出】（如图9-2所示）。

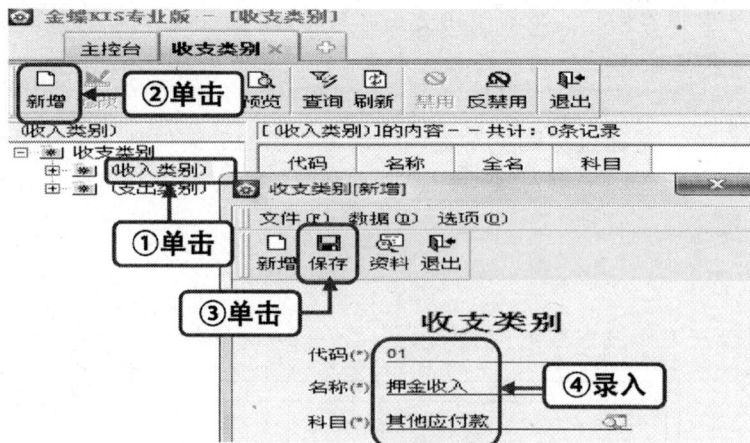

图9-2 收支类别设置

任务二 应收应付的日常处理

【准备工作】

一、应收应付系统单据类别

我们知道，当采购和销售业务发生赊购和赊销时，会产生应收账款和应付账款。因此，在应收应付管理系统中提供了收款单和付款单两种类型单据，以处理应收货款和应付货款的业务。同时，该系统还提供了两种其他收支处理单据，即其他收款单和其他付款单，处理非主营业务的收入支出。

二、单据核销

由于债权债务的发生和收付款的时间上的差异，收到前欠货款时需要冲销相应的应收账款，这就是系统中的核销功能。因此，单据核销主要是用来对往来账款进行各种形式的销账处理。系统提供的核销方式有：预收冲应收、预付冲应付、应收冲应付、应付冲应收、应收转应收和应付转应付。

三、创建基础数据

导入本书所附的"账套数据\华洁公司_应收应付初始数据.bak"备份数据，并以张华的身份登录该账套。

【任务描述】

1.录入收款单：根据下列业务录入收款单。

（1）2019年1月16日，收到贵州德宇家具公司前期货款转账支票一张，金额为27 000元，存入建设银行。

（2）2019年1月20日，收到建设银行传来的电汇单收款凭证，系重庆森华家具公司前期货款100 000元。

（3）2019年1月22日，收到网银转账，系预收重庆森华家具公司货款50 000元，存入建设银行。

2.录入付款单的：根据下列业务录入付款单。

（1）2019年1月6日，通过建行电汇方式支付贵州大光五金公司前期货款39 000元。

（2）2019年1月22日，通过建行电汇方式支付广西宏威五金公司前欠货款12 000元。

（3）2019年1月28日，通过建行电汇方式预付广西瑞祥板材公司货款40 000元。

3.往来核销处理：根据下列业务进行往来款项的核销。

（1）预收冲应收。2019年1月31日，华洁公司与重庆森华家具公司冲账50 000元。

（2）应收冲应付。2019年1月31日，经协商，客户重庆森华家具公司应收款10 000元，直接支付给贵州大光五金公司。

4.录入其他收款单：根据下列业务录入其他收款单。

2019年1月12日，收到重庆森华家具公司通过网银转账运费押金1 000元，存入建设银行。

5.录入其他付款单：根据下列业务录入其他付款单。

2019年1月14日，通过建设银行电汇方式，支付广西宏威五金公司运费押金1 500元。

6.生成凭证：将华洁公司本月发生的收付款业务生成相应凭证。

（1）将收款单生成凭证。

（2）将付款单生成凭证。

（3）将往来核销单据生成凭证。

（4）将其他收款单生成凭证。

（5）将其他付款单生成凭证。

7.应收应付相关数据的查询，项目如下：

（1）查看应收账款期末汇总余额，查看应收账款期末明细表。

（2）查看应付账款期末汇总余额，查看应付账款期末明细表。

【任务实施】

任务实施1：录入收款单

收款单据是向客户收取商品赊销货款或预收货款的业务行为，此单据可处理企业销售应收款、销售预收款等收款业务，收款单还可以处理一张赊销发票分次收款。

跟我做 录入收款单：在"应收应付"窗口上单击【收款单】，进入"收款单据[编辑]"窗口，根据提供的资料依次填写"客户""日期""收款类型""结算账户""表头收款金额""结算方式"等信息。将光标移到行号1的"源单编号"处，单击【选源单】，选择"期初应收"，在"期初应收"的窗口中双击选择所需的单据，填列"实收金额"，然后单击【保存】，并进行单据【审核】（如图9-3所示）。

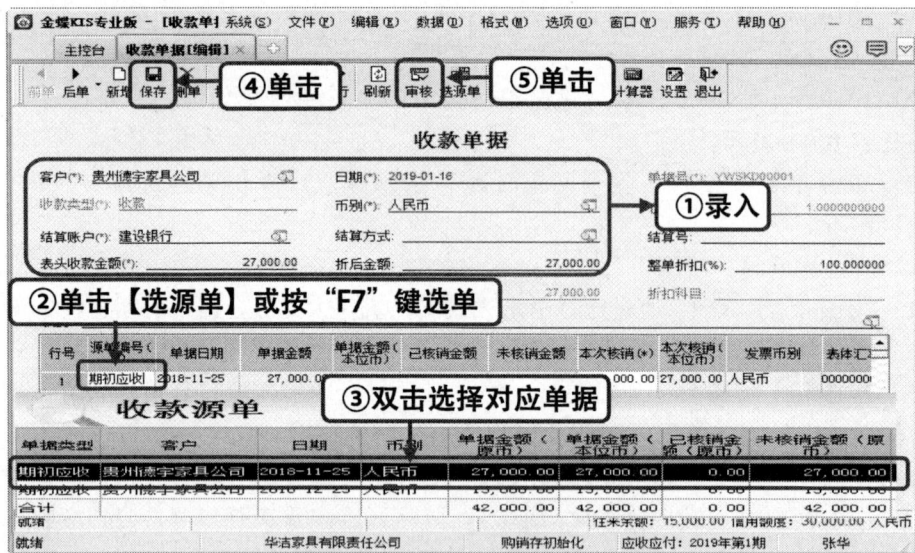

图9-3 录入收款单

温馨提示

单据必须经过审核才能生成凭证。

任务实施2：录入付款单

付款单据是向供应商提供商品赊购货款或预付货款的业务行为，此单据可处理企业采购应付款、采购预付款等付款业务。

跟我做 录入付款单：在"应收应付"窗口中单击【付款单】，进入"付款单据[新增]"窗口，根据提供的资料依次填写"供应商""日期""付款类型""结算账户""表头付款金额""结算方式"等信息。将光标移到行号1的"源单编号"处，单击【选源单】选择"期初应付"，在"期初应付"的窗口中双击选择所需的单据，填列"实付金额"，然后单击【保存】，并进行单据【审核】。单据必须经过审核才能生成凭证（如图9-4所示）。

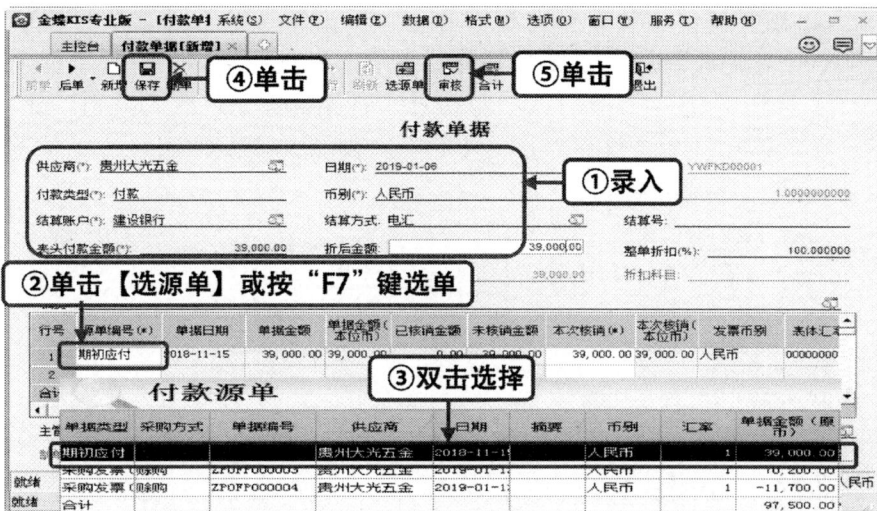

图9-4 录入付款单

任务实施3：往来核销处理

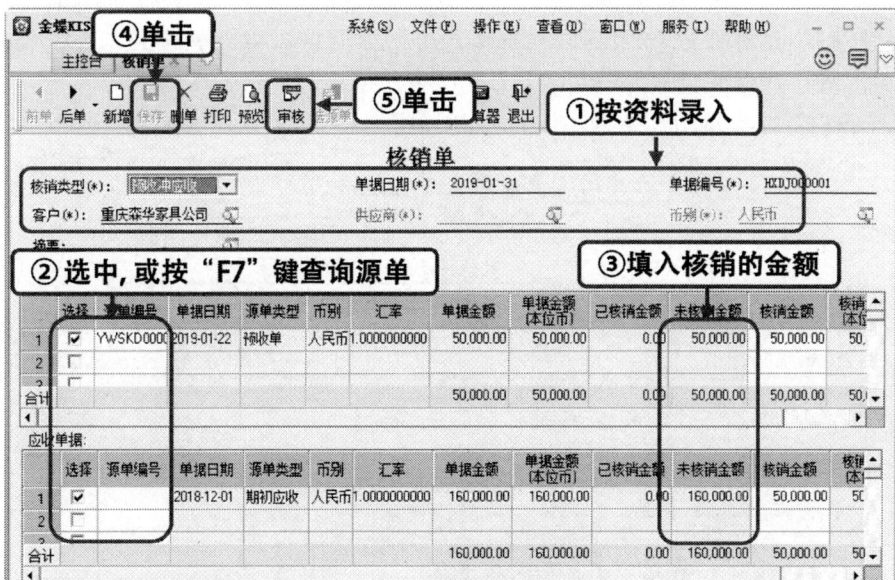

往来核销处理：在"应收应付"窗口中单击【往来核销】，进入"核销单"窗口，根据资料填写"核销类型""单据日期""客户"等信息，在"预收单据"和"应收单据"的"选择"栏单击打"√"。将光标移到"源单编号"处，单击【选源单】录入预收单据和应收单据的源单编号，录入实际"核销金额"。单击【保存】→【审核】（如图9-5所示）。未核销的单据不能生成凭证。

微视频30
往来核销处理

图9-5 往来核销处理

会计电算化（金蝶KIS专业版）

任务实施4：录入其他收款单

其他收款单是处理非主营业务收入的其他收款业务，主要是对收款过程的管理。

跟我做 **录入其他收款单**：在"应收应付"窗口中单击【其他收款单】，进入"其他收款单［新增］"窗口，根据提供的资料填写"单据类型""日期""客户""结算账户""结算方式"等信息。将光标移到"收入类别"处，选择类别，填写"收款金额"，单击【保存】→【审核】（如图9-6所示）。

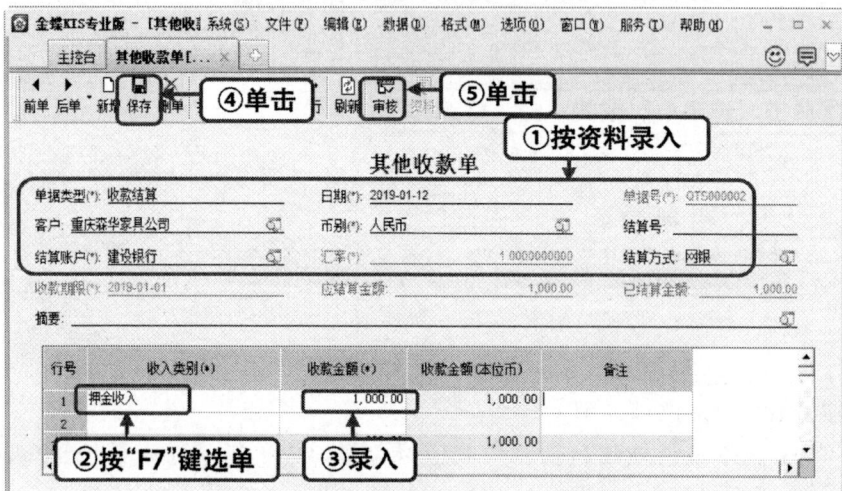

图9-6 录入其他收款单——收款结算

任务实施5：录入其他付款单

其他付款单是处理非主营业务支出的其他付款业务，主要是对付款过程进行管理。

跟我做 **录入其他付款单**：在"应收应付"窗口中单击【其他付款单】，进入"其他付款单［新增］"窗口，根据提供的资料填写"单据类型""日期""供应商""结算账户""币别""结算方式"等信息。将光标移到"支出类别"处，选择类别，填写"付款金额"，单击【保存】→【审核】（如图9-7所示）。

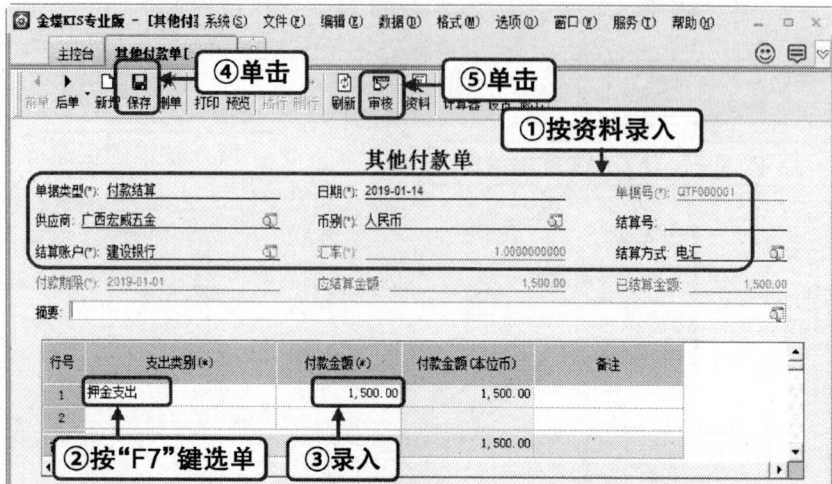

图9-7 录入其他付款单——付款核算

任务实施6：生成凭证

跟我做 **生成凭证：** 在"应收应付"窗口中单击【生成凭证】。在"选择事务类型"窗口中，单击【收款】→【确定】。在"应收应付生成凭证"窗口中，单击选中"收款单"相应单据，单击【按单】，生成凭证。当月多张凭证可以同时"汇总"生成凭证。单击【凭证】可进行凭证的查看（如图9-8所示）。

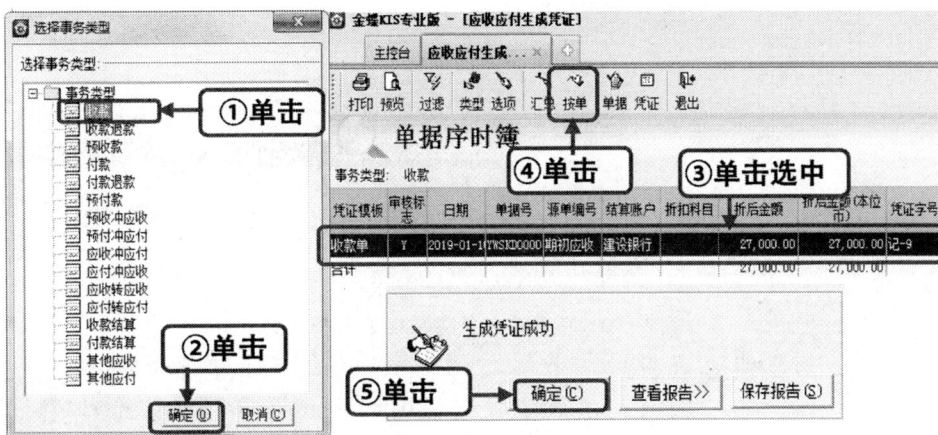

图9-8 生成凭证

任务实施7：应收应付相关数据的查询

跟我做 **第一步：** 在"应收应付"窗口的"报表"中，找到"应收账款汇总表""应收账款明细表""应付账款汇总表""应付账款明细表"，可单击进行相应账表的查询（如图9-9所示）。

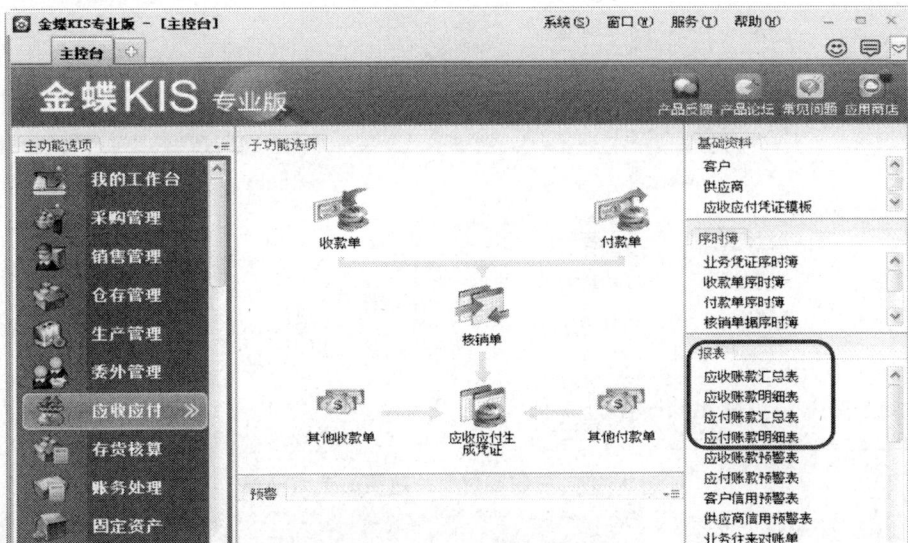

图9-9 应收应付相关数据的查询（1）

跟我做 **第二步：** 查询"应收账款汇总表"，进入"应收账款汇总表"的"过滤"窗口，在过滤条件中，选择期间（起始日期和截止日期），单击【确定】，查看应收账款合计数（如图9-10所示）。

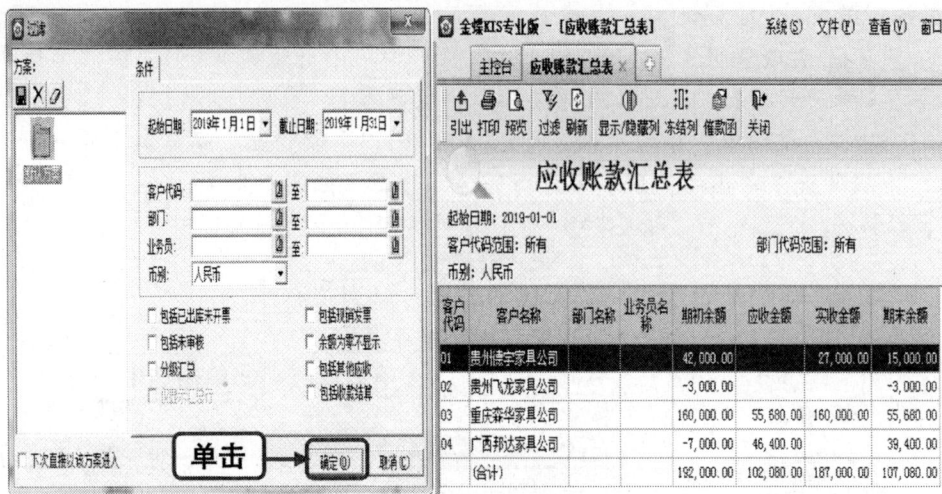

图9-10 应收应付相关数据的查询（2）

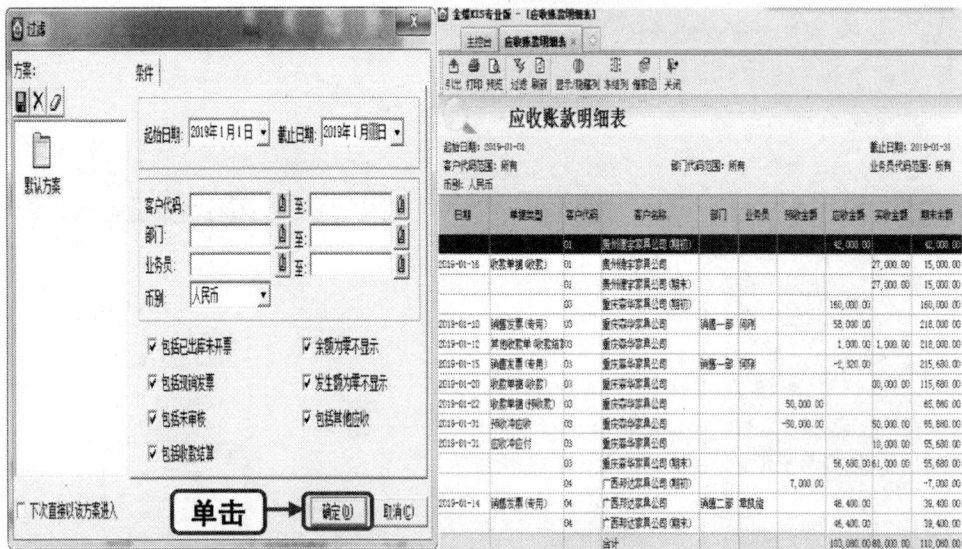

第三步： 查询"应收账款明细表"。在"应收账款明细表"的"过滤"条件中，选择期间（起始日期和截止日期），在所选的过滤条件方框中打"√"，单击【确定】。在"应收账款明细表"窗口中查看所有客户当期发生的应收账款明细数据（如图9-11所示）。

微视频31

应收应付相关数据查询

图9-11 应收应付相关数据的查询（3）

项目训练

一、单项选择题

1. "往来账管理"功能应属于（　　）功能模块。

A.账务处理　　　　B.应收应付款核算　　C.销售核算　　　　D.财务分析

2.应收应付系统中，以下单据不能生成凭证的是（　　　　）。

A.已核销的单据　　　B.已审核的单据　　　C.未核销的单据　　　D.未审核的单据

3.应收应付账款核算模块的主要功能是（　　　　）。

A.动态反映各往来客户的信息

B.完成应收账款、应付账款等往来业务的登记、核销等工作

C.进行账龄分析和坏账估计

D.以上都正确

4.账龄分析中的单据类型不包括（　　　　）。

A.预收单　　　　　B.收款单　　　　　C.退款单　　　　　D.出库单

5.信用管理的对象包括（　　　　）。

A.职员　　　　　B.客户和供应商　　　C.物料　　　　　D.部门

二、多项选择题

1.关于应收应付系统的启用期间的说法中，正确的有（　　　　）。

A.可以与总账相同也可以与总账不同

B.必须与总账相同

C.可以将初始数据传至总账初始数据中

D.可以与供应链相同也可以不同

2.关于坏账准备的说法，正确的有（　　　　）。

A.可以一年计提一次　　　　　　　　B.可以随时计提

C.坏账准备的计提方法可以随时更改　　D.可以一年计提两次

3.应收款期末对账检查包括的内容有（　　　　）。

A.当前期间没有审核的单据　　　　　B.凭证与单据期间不一致的单据

C.凭证金额与单据金额不一致的单据　　D.期末尚未进行凭证处理的单据

4.关于坏账处理，正确的说法有（　　　　）。

A.应收应付均包括坏账处理功能

B.坏账收回时需要先录入收款单据，之后进行坏账收回处理

C.关于坏账的记账凭证在凭证处理中完成

D.坏账收回的收款单需要在凭证处理中生成凭证

5.应收系统期末与总账对账包括（　　　　）。

A.期初余额　　　B.本期借方发生额　　C.本期贷方发生额　　D.期末余额

三、判断题

1.应收应付系统的初始数据不可以传递到总账，只能在总账系统再录一次总额。

（　　　　）

2.收（付）款单，核销后将不能修改，若进行修改只能进行反核销、取消审核。

（　　　　）

3.要取消已生成凭证的核销处理的业务需要执行反核销即可。　　　（　　　　）

4.采用账龄分析法计提坏账准备时，可以分应收账款与其他应收款两个项目进行计提，不同项目可以采用不同的计提比例。　　　　　　　　　　　　　　（　　　　）

5.在应收系统中生成的记账凭证可以在总账中进行删除、修改等操作。 （　　）

项目考评

本项目教学内容完成后，任课教师根据学生对知识点的掌握及【项目训练】的完成情况，对其职业能力、通用能力的具体评价项目进行考核并打分，结合学生对迁移能力的自我评价状况给出综合评价意见，填写项目考核记录表（见表9-2）。

表9-2 项目考核记录表

考核时间：

评价类型	评价内容	评价项目	评价分数
教师评价	职业能力（70%）	1.应收应付系统期初数据录入（5分）	
		2.应收应付系统启用（5分）	
		3.销售退款业务处理（10分）	
		4.预收冲应收、预付冲应付的核销（10分）	
		5.应收冲应付、应付冲应收的核销（10分）	
		6.其他收款单和费用支出单的输入、审核（10分）	
		7.应收应付系统凭证管理（10分）	
		8.应收应付系统期末处理（10分）	
	通用能力（20%）	1.组织纪律（5分）	
		2.职业态度（5分）	
		3.沟通能力（5分）	
		4.解决问题的能力（5分）	
自我评价	迁移能力（10%）	1.举一反三的能力（5分）	
		2.自我水平的提高（5分）	
综合评价			

综合实训

一、企业背景资料

智达电器有限公司是一家生产液晶显示器的企业，为增值税一般纳税人，公司统一社会信用代码为562352565001456，开户银行为建设银行京瑞支行，银行账号为528000809873577864。该公司采用2007年新会计准则科目进行会计核算，增值税税率为16%，城建税税率为7%，教育费附加为3%，企业所得税税率为25%。该企业生产液晶显示器，需要的主要原材料为液晶、玻璃基板。

二、根据下列资料建立账套并设置相应系统参数

1. 账套号：ZD2019；账套名称：智达公司2019年总账。

2. 系统参数资料：企业采用人民币为记账本位币，会计期间为2019年1月1日到2019年12月31日，财务系统、出纳系统、业务系统从1月份开始全部启用。财务参数中启用往来业务核销。出纳参数：与总账对账期末余额不等时，不允许结账。

三、根据下列资料进行基础信息设置

1. 企业会计人员分工及权限分配见表综-1。

表综-1　　　　　　　　　会计人员分工及权限分配表

序号	姓名	职责	拥有的权限
1	黄华	财务主管	所有权限
2	李霜	会计	基础资料、账务处理、固定资产、报表、工资、采购管理、仓存管理、存货核算、销售管理、生产管理、应收应付
3	王家林	出纳	基础资料、出纳管理

2. 企业采用系统中默认的凭证字"记"。

3. 企业采用的结算方式为：1现金支票、2转账支票、3网银。

4. 企业采用的计量单位信息见表综-2。

表综-2　　　　　　　　　　　　　计量单位信息表

单位组	代码	名称	是否默认
重量组	01	千克	是
	02	吨	
数量组	03	片	是
	04	套	
	05	栋	
	06	辆	
	07	台	

5.企业将职员划分为不同的类别，具体信息见表综-3。

表综-3　　　　　　　　　　　　　职员类别信息表

序号	1	2	3	4
职员类别	行政管理人员	生产管理人员	生产技术人员	销售人员

6.企业部门信息见表综-4。

表综-4　　　　　　　　　　　　　部门信息表

序号	1	2	3	4	5	6
部门名称	行政部	财务部	生产部	采购部	销售部	维修部

其中录入生产部时，在"核算科目代码"中录入5001.01。

7.企业职员信息见表综-5。

表综-5　　　　　　　　　　　　　职员信息表

序号	姓名	性别	职员类别	所属部门
01	赵明欢	男	行政管理人员	行政部
02	黄华	女	行政管理人员	财务部
03	李霜	女	行政管理人员	财务部
04	王家林	女	行政管理人员	财务部
05	邓文娟	女	生产管理人员	生产部
06	杨大海	男	生产技术人员	生产部
07	赵天成	男	生产技术人员	维修部
08	沈从慧	女	行政管理人员	采购部
09	陈远恒	男	销售人员	销售部

8.企业的客户信息见表综-6。

表综-6   **客户信息表**

代码	名称	信用额度（元）	开户银行	银行账号	公司统一社会信用代码	增值税率
01	贵州伟明家电公司	80 000	建设银行	42058396503	520102565038679	16%
02	贵州明达电器商场	100 000	工商银行	32014779503	520102565034236	16%

9.企业的供应商信息见表综-7。

表综-7   **供应商信息表**

代码	名称	联系人	开户银行	银行账号	公司统一社会信用代码	增值税率
01	贵州博慧电子科技有限公司	张宇森	建设银行	42010257790	520102565038864	16%
02	贵州新远电子有限公司	李林扬	农业银行	22010253779	520102565033345	16%

10.企业采用新会计准则科目，并根据情况设置了相应的明细科目，具体信息见表综-8。

表综-8   **会计科目信息表**

科目代码	科目名称	方向	项目辅助核算/备注
1002.01	建设银行	借	
1002.02	工商银行	借	
1122	应收账款	借	往来业务核算/客户
1123	预付账款	借	供应商
1221.01	备用金	借	部门
1221.02	应收个人款	借	职员
2202	应付账款	贷	往来业务核算/供应商
2203	预收账款	贷	客户
2221.01	应交增值税	贷	
2221.01.01	进项税额	贷	
2221.01.02	销项税额	贷	
2221.01.03	进项税额转出	贷	
2221.01.04	已交税金	贷	
2221.02	应交企业所得税	贷	
2221.03	应交个人所得税	贷	

续表

科目代码	科目名称	方向	项目辅助核算/备注
2221.04	应交城市建设税	贷	
2221.05	教育费附加	贷	
5001.01	液晶显示器	借	
6601.01	工资及福利	借	
6601.02	折旧费	借	
6601.09	其他	借	
6602.01	工资及福利	借	部门
6602.02	折旧费	借	部门
6602.09	其他	借	部门
6302	资产处置损益	贷	科目类别：其他收益类

四、根据下列资料进行固定资产信息设置

企业的固定资产类别信息见表综-9。

表综-9　　　　　　　　　　　　　**固定资产类别信息表**

代码	类别名称	使用年限	净残值率	计量单位	折旧方法	卡片编码规则
001	房屋及建筑物	30	4%	栋	平均年限法	JZ-00
002	机器设备	8	4%	套	平均年限法	JQ-00
003	运输设备	10	4%	辆	平均年限法	YS-00
004	办公设备	10	4%	台	平均年限法	BG-00

备注：①固定资产科目为"固定资产"；

②可抵扣税科目为"应交税费——应交增值税——进项税额"；

③累计折旧科目为"累计折旧"；

④减值准备科目为"固定资产减值准备"；

⑤看使用状态决定是否计提折旧

五、根据下列资料进行工资信息设置

1.设置工资类别：建立"行政管理类"和"生产技术类"两个工资类别。

2.部门设置："行政管理类"涉及的部门有行政部、财务部、销售部、采购部、生产部，"生产技术类"涉及的部门有生产部和维修部。

3.职员设置："行政管理类"涉及的职员有行政部、销售部、采购部的所有职员及生产部的邓文娟。"生产技术类"涉及的职员有生产部的赵天成和杨大海。

4.银行信息设置：公司代发工资的银行是中国建设银行京瑞支行，账号长度为

18位。

5.工资项目设置：根据下列资料新增工资项目（见表综-10）。

表综-10 　　　　　　　　　　　　　新增工资项目表

工资项目名称	类型	长度	小数	项目属性
交通补贴	货币	15	2	可变项目
津贴	货币	15	2	可变项目
请假天数	实数	3	1	可变项目
请假扣款	货币	15	2	可变项目
"三险"个人缴纳部分	货币	15	2	可变项目

6.工资公式设置：根据下列资料设置该公司的工资计算公式：

（1）"行政管理人员工资计算公式"：

①销售部和采购部人员交通补贴为500元，其他部门人员交通补贴为300元；

②请假扣款=请假天数×50；

③应发合计=基本工资+奖金+津贴+交通补贴-请假扣款；

④住房公积金=基本工资×0.1；

⑤"三险"个人缴纳部分=基本工资×0.11；

⑥实发合计=应发合计-住房公积金-"三险"个人缴纳部分-代扣税。

（2）"生产技术人员工资计算公式"：

①应发合计=基本工资+计件工资+计时工资；

②住房公积金=基本工资×0.1；

③"三险"个人缴纳部分=基本工资×0.11；

④实发合计=应发合计-住房公积金-"三险"个人缴纳部分-代扣税。

7.产品设置：根据下列资料进行产品设置（见表综-11）。

表综-11 　　　　　　　　　　　　产品信息表

产品代码	产品名称	计件单价（元）
01	液晶显示器	70

8.工种设置：根据下列资料进行工种设置（见表综-12）。

表综-12 　　　　　　　　　　　　工种信息表

工种代码	工种名称	计时单位	计时单价（元）
01	机修工	小时	80

9.定义工资过滤条件

①定义"行政管理人员"工资过滤器条件。

过滤名称"行政管理人员工资"，计算公式选择"行政管理人员工资计算公式"。工资项目为：职员姓名、部门名称、职员类别、基本工资、奖金、津贴、交通补贴、请假天数、请假扣款、应发合计、住房公积金、"三险"个人缴纳部分、代扣税、实发合计。

②定义"生产技术人员"工资过滤条件。

过滤名称"生产技术人员工资"，计算公式选择"生产技术人员工资计算公式"，工资项目为：职员姓名、部门名称、职员类别、基本工资、计件工资、计时工资、应发合计、住房公积金、"三险"个人缴纳部分、代扣税、实发合计。

10.所得税设置：分别设置"行政管理人员"和"生产技术人员"工资薪金的所得税设置。

①所得项设置。根据工资薪金所得项目表（见表综-13），新增所得项目"工资薪金"

表综-13　　　　　　　　　　　**工资薪金所得项目表**

序号	所得项目	属性
1	应发合计	增项
2	住房公积金	减项
3	"三险"个人缴纳部分	减项

②税率设置。根据2018年个人所得税税率表（工资薪金所得适用）（见表综-14），进行税率设置。

表综-14　　　　　　　**2018年个人所得税税率表（工资薪金所得适用）**

级数	全月应纳税所得额	税率	速算扣除数
1	不超过3 000元的	3%	0
2	超过3 000元至12 000元的部分	10%	210
3	超过12 000元至25 000元的部分	20%	1 410
4	超过25 000元至35 000元的部分	25%	2 660
5	超过35 000元至55 000元的部分	30%	4 410
6	超过55 000元至80 000元的部分	35%	7 160
7	超过80 000元的部分	45%	15 160

③所得税设置。根据工资薪金所得税设置表（见表综-15），进行"工资薪金所得税计算"的设置。

表综-15　　　　　　　　　　　**工资薪金所得税设置表**

税率类别	税率项目	所得计算	所得期间	外币币别	基本扣除
2018年个人所得税税率	工资薪金	工资薪金	1-12	人民币	5 000

六、根据下列资料进行购销存信息设置

1.企业设了两个仓库：01原料仓库、02库存商品库。

2.企业物料的计价方式均采用"加权平均法"，具体信息见表综-16。

表综-16　　　　　　　　　　物料信息表

代码	名称	计量单位组	计量单位	默认仓库	存货科目代码	销售收入代码	销售成本代码	增值税税率
01	液晶	重量组	吨	原料仓库	1403	6051	6402	16%
02	玻璃基板	数量组	片	原料仓库	1403	6051	6402	16%
03	液晶显示器	数量组	台	库存商品库	1405	6001	6401	16%

3.设置业务凭证模版信息表（见表综-17）。

表综-17　　　　　　　　　　业务凭证模版

序号	事务类型	借方科目	贷方科目	业务编码	核算项目
1	采购发票——现购	原材料、进项税额	建设银行	发票号码	—
2	采购发票——赊购	原材料、进项税额	应付账款	发票号码	供应商
3	销售收入——现销	—	销项税额	发票号码	—
4	销售收入——赊销	应收账款	销项税额	发票号码	客户
5	产品入库		生产成本——液晶显示器 5001.01		

七、根据企业 2019 年 1 月的期初余额信息录入相应的期初余额

1.录入存货初始数据（见表综-18）。

表综-18　　　　　　　　　　存货期初数据表　　　　　　　　　　金额单位：元

代码	名称	计量单位	期初数量	期初金额
101	液晶	吨	75	195 000
102	玻璃基板	片	500	115 000
201	液晶显示器	台	265	212 000

2.应收应付往来科目期初明细余额见表综-19。

表综-19　　　　　　　　　　应收应付期初余额表

项目	会计科目	往来单位	金额（元）	业务发生时间	收款期限
客户	应收账款	贵州伟明家电公司	160 000	2018年12月3日	2019年2月3日
	预收账款	贵州明达电器商场	5 000	2018年12月15日	
供应商	应付账款	贵州博慧电子科技有限公司	51 000	2018年11月20日	2019年1月10日
	预付账款	贵州新远电子有限公司	7 000	2018年12月22日	

3.账务处理系统的期初余额见表综-20。

表综-20　　　　　　　　　　2019 年 1 月 1 日科目期初余额表

科目代码	科目名称	方向	期初余额（元）	备注
1001	库存现金	借	10 000	
1002	银行存款	借	280 000	
1002.01	建设银行	借	200 000	
1002.02	工商银行	借	80 000	
1122	应收账款	借	160 000	贵州伟明家电公司 2018 年 12 月 3 日发生；业务编号 1201
1123	预付账款	借	7 000	贵州新远电子有限公司
1221	其他应收款	借	24 000	
1221.01	备用金	借	15 000	其中：行政部 5 000 元；采购部 10 000 元
1221.02	应收个人款	借	9 000	其中：采购部：沈从慧 5 000 元；销售部：陈远恒 4 000 元
1231	坏账准备	贷	2 200	
1403	原材料	借	310 000	数据与存货期初数据进行核对
1405	库存商品	借	212 000	数据与存货期初数据进行核对
1601	固定资产	借	2 900 000	
1602	累计折旧	贷	897 000	
1701	无形资产	借	100 000	
2202	应付账款	贷	51 000	贵州博慧电子科技有限公司 2018 年 11 月 20 日发生；业务编号 1202
2203	预收账款	贷	5 000	贵州明达电器商场
2221	应交税费	贷	7 800	
2221.01	应交增值税	贷	6 350	
2221.01.01	进项税额	贷	-5 650	
2221.01.02	销项税额	贷	12 650	
2221.04	应交城市建设税	贷	800	
2501	长期借款	贷	100 000	
4001	实收资本	贷	3 000 000	
5001	生产成本	借	60 000	
5001.01	液晶显示器	借	60 000	

4.固定资产期初余额见表综-21。

表综-21　　　　　　　　　　　　**固定资产原始卡片表**

资产类别	房屋及建筑物	房屋及建筑物	机器设备	运输设备
资产编码	JZ-1	JZ-2	JQ-1	YS-1
资产名称	办公楼	厂房	生产线	汽车
使用状况	正常使用	正常使用	正常使用	正常使用
增加方式	自建	自建	购入	购入
使用部门	行政部	生产部	生产部	销售部
折旧费用分配	管理费用——折旧费	制造费用	制造费用	销售费用——折旧费
原值（元）	1 000 000	1 000 000	700 000	200 000
累计折旧（元）	350 000	350 000	150 000	47 000
开始使用日期	2014-11-06	2014-11-06	2014-11-06	2015-03-20
预计使用期间	360	360	96	120
净残值率	4%	4%	4%	4%
折旧方法	平均年限法	平均年限法	平均年限法	平均年限法

八、分别启用财务系统、业务系统

九、根据企业发生的日常经济业务在相应的系统中进行处理

会计李霜登录进行账务处理，出纳王家林进行凭证复核，主管黄华进行账务的审核。

1.本月2日，从建设银行提现20 000元备用（现金支票，附件1张）。（账务处理系统）

借：库存现金　　　　　　　　　　　　　　　　　　　　　　　　　　　　　20 000

　　贷：银行存款——建设银行　　　　　　　　　　　　　　　　　　　　　　　　　20 000

2.本月2日，行政部管理人员赵明欢因公出差借款5 000元，借款手续齐备，以库存现金支付（附件2张）。（账务处理系统）

借：其他应收款——应收个人款——行政部——赵明欢　　　　　　　　　　　5 000

　　贷：库存现金　　　　　　　　　　　　　　　　　　　　　　　　　　　　　　　5 000

3.本月3日，收到采购部采购液晶30吨，不含税单价为2 600元的增值税购货发票。供货单位为贵州新远电子有限公司，款项约定到货后1个月付款，材料已验收入原料仓库（采购入库单、采购发票，附件3张）。（采购系统）

借：原材料　　　　　　　　　　　　　　　　　　　　　　　　　　　　　78 000

　　应交税费——应交增值税——进项税额　　　　　　　　　　　　　　　12 480

　　贷：应付账款——贵州新远电子有限公司　　　　　　　　　　　　　　　　　　90 480

4.本月4日，行政部报销购买的办公用品（相关单据，经审核符合报销费用要求）1 250元，现金支付（附件3张）。（账务处理系统）

借：管理费用——办公费——行政部   1 250

    贷：库存现金   1 250

5.本月5日，收建设银行传来的收款凭证，系贵州伟明家电公司将欠款160 000元电汇过来的电汇单，票号为3607#（付款单，附件1张）。（应收应付系统）

借：银行存款——建设银行   160 000

    贷：应收账款——贵州伟明家电公司   160 000

6.本月6日，销售贵州明达电器商场液晶显示器100台，不含税单价1 500元，货款约定到货后2个月付款，发货仓库为库存商品库（销售出库单、销售发票，附件2张）。（销售管理系统）

借：应收账款——贵州明达电器商场   174 000

    贷：主营业务收入   150 000

        应交税费——应交增值税——销项税额   24 000

7.本月10日，行政部赵明欢报销差旅费4 200元，归还多借款项（附件5张）。（账务处理系统）

借：管理费用——差旅费   4 200

    库存现金   800

    贷：其他应收款——应收个人款——赵明欢   5 000

8.本月10日，销售给贵州伟明家电公司液晶显示器50台，不含税单价1 400元，经协商一个月后付款（销售出库单、出库发票，附件2张）。（销售系统）

借：银行存款——建设银行   81 200

    贷：主营业务收入   70 000

        应交税费——应交增值税——销项税额   11 200

9.本月11日，建设银行转账支票支付本月广告费2 500元，取得增值税专用发票。增值税税率6%（转账支票2001#、增值税发票，附件2张）。（账务处理系统）

借：销售费用——广告费   2 500

    应交税费——应交增值税——进项税额   150

    贷：银行存款——建设银行   2 650

10.本月13日，从建设银行网银转给贵州博慧电子科技有限公司51 000元前欠货款（付款单，附件1张）。（应收应付系统）

借：应付账款——贵州博慧电子科技有限公司   51 000

    贷：银行存款——建设银行   51 000

11.本月15日，建设银行上缴应交增值税7 000元、城建税800元（附件3张）。（账务处理系统）

借：应交税费——应交增值税——已交税金   7 000

        ——应交城建税   800

    贷：银行存款——建设银行   7 800

12.本月16日，财务部购入一台笔记本电脑，预计使用年限10年120期，折旧方法是平均年限法，原值为6 000元，净残值率4%，以银行存款支付，资产编号BG-1（新增固定资产卡片并生成凭证，附件2张）。（固定资产系统）

13.本月17日，销售部将汽车对外出售，取得收入（转账支票）110 000元，已存入建设银行，发生现金支付清理费用3 000元（进行固定资产清理处理并生成凭证）。（固定资产系统）

14.本月20日，银行通知收到本月建设银行存款利息120元（附件1张）。（账务处理系统）

　　　借：银行存款——建设银行　　　　　　　　　　　　　　　　　　　120

　　　　　贷：财务费用　　　　　　　　　　　　　　　　　　　　　　　　120

15.本月23日，现金支付招待费用2 400元，其中，行政部800元、销售部门1 600元（附件3张）。（账务处理系统）

　　　借：管理费用——招待费（行政部）　　　　　　　　　　　　　　　800

　　　　　销售费用——招待费　　　　　　　　　　　　　　　　　　　1 600

　　　　　贷：库存现金　　　　　　　　　　　　　　　　　　　　　　2 400

16.本月25日，录入工资。

（1）录入行政管理人员工资数据并审核（见表综-22）。

表综-22　　　　　　　　　　　行政管理人员工资基础数据表　　　　　　　　　金额单位：元

序号	姓名	职员类别	所属部门	基本工资	奖金	津贴	请假天数
01	赵明欢	行政管理人员	行政部	3 000	1 200	400	
02	黄华	行政管理人员	财务部	2 800	1 200	400	
03	李霜	行政管理人员	财务部	2 200	1 000	400	2
04	王家林	行政管理人员	财务部	2 000	1 000	400	
06	邓文娟	生产管理人员	生产部	2 200	1 200	400	
07	沈从慧	行政管理人员	采购部	2 200	1 200	400	1
08	陈远恒	销售人员	销售部	2 200	1 500	400	

（2）录入生产技术人员的计件工资单、计时工资单、录入工资数据并审核（见表综-23）。

表综-23　　　　　　　　　　　生产技术人员工资基础数据表

序号	姓名	基本工资（元）	生产产品	计件数量（台）	所属工种	工作时间（小时）
1	杨大海	1 000	液晶显示器	100		
2	赵天成	1 000			机修工	52

（3）工资与所得税计算：

①分别计算公司2019年1月份"行政管理人员"的工资和"生产技术人员"的

工资。

②分别进行"行政管理人员"的工资和"生产技术人员"的所得税计算。

③引入代扣税数据。将所得税计算的结果引入工资录入中的"代扣税"项目。

（4）费用分配：根据下列资料分别进行"行政管理人员"和"生产技术人员"的工资费用分配设置（见表综-24），并分别生成凭证。

表综-24　　　　　　　　　　　　工资和福利费用分配设置表　　　　　　　　　　　单位：元

工资类别	部门	职员类别	工资项目	核算项目	工资分配	
					费用科目	工资科目
行政管理类	行政部	行政管理人员	应发合计	行政部	6602.01	2211
	财务部	行政管理人员	应发合计	行政部	6602.01	2211
	采购部	行政管理人员	应发合计	采购部	6602.01	2211
	销售部	销售人员	应发合计	无	6601.01	2211
	生产部	生产管理人员	应发合计	无	5101	2211
生产技术类	生产部	生产人员	应发合计	无	5001.01	2211
	维修部	生产人员	应发合计	无	5101	2211

17.本月31日，利用固定资产管理系统计提固定资产折旧，并自动生成转账凭证。

18.本月31日，生产领用原材料汇总情况见表综-25。

表综-25　　　　　　　　　　　　　生产领用原材料汇总　　　　　　　　　　金额单位：元

产品	原材料	数量	单价	总额
液晶显示器	液晶	15吨	2 600	39 000
	玻璃基板	260片	230	59 800

借：生产成本——液晶显示器——液晶　　　　　　　　　　　　　39 000

　　　　　　　　　　　　——玻璃基板　　　　　　　　　　　59 800

　　贷：原材料——液晶　　　　　　　　　　　　　　　　　　　　39 000

　　　　　　——玻璃基板　　　　　　　　　　　　　　　　　　59 800

19.结转本月制造费用。（账务处理系统——自动转账）

借：生产成本——液晶显示器

　　贷：制造费用

20.本月31日，完工入库液晶显示器240台，单位成本520元。

借：库存商品　　　　　　　　　　　　　　　　　　　　　　124 800

　　贷：生产成本——液晶显示器　　　　　　　　　　　　　　　124 800

21.销售出库结转成本（业务生成凭证——销售出库）。（存货核算系统）

借：主营业务成本

　　贷：库存商品

22.结转本月损益。（账务处理系统）

十、报表制作，会计主管黄华登录进入报表与分析系统

1.制作资产负债表，另存为智达公司2019年1月资产负债表。

2.制作利润表，另存为智达公司2019年1月利润表。

主要参考文献

［1］贺从良. 会计电算化［M］. 北京：中国财政经济出版社，2005.

［2］汪刚，王新玲. 会计信息化实用教程［M］. 北京：清华大学出版社，2009.

［3］中国会计学会编写组. 初级会计电算化［M］. 北京：经济科学出版社，2009.

［4］王宽. 初级会计电算化（应试指南）［M］. 北京：人民出版社，2011.

［5］赵合喜. 会计电算化［M］. 3版. 北京：高等教育出版社，2011.

［6］贵州省会计从业资格考试辅导教材编写组. 初级会计电算化［M］. 北京：人民出版社，2012.

［7］金蝶软件（中国）有限公司. 初级会计电算化实用教程（金蝶 KIS 专业版）［M］. 北京：人民邮电出版社，2012.

［8］张洪波，孙万军. 会计电算化［M］. 3版. 北京：中国财政经济出版社，2012.

［9］梁毅炜. 会计电算化［M］. 2版. 北京：中国人民大学出版社，2014.

［10］会计从业资格考试辅导教材编写组. 会计电算化（金蝶 KIS 专业版）［M］. 北京：清华大学出版社，2014.

［11］会计从业资格无纸化考试辅导教材组. 会计电算化［M］. 5版. 大连：东北财经大学出版社，2014.

［12］全国会计从业资格考试辅导教材编写组. 会计电算化［M］. 北京：经济科学出版社，2016.

［13］会计仿真实训平台项目组. 会计电算化实训［M］. 北京：清华大学出版社，2018.

［14］刘凯. 会计电算化［M］. 北京：科学出版社，2018.